検証 公団居住60年

〈居住は権利〉公共住宅を守るたたかい

多和田栄治

東信堂

まえがき

　執筆を思い立った動機は 2 つある。公団住宅に入居して 52 年がすぎ、ほぼ全期間をつうじて自治会活動に参加してきた。室内を狭くしている山積み文書を処分するまえに、自分なりに整理し、その軌跡を記録しておきたかったのが 1 つ。もう 1 つは、わたしが体験してきた活動、調査をとおして、現在 62 年をへた公団住宅（現在、都市再生機構の賃貸住宅）にかんして何がいえるかを検証することであった。いま公団住宅は、そして「公共住宅」そのものが廃止の方向にさらされ、政府・都市機構は高家賃政策をつよめる一方で、団地削減・売却の加速化をはかっている。わが住まいと公団住宅を守るたたかいは、居住者にとって切実な課題である。その運動をすすめるうえにも役立てたいとの思いが、わたしを駆り立てた。

　わたしの住む公団住宅の現状について書いておこう。
　東京都国立市にある。入居したとき月収は約 3 万円、3K で家賃は共益費とも 12,300 円だった。いまは年金収入約 18 万円、1 室増築して 4K、88,200 円を払っている。若いときも高齢になっても、家賃負担は重い。大きく違うのは、数十倍もの競争倍率だった団地が、いまは空き家が目立つ。2,050 戸の団地全体で約 2 割、400 戸以上が空き家である。交通が不便とか、建物が老朽化しているとか、住環境が悪いわけでは決してない。乗り降りするバス停は「市役所入口」だし、市役所をはじめ体育館や図書館、公園など公共施設が地域内に集中し、木々とオープンスペース、商店にも恵まれて、すてきな環境、自慢できる市街である。
　居住者の高齢化と単身化がすすみ、世帯主年齢も人口構成でも 65 歳以上が 50％をこえる。頼みの年金は削られ介護医療費もかさみ、家賃が払えななくなって終の棲家も失うという居住不安は切実である。老後を過ごすにも子育てにも適した環境だから、家賃を下げて若い世代も入居できるようにすれば、ソーシャルミックスが進み、地域がもっと活きいきするのに。空き家増大を放置する都市機構の社会的責任は大きい。

そればかりか機構は団地の削減、売却、居住者の追い出しを策している。この7月、機構は自治会にたいし唐突に団地の「土地利用」計画をもちだしてきた。どの住棟は残し、どの住棟を壊して「新規建て替え」（従前居住者のためではなく新規事業）、売却向けの「整備敷地」にするか、意見を聞きたいという。その土地に住み、地域に根をおろして暮らす居住者の生活には一語もなく、団地を空地のごとくに「土地利用」とは何ごとかと抗議し、機構はその場は取り下げた。空き家放置とあわせ、その魂胆がはっきり見えた。

わが国の住宅政策は一貫して持ち家推進を基軸にしながらも、1950年代に公庫、公営、公団と所得階層別の3本柱制度をととのえた。公団住宅は広く国民に高嶺の花、憧れの的だった。『日本住宅公団10年史』は序章で「公団は庶民に広く奉仕するために産れた。たくさんの庶民に住みこなされることによって、一つの国民住宅の定型ともいうべきものになってきた」と書く。公団初期に住宅設計、団地建設に情熱をもやした職員たちの意気が読みとれる。陸の孤島といわれながらも入居した居住者たちは、自治会を中心に相互に親睦や交流をはかり、自主防災や助け合いの活動を日々かさねて、そこに地域コミュニティを形成してきた。

しかし公団住宅は、公営住宅供給を停滞させ後退させる役割をはたし、住宅産業が経済成長の新たな担い手として登場すると、政財界から「歴史的役割は終わった」とバッシングをうけることになる。世界的にも新自由主義の潮流が広がるサッチャー、レーガン、中曽根政権のもとでの住宅政策の転換である。公団はもっぱら大手ディベロッパー奉仕の先兵に仕立てられ、名称からも「住宅」の大看板を下ろす。居住者にたいしては、市場家賃化と繰りかえし値上げ、居住者追い出しの「建て替え」を強行した。政府は90年代末にまず公団住宅廃止・民営化方針をきめ、つづいて3本柱を解体、2006年に住生活基本法を制定して、住宅政策における小泉「構造改革」を仕上げた。

日本住宅公団は住宅・都市整備公団、都市基盤整備公団と再編をかさね、公団制度は廃止し、民営化へ橋渡し役をになう独立行政法人に衣替えして、現在は都市再生機構である。

わたしが記録したかったのは、公団住宅をめぐる政策変遷史ではない。「居住は権利」をかかげて政府方針に抗し、公共住宅として守ってきた居住者のたたかいと、地域の主人公として「まち」づくりをしてきたその軌跡である。政府の公団住宅民営化方針は、その後も歴代内閣があれこれ具体化計画を閣議決定してきたが、頓挫している。いまでは「民営化」の文字も消えた。撤回したわけではない。政府自体が民営化し、執拗に公共住宅つぶしの攻撃をつづけ、もはや住宅政策は末路というべき段階に来ている。

　国民居住の貧困と格差は広がるばかりである。逆にここまで来ると、いま何が必要か、何をなすべきか、迷うことなく道が見えてきている。人間にとって「居住」とは、「公共」とは何かに視点をすえ、拙著を読んでくだされればありがたい。

目次／検証 公団居住 60 年——〈居住は権利〉公共住宅を守るたたかい

まえがき………………………………………………………………………i
公団住宅1955—2017年　略年表………………………………………………xii

第1部　団地入居とまちづくり　　3

I　憧れの団地に入居できて　　7

1. 公団家賃は初めから高かった………………………………………………7
2. 緑色だった第2団地と土ぼこり……………………………………………8
3. 憧れのダンチ生活……………………………………………………………10
4. 団地入居者の特性……………………………………………………………11
5. 入居してまず自治会を結成…………………………………………………13
6. 自治会設立と日常活動………………………………………………………15
7. わが団地の幼児教室…………………………………………………………17

II　団地の出現と国立のまちづくり　　20

1. 国立に団地ができるまで……………………………………………………20
2. 団地児童は受難つづき―教室不足と学区変更……………………………24
3. 市庁舎建設と大学通りの歩道橋……………………………………………26
4. 国立市、夢が嘆きに…………………………………………………………29
5. 団地ができて国立市は………………………………………………………32

Ⅲ　70年代、団地のなかの環境問題　　34

1. ごみ処理―ダストシュートと焼却炉、ごみ置場も撤去へ ……………… 34
2. マイカーの駐車はどこに？ ……………………………………………… 35
3. 団地を襲った石油ショック、商店街の盛衰 …………………………… 37

Ⅳ　家賃値上げに反対し裁判でたたかう　　41

1. 初の家賃いっせい値上げ予告と全国自治協の結成 …………………… 41
2. がら空き団地と欠陥用地買収のツケ …………………………………… 44
3. 大臣示唆から８年、公団初の家賃いっせい値上げ実施 ……………… 46
4. 家賃現行支払いから裁判提訴まで …………………………………… 48
5. 燃えあがったわが団地の家賃値上げ反対運動 ……………………… 49

第2部　公団住宅の誕生から公団家賃裁判まで　　53

Ⅴ　日本住宅公団設立と公団住宅　　57

1. 日本住宅公団法の成立 …………………………………………………… 57
2. 公団住宅の誕生 ………………………………………………………… 60

　　人　材（61）　　資材と資金（62）　　建設用地（63）
　　住宅設計―2DKと「団地」づくり（65）

Ⅵ　大資本奉仕の実態と用地買収の黒い霧　　70

1. 賃貸住宅と分譲住宅 ……………………………………………………… 70
2. 大企業奉仕の特定分譲住宅 …………………………………………… 72
3. さらに民営賃貸住宅の建設・販売まで ……………………………… 73

目 次 vii

4. 工場用地、流通業務用地、研究学園都市建設 ……………………76

5. 金融資本をもうけさせた公団の財務 ……………………78

6. 大阪府「光明池」団地をめぐる黒い霧 ……………………80

7. 長期未利用地買い込みの顛末 ……………………86

VII 公団家賃裁判─提訴から和解解決まで 90

1. 公団家賃の決定と変更の原則─原価主義 ……………………90

2. 家賃格差を生む公団家賃高騰のおもな原因 ……………………93

3. 公団に家賃改定の方式はなく─「公営限度額方式」準用の欺瞞 …94

4. 全国自治協が提訴した目的 ……………………95

5. 家賃裁判を支えた原動力─6年にわたる裁判運動 ……………96

6. 被告公団の主張 ……………………97

7. 原告陳述から ……………………99

8. 証人尋問 ……………………101

9. 住宅・都市整備公団への再編 ……………………104

10. 裁判係争中に家賃再値上げ強行 ……………………106

11. 「国会要望」決議と裁判解決の提起 ……………………107

第3部 中曽根「民活」──地価バブルのなかの公団住宅 111

VIII 公団住宅の市場家賃化と「建て替え」着手 115

1. 「市場家賃化ルール」論議と第3次家賃値上げ ……………115

2. 家賃値上げの国会審議と「国会要望」 ……………………118

3. 地価バブルのはじまりと住都公団「民営化」の動き ……………120

4. 住都公団の「建て替え」事業着手 ……………………121

5.「敷地の適正利用」と「居住水準の向上」……………………………………………123

6. 建て替えの法的根拠 ……………………………………………………………………125

7. 公団は借地法・借家法「改正」に何をもとめたか? ……………………………………126

8.「借地法・借家法改正要綱試案」に自治協意見書 …………………………………128

9. 消費税導入に反対―家賃課税を撤回させる ………………………………………130

IX　建て替えにたいする居住者の困惑と抵抗　　　132

1. 建て替えへの期待と不安 ………………………………………………………………132

2. 建て替え事業の概要と自治協の見直し要求 ………………………………………134

3. 建て替え団地の苦闘 …………………………………………………………………136

　　蓮根団地（136）　　柳沢団地（138）　　金町団地（139）

4. 建て替え事業の変遷と制度の手直し …………………………………………………142

5. 昭和40年代団地をねらう「公共賃貸住宅建替10ヵ年戦略」…………………………146

X　地価バブルのなかの団地「改良」―国立富士見台団地の場合　　148

1. 分譲住宅の建て替え計画 ……………………………………………………………148

2. 一室増築 ………………………………………………………………………………150

3. 住戸内設備の改善（ライフアップ事業）………………………………………………151

4. 総合的団地環境整備事業 ……………………………………………………………152

XI　転換きざす住宅政策と公団の変質―90年代の居住者実態　　152

1. 行きづまりをみせた臨調・中曽根路線 …………………………………………………155

2. 第6期住宅建設5ヵ年計画にみる住宅政策の推移と転換 ………………………156

3. 住都公団「民営化」への先導 …………………………………………………………158

4. 地価バブル便乗をつづける第4次家賃値上げ ………………………………………159

5. 公団の変質をあらわにした第5次家賃値上げ ………………………………………161

6. 政局混迷のなかの家賃値上げ大臣承認 ……………………………………………162

目　次　ix

7. 1993年アンケート結果にみる居住者の生活実態⋯⋯⋯⋯⋯⋯⋯⋯ 163

XII　住宅政策大転換のはじまり－都市基盤整備公団へ再編　　168

1. 住宅審答申「21世紀に向けた住宅・宅地政策の基本的体系」⋯⋯⋯⋯ 168
2. ただちに動き出した住宅政策の「新しい方向」－公営住宅法の改悪⋯⋯ 170
3. 「公団つぶし」政官財が一体、マスコミも加わって⋯⋯⋯⋯⋯⋯⋯⋯ 171
4. 住都公団廃止の閣議決定と賃貸住宅政策へのいっせい攻撃⋯⋯⋯⋯⋯ 173
5. 都市基盤整備公団の設立⋯⋯⋯⋯⋯⋯⋯⋯⋯⋯⋯⋯⋯⋯⋯⋯⋯⋯ 175
6. 市場家賃化の問題点－家賃の新ルールと第6次家賃値上げ⋯⋯⋯⋯⋯ 177
7. 都市公団5年間の事業を検証⋯⋯⋯⋯⋯⋯⋯⋯⋯⋯⋯⋯⋯⋯⋯⋯ 182

第4部　小泉「構造改革」と公団住宅民営化の道　　187

XIII　独立行政法人化して都市再生機構に改組　　191

1. 都市基盤整備公団廃止の閣議決定⋯⋯⋯⋯⋯⋯⋯⋯⋯⋯⋯⋯⋯⋯⋯ 191
2. 国土交通省の都市公団「民営化」案と独立行政法人化決定⋯⋯⋯⋯⋯ 192
3. 公団住宅売却・民営化に反対する公団自治協のたたかい⋯⋯⋯⋯⋯⋯ 193
4. 公団住宅「改革」と公共住宅制度の破壊⋯⋯⋯⋯⋯⋯⋯⋯⋯⋯⋯⋯ 196
5. 都市再生機構法案と国会審議⋯⋯⋯⋯⋯⋯⋯⋯⋯⋯⋯⋯⋯⋯⋯⋯ 199
6. 全会一致の都市機構法付帯決議⋯⋯⋯⋯⋯⋯⋯⋯⋯⋯⋯⋯⋯⋯⋯ 202
7. 公団期の財務構造と経営状況－公団から機構へ⋯⋯⋯⋯⋯⋯⋯⋯⋯ 203
8. 賃貸住宅の経営状況⋯⋯⋯⋯⋯⋯⋯⋯⋯⋯⋯⋯⋯⋯⋯⋯⋯⋯⋯⋯ 211
9. 都市再生機構の中期目標と中期計画⋯⋯⋯⋯⋯⋯⋯⋯⋯⋯⋯⋯⋯⋯ 213

XIV　住生活基本法は小泉構造改革の総仕上げ　　217

1. 住宅政策の大転換をめざす道筋づくり ································· 217
2.「新たな住宅政策に対応した制度的枠組み」と公的賃貸住宅制度········ 219
3. 公共住宅政策を骨抜きにした住宅関連3法 ······················· 221
4. 住生活基本法制定に動きだす ··································· 223
5. 住生活基本法をめぐる自治協要求と国会の法案審議 ················ 224
6. 住生活基本計画の中身 ··· 226
7.「住宅セーフティネット法」とは ································· 227

XV　「規制改革」の名の公団住宅削減・売却、民営化方針　　230

1. 答申そのままに「規制改革推進3か年計画」を閣議決定 ············· 230
2. 規制改革と民営化は一体のもの ································· 232
3. 公団住宅廃止にむけて追い討ちをかける規制改革会議 ·············· 233
4. 都市機構「UR賃貸住宅ストック再生・再編方針」 ················ 235
5. 正体見えたり「規制改革」、広がる批判 ·························· 237
6. 規制改革会議の第3次答申
　　―公団住宅の「部分民営化」と定期借家契約の拡大 ·············· 238
7. 大手不動産・ゼネコン奉仕にすすむ都市再生事業 ·················· 240
8. 公共住宅に定期借家契約の導入・拡大をねらう ···················· 241
9.「規制改革推進3か年計画」に自治協の総決起 ···················· 243
10. 国会質疑をつうじ公団住宅削減、「再生・再編」方針に待った ········· 244
11. 2009年4月家賃値上げ「当面延期」 ···························· 245

XVI　規制改革路線をひきつぐ民主党政権、迷走の3年余　　248

1.「事業仕分け」で仕掛けた公団住宅廃止・民営化戦略 ················ 248
2. 借家法と公営住宅制度の改悪の動き ······························ 249
3. 公団住宅にたいする国土交通省の基本的立場 ······················ 250

4. 国土交通省「都市機構あり方検討会」報告と閣議決定 …………………… 251

5. 民主党内閣を動かした自治協の家賃値上げ反対運動 ……………………… 253

6. 国土交通省「都市機構改革の工程表」……………………………………… 256

7. 内閣府「都市機構の在り方に関する調査会」……………………………… 257

8. 公団住宅分割・株式会社化方針とたたかった2012年 …………………… 259

第5部　存亡の岐路に立つ公団住宅　　263

XⅦ　第2次安倍内閣の公団住宅「改革」の新シナリオ　　267

1. 都市機構改革の閣議決定（2013年12月24日）…………………………… 267

2. 第3期中期目標・計画（2014〜18年度）と2016年度決算 ……………… 268

3. 機構賃貸住宅「改革」のシナリオ─団地統廃合と継続家賃総値上げ ……… 269

XⅧ　どこへ行く住宅政策─公団住宅居住者の生活と要求　　276

1.「新たな」住宅セーフティネット─末路をみせる住宅政策 ……………… 276

2. 公団住宅居住者の生活と住まいの推移
　─第1〜10回アンケート調査（1987〜2014年）の集計結果から ………………… 278

主要参考文献 …………………………………………………………………… 285

あとがき──何をなすべきか …………………………………………………… 287

公団住宅 1955 － 2017 年　略年表

1955 年　7 月　6 日　**日本住宅公団法**成立（7 月 25 日発足）

1960 年　1 月 31 日　公団住宅自治会協議会（関東自治協）結成

1970 年 11 月 16 日　公団家賃値上げ反対全国総決起集会（第 1 回）

1974 年　7 月 21 日　全国公団住宅自治会協議会結成

1977 年　8 月 24 日　建設省、公団家賃値上げ方針を発表

1978 年　9 月　1 日　第 1 次家賃値上げ実施
　　　　　　　　　　（695 団地 34.6 万戸、平均 5,300 円アップ）

1979 年　2 月 14 日　公団総裁が国会で「家賃問題は裁判で決着」と表明

　　　　　5 月 18 日　124 団地 259 人の原告が全国 8 地裁に提訴 「家賃裁判」
　　　　　　　　　　スタート

1981 年　3 月 16 日　第 2 次臨時行政調査会（臨調、会長土光敏夫）発足

　　　　　5 月 15 日　**住宅・都市整備公団法**成立（10 月 1 日設立）

1982 年 11 月 27 日　中曽根康弘内閣発足

1985 年　3 月 28 日　建設大臣の斡旋のもとづく家賃裁判和解成立

1986 年　5 月 17 日　初の公団賃貸住宅建て替え事業に着手
　　　　　　　　　　（神奈川・小杉御殿、大阪・臨港第二）

1989 年　1 月　5 日　建設省、消費税課税による公団家賃値上げを発表

1997 年　6 月　6 日　閣議決定「特殊法人等の整理合理化について」
　　　　　　　　　　（住都公団廃止、分譲住宅業務からの撤退）

1999 年　6 月　9 日　**都市基盤整備公団法**成立（10 月 1 設立）

2000 年　3 月　1 日　「良質な賃貸住宅等の供給の促進に関する特別措置法」
　　　　　　　　　　（定期借家契約の導入）施行

2001 年　1 月　6 日　中央省庁再編、建設省が国土交通省に

　　　　　4 月 26 日　小泉純一郎内閣（自公保連立）発足

公団住宅 1955 － 2017 年　略年表　xiii

2001 年 12 月 19 日	閣議決定「特殊法人等整理合理化計画」（都市公団は 2005 年度中に廃止、新たな独立行政法人を設置）	
2003 年 3 月 17 日	公団本社、横浜市に移転	
6 月 13 日	**独立行政法人都市再生機構法**成立 （2004 年 7 月 1 日　機構設立）	
2005 年 2 月 8 日	住宅関連 3 法閣議決定	
2006 年 6 月 8 日	住生活基本法成立	
2007 年 6 月 22 日	閣議決定「規制改革推進のための 3 か年計画」	
7 月 6 日	「住宅確保要配慮者に対する賃貸住宅の供給の促進に関する法律」（住宅セーフティネット法）公布	
12 月 24 日	閣議決定「独立行政法人整理合理化計画」 （公団住宅の民営化・削減方針）	
12 月 26 日	都市機構「UR 賃貸住宅ストック再生・再編方針」決定	
2009 年 9 月 16 日	鳩山由紀夫（民主党連立）内閣発足	
2012 年 12 月 26 日	第 2 次安倍晋三（自公連立）内閣発足	
2013 年 12 月 24 日	閣議決定「独立行政法人改革等に関する基本的な方針」 （機構の家賃改定ルール見直し、団地統廃合の加速化等を指示）	
2014 年 3 月 31 日	機構「経営改善に向けた取り組み」を発表	
2015 年 12 月 24 日	機構、継続家賃改定ルールの変更を発表	
2017 年 4 月 18 日	住宅確保要配慮者に対する賃貸住宅の供給の促進に関する法律の一部改正 （公的賃貸住宅の供給から民間空き家の活用へ重点化）	

検証 公団居住 60 年——〈居住は権利〉公共住宅を守るたたかい

第 1 部
団地入居とまちづくり

- Ⅰ　憧れの団地に入居できて
- Ⅱ　団地の出現と国立のまちづくり
- Ⅲ　70年代、団地のなかの環境問題
- Ⅳ　家賃値上げに反対し裁判でたたかう

完成間近い国立富士見台団地第1街区

第1部　団地入居とまちづくり〔Ⅰ—Ⅳ〕

　1952年に入学のため東京にきて、まずはねぐら探し。友人の下宿を転々としながら2週間ほどして雑司ヶ谷に貸し間を見つけた。木造2階建て3部屋に台所と汲みとり便所の粗末な借家のそのまた間借り。北向きのじめじめした3畳と1間の押し入れをかり、台所は共同で自炊生活をはじめた。貸し主はわたしが払う間代1,300円からこの家の家賃を払っていた。3年近く住んでその後転居はしたが、中野に住んでいて結婚したときも、木造アパートの6畳一間だった。しかしその当時、田舎の広い家に育ったわたしだが、「狭い」ことがそんなに気にならなかったし、家賃もとくに高いとは意識しなかった。

　思えば、住居の狭さをつよく感じるようになったのは、1950年代後半になって「3種の神器」といわれた白黒テレビ、電気洗濯機、冷蔵庫が爆発的に普及しはじめてからである。冷蔵庫はむりでも、テレビと洗濯機は欲しかった。買えばたちまち部屋は狭くなる。テレビは、目新しい生活用品をつぎつぎ宣伝し、冷凍食品やビールのコマーシャルを見せられ、いずれ冷蔵庫もと思っていた。テレビは商品宣伝の先兵となり、家庭生活に直接は縁のなかった大資本が家のなかに押し入り、狭い居住スペースを奪いとっていく。そこへ子どもが生まれ、サークルベッドをおき、部屋のなかでベビーバスをつかう。いよいよ少しは広い住居を探さねばと意を決したが、不動産屋をたずねる気にはなれず、都営住宅、公団住宅の申し込みをはじめた。

　大都市は当時まだ住宅難のさなかにあった。戦後復興が叫ばれながら政府は住宅にかんしては何もしてこなかった。1950年になって住宅金融公庫、51年に公営住宅が発足したが、公庫は金持ちしか相手にせず、公営住宅は応募倍率が高くて入居できず、狭小な「うさぎ小屋」にがまんするしかなかった。56年度の経済白書は「もはや戦後ではない」と大見得を切ったが、その後の59年度の国民生活白書も建設白書も「住宅はまだ戦後である」と書

かざるをえない状況だった。

　50 年代から高度経済成長がはじまり、地方から大都市圏への労働力の流入が顕著になると、住宅戸数の絶対的不足は明らか、近郊にもあちこちに安普請の戸建て住宅や木造アパート群が建ちはじめた。政府は住宅の大量供給を迫られたが、柱はあくまで持ち家推進、財政支出によらず民間資金を導入しての住宅建設をはかった。こうして 55 年に設立されたのが日本住宅公団である。公団住宅は、居住様式に一大革新をもたらすとともに、家庭電化に象徴される生活様式の変化の受け皿となり、拡大する商品の有望な消費市場となった。住宅内を占める調度品だけではなく、公団の住宅そのものも丸ごと商品として供給される。

　住宅を戦後復興の中心にすえたイギリスやドイツなどとは逆に、わが国政府はこれを後回わしにしたうえ、住宅政策の基本を最初から民間自力まかせ、経済原理においた。公団住宅も経済主義の上にきずかれ、市場原理の下で運営され、かかげる「公共目的」、生活者の原理とは本質的に矛盾をはらんでいた。この矛盾はもっとも端的に「家賃問題」として表われる。公団は当初家賃を、団地建設の投資原価をすべて家賃で回収する方式で団地ごとに設定し、その後は市場家賃に合わせて値上げする方針をとった。この経済主義は、賃貸住宅の居住者に高家賃を強い、新たに建てる住宅は必然的に地価の低い遠隔地に追いやり、広さ、質の向上をも妨げることになる。分譲住宅をふくめ、やがて「がら空き団地」を出現させた。50 年代末の「団地族」という流行語はたちまち消え、60 年代にはいって「高遠狭」がこれにかわった。

　高度成長を支えるため政府に住宅戸数主義を煽られ、経済対策として建設された公団住宅は、人びとが住む建物の集合にはちがいないが、「生活する場」＝「まち」づくりにはほど遠かった。「人は家というより、まちに住む」というなら、荒野のなかに建てたにひとしい。受け入れた地元自治体は生活環境、教育施設等の整備に予想外の財政支出を負わされ、「団地お断り」を言いだす。住民は不便をしのぎながらも、自分たちの住むところを良くしようとそれぞれに努力してきた。自主的な努力、活動は、住民相互の連帯感、地域の主人公としての自覚を育んできた。数千という見ず知らずの者どうしが新しい土

6　第1部　団地入居とまちづくり

地に集まってゼロからコミュニティ、地域をつくっていく。わたし自身、そのプロセスに参加できたことはきわめて有意義だった。

　入居して10年近くは、まずは日常的な生活要求にかんして市役所等との折衝に追われ、公団との関係では、修繕等の問題がおこれば申し入れて解決をはかってきた。しかし当初からたえず気がかりだったのは、やはり家賃の問題である。家賃はいま高いが、値上げはないはずだし、給料も上がるだろうからと、思いきって入居した。しかし5年後にはもう、政府は早々と大幅いっせい値上げに動きだした。値上げ実施は団地住民の抵抗にあい、全国的な反対運動をひきおこして7年間頓挫したが、1978年に公団は初の家賃いっせい値上げを強行した。これに対しては、全国の団地自治会が共同し裁判で争う方針をとり、わたしは団地を代表し原告の一人として参加することになった。

　年々高騰する公団家賃とその仕組み、法令規則などをあらためて調べ、また新聞や週刊誌の記事を手がかりに国会議事録などでも公団をめぐる黒い霧、経営の乱脈ぶりを確かめるにつれ、しだいに原告としての責務の重さから逃げられなくなった。

　第1部では、開設当初から現在も住む東京都国立市の国立富士見台団地を例に、団地誘致までの町の歴史と入居してからの自治会活動、団地の幼児、学童の状況、70年代にはいってのクルマと公害などの環境問題への対応を思い起こしながら、住民主体の住みよい団地づくりすすめてきた経過を検証するとともに、家賃値上げ反対の運動をとおしての団地住民の結集、全国的な組織化の始まりに光をあてた。

I　憧れの団地に入居できて

1.　公団家賃は初めから高かった

　わたしがこの団地に越してきたのは 1965 年 11 月 3 日である。1960 年に長女が生まれて、東京・中野区本町通りの 6 畳 1 部屋、廊下に台所、トイレは共用、浴室なしの木造アパート生活からの脱出をはかり、年に 4、5 回、公団住宅の入居募集に応募していた。

　公団の事務所は九段下、勤め先は神田神保町だったから、たえず出かけてまめに応募していた。15 回落選から優先措置、30 回で無抽選当選と聞き、せっせと落選回数をかせいだ。次女が生まれて 1 年後、落選つづきの 29 回目にようやく国立富士見台団地に入居が決まり、国立市民（当初は町民）となって 52 年がすぎる。神奈川や千葉、埼玉の団地にも応募していたから、どこの市民になるかは籤運しだいであった。

　気がかりは、3 万円の安月給で家賃が 8,000 円台から 3K で 11,400 円プラス共益費 900 円にはね上がること、家賃負担が月収の 40% をこえる。都営住宅なら収入に見合っていたが、65 年ころの都営住宅は、八王子とか町田など都心から遠隔の、しかも駅からさらにバスで行く、通勤に不便な地域にしか建設されていなかった。国立でも中野区に住む身にしてみれば毎日が遠足の思いであり、そのうえ家賃も大幅に上がることになるが、数十倍もの高倍率のなかを当選し、憧れの団地に入れた喜びは大きかった。

　公団住宅の家賃が高すぎることは、1955 年に日本住宅公団法案が審議された当初から、最大の問題であった。56 年に住宅供給がはじまり、家賃は専用床面積約 37㎡ の 2DK で平均 4,600 円、57 ～ 60 年度は 5,000 円台、61

~ 62 年度 6,000 円台へと急騰していった。公団は家賃負担率を概ね 17%、入居資格の収入要件を家賃の 5.5 ～ 6 倍と設定し、月収 3 万円以上の階層を対象にしていた。当時、初任給 13,000 ～ 18,000 円の大学卒男子ばかりか、一般勤労者にも手のとどかぬ、まさに「高嶺の花」だった。

そのころ出版社の労働組合のスローガンの一つに「せめて公団住宅に住める賃金を」があった。当時の賃金ではおおかたが応募資格にも達せず、わたしも初めは、公団の申し込み窓口が勤め先のごく近くにあったが、応募など思ってもみなかった。

わたしが入居した 65 年度の平均家賃は 1 万円を超えていた。11,000 円以上になると、収入要件は家賃の 4.5 倍と緩和されたが、まだわたしには応募資格はなく、ニセの給与証明を会社にたのみ、役員に保証人になってもらった。公団は家賃が入ればいいわけだから、書類は形式だけで審査などしてはいまい。60 年に池田勇人内閣の「月給倍増」論が出て、そのうち月給も上がり何とかなるだろうと楽観できる時代ではあった。

引っ越しは、団地の入居が始まって 3 日目だった。トラックが狭い通路に何台も停まり、まわりを右往左往していた。階段入口では新聞や牛乳の販売店の店員が誰かれなく待ちうけ、引っ越しの手伝いをしながら注文を取っていた。牛乳ビン受けは玄関ドアの脇にいまもある。

引っ越し作業の最中も娘たちは「広いおうち」と部屋中を駆けていた。

2. 緑色だった第 2 団地と土ぼこり

入居する 1 か月ほどまえ、狭山湖畔での催しに出かけたついでに、団地を見てみようと国立にまわった。

駅前からバスは途中の桐朋学園までしかなく、1 歳半と 5 歳の娘を引っぱって歩きだした。長雨の後だったのだろうか、大学通りを一歩はずれると立ち往生するくらい泥んこ道だった。第 1 団地は完成間近に見えたが立ち寄る余裕はなく、入居する第 2 団地へと急いだ。第 2 団地は、建物はできていたが、まだ工事の真っ最中、植栽にもアプローチの工事にも入っていなかった。泥

んこ道をさらに出入りの工事車がこねまわし、人を寄せつけなかった。第1
団地まで視界をさえぎる建物はなかった。

それは下見のときだったか、入居して気づいたのか記憶は定かでないが、
奇異に感じたというか驚いたのは、遠くに見えた第1団地のクリーム色の
建物とちがって、第2団地は全体が緑色に塗装されていることだった。第3
団地は淡い茶褐色だった。

あとで公団の職員に、なぜ緑色なのかを訊いた。本当かどうか、こんなこ
とを言っていた。第1、第3団地の工事が先行し、第2団地は遅れ、予算も
詰まっていた。カットできるのは植栽関係。ほんものの緑の予算に窮し、か
わりに建物を緑色にしたのだ、と。当時すでに世は「緑、緑」と言いだし、
建築家のあいだには、建物を緑色にしたらという風潮があったと弁明してい
た。

わが団地は全体として樹種が少なく、豊かな緑とはいえないが、とくに第
2団地の植栽はまばらで、第1、第3団地にくらべて見劣りがした。それで
も苗木ばかりのような細い木立も30年、40年もすると鬱陶しいぐらいに茂り、
「暗い緑から明るい緑に」大胆な造園再整備工事をはじめたのは2003年で
あった。

入居がきまった団地を下見に来たときの泥んこ道は、工事中のせいばかり
ではなかった。

かつて国立は「水郷」とさえ呼ばれていた。雨が降りつづいたり大雨にな
ると、とくに町の東南部は出水をくりかえし、道路は川のようになり、家屋
浸水の被害がでた。国立駅の北側は高い丘陵をなし、雨水は川のない市街地
にあふれ、甲州街道をめがけて流れだす。富士見台地区はやや台地をなして、
所どころ水溜りができる程度だが、東区などは盆地状で沼地のようになり、
被害は大きかった。大雨がふると大学通りでボートレースができたとも聞い
ている。現に東区の家々の軒下に1990年ころまで防水用の砂袋を見かけた。

泥沼のようなグラウンドや泥んこ道が乾くとどうなるか。ものすごい土ぼ
こりである。団地に越してきて何年かは土ぼこりに悩まされた。晴天で風の
つよい日などは、立ちこめる土ぼこりで陽の光もにぶり、黄砂も加わってい

たのか、空も黄土色だった。洗濯物は外に干せなかった。窓枠は、いまはアルミサッシに変わったが、古い団地のように木製ではなく鉄製でも、室内はすぐにザラザラになった。

その後しだいに道路舗装や下水道の整備がすすみ、団地周辺はもとより市の環境は格段によくなった。団地は当初から上下水道完備であるが、1989年に北多摩2号幹線流域下水道の終末処理場が完成するまで市の下水道普及率は2％、流域下水道が完成して85％にアップした。

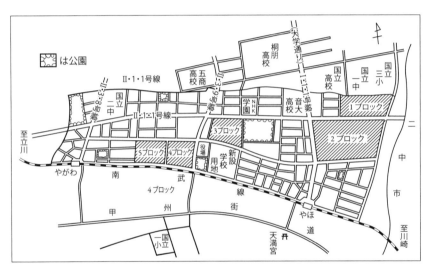

図Ⅰ-1　公団住宅建設予定地と区画整理地域
ブロック1（分譲団地）、2（第1団地）、3（第2団地）、4／5（第3団地）
出典）国立市史下巻

3. 憧れのダンチ生活

団地に入居するまでは、木造2階建ての小さなアパート住まい。夫婦と幼い娘2人が一間で寝起きしていた。布団をあげて卓袱台をだし、廊下の台所で食事の準備をする。トイレは和式の汲みとり式でアパート共用、風呂はもちろんなく、洗面器と石鹸、着替えをもって近くの銭湯へ行った。洗濯物や布団はアパート脇の空地に立てかけた洗濯竿に干した。

そんな住まいから目を見張る新しいダンチ生活に変わった。

建物は鉄筋コンクリート5階建て、移植したばかりのか細い木々と芝生のオープンスペースに囲まれていた。落選回数が多かったせいか、選好順位の高い2階が当たり、3K（6畳と4.5畳2間の3居室にキッチン）に入居できた。鍵はシリンダー錠、鉄製の玄関ドアで守られ、陽射しいっぱいの南面にキッチン、流し台はステンレススチール製、洋式トイレと浴室がつき、椅子とテーブルの日常、自分の書斎ももてた。

わが団地は、一部に1DK（32㎡）と2DK（44㎡）、多くが3K（49.5㎡）、つぎに3DK（55㎡）住宅であり、1988年前後に全46棟のうち9棟が居住者の合意を得て一部屋増築をしている。

公団住宅は憧れの住まいというにとどまらず、わが国の住宅史に「革命的な」変化をもたらし、今日ではありふれた住生活だが、その先駆けをなしたといえる。

公団住宅が革命的だったのは、鉄とコンクリート（木と竹と紙ではなく）で造られた中高層の集合住宅というだけでなく、一つは団地建設が「まちづくり」をめざしたこと、もう一つは居住様式の新しさであった。

団地内にはやがて、集会所や児童遊園をはじめ、郵便局や銀行、商店街、団地によっては診療所や市役所の出張所等の施設も設計された。もちろん公団が、とくに初期につくったのは建物だけで「まちづくり」とはいえず、入居した団地住民のその後の活動によるところが大きい。

公団住宅といえば「2DK」がその代名詞であった。公団の住宅設計の特徴は、あとで見ることにする。

4. 団地入居者の特性

国立富士見台団地（賃貸1,959戸と分譲298戸をあわせ）の入居者の特性を、入居5年後の1971年1月1日現在の住民基本台帳から見ておく。

団地総人口は8,001人、年齢構成では、9歳までの幼児と小学生（32%）、30歳代（33%、男性30〜44歳42%、女性25〜39歳41%）が目立って多く、

団地は若い夫婦と子どものまち、ちなみに50歳以上は509人、6.3％であった。入居後も出産はつづいた。団地とともに開校した第5小学校の児童数は66年度482名（14学級）が3年後の69年度には1,022人（26学級）に急増した。30代男性のほとんどは都内へ通勤し、沿線の人口増加で年々はげしくなる通勤ラッシュに疲労の色を濃くしていた。65年11月の団地入居者のうち東京都からの転入は82％、その60％が都区内、40％が都区外からであり、南関東1都3県を合わせると98％を占める。

　国立に越してきて住民は、当時「三多摩格差」といわれたように、23区内にくらべて行政サービスが質量ともに低く、使用料、手数料も割高であり、行政に大きな不満をもっていた。不満の中身をさらに探ると、団地住民には買いものが不便、交番がないなど行政外の問題、在来地区の住民は下水道や道路整備等の遅れと違いもあった。国立に貢献してきた市民が不便をしのいでいるのに、新参者の団地住民は水洗トイレのある生活をしていて納得がいかないとの声も聞かれ、団地の出現で都市機能の地域格差、先住住民の団地住民にたいする差別感の問題が微妙に浮上してきた。

　ここで、初期の公団住宅居住者全般の特性について、公団の調査結果をみておこう。

　『日本住宅公団10年史』（1965年刊）によれば、1956年当時における世帯主年齢の中央値は33歳、63年でも33.7歳とほとんど変化はないが、家族構成では夫婦だけの世帯比率は50％台から20％台に減少し、夫婦と幼児だけの世帯はほぼ20％から30％台まで増大の傾向をみせた。63年の東京支所管内における住宅規模別の世帯主年齢は、2DKで30歳代と40歳代の計が90％強、3DKでは60％強を占める。学歴は大学高専卒が全体の65〜70％を占め、東京都全体では27％であるのに比していちじるしく高水準である。いわゆるホワイトカラーと称される分野の人が90％と記している。

　さらに同『20年史』（1975年刊）は、70年代にかけての定期調査の結果をつぎのように要約している。「世帯主の平均年齢は、1960年35.1歳、65年36.2歳、70年37.5歳で、若干上昇の傾向にあるとはいえ、建設後10以上を経た団地が増えているにもかかわらず、大幅な変化はない。職業も、各年

度とも企業の管理職、専門職、事務職が70％以上を占め、35歳前後の典型的な中堅サラリーマンである。家族数は、それぞれ3.2人、3.4人、3.4人とほとんど変わらず、夫婦2人に子ども1人か2人の都市の核家族を想像することができ、世帯主は1時間以上かけて都心に通うサラリーマンである」

また同『20年史』は、団地入居者に共通の属性にくわえ、規模の大きな集合住宅に居住し、公団や自治体にたいし共同の要求を重ねるなかで形成される集団的行動形態に着目する。「なかでも団地自治会は、住民自体の自主的活動の全国的な高まりのなかで、団地コミュニティ的発展の中核となっているとみられる。最近の団地自治会は、わが国の政治、経済、社会の諸事情に影響されるとともに、団地居住者の増加や団地の生活環境施設の高度化、周辺地域社会との関係の増大にともない、団地内外におけるあらゆる生活環境の改善を求めて、周辺地域住民とともに行動する傾向にある。また、団地居住者は地域的に結合し、さらに全国的な組織を結成して、きわめて多様で複雑な幅広い活動を示しつつある」とみる。といいながら、自治会のない団地もあるし、団地をベッドタウンとしか理解していない層も多いと述べ、「団地自治会の活動が直ちに団地コミュニティの特性そのものであるとはいい難いであろう」と書き加え、居住者の動きに懸念も表している。

5. 入居してまず自治会を結成

畑と木立ばかりで何もない土地だったから団地ができ、そこに建てたのは2,000戸余の集合住宅と小学校だけだから無理もない。建物は申し分ないが、住民には入居したその日から生活の不便、不安が押し寄せてきた。

第1から第3まで3街区に分かれ、バス停が5か所もある長大な団地である。ここに公団がつくったのは第1団地内の名店街（18店）だけで、まわりにも商店はごく少なく、食品や日常品の買い物は不便をきわめた。通勤は遠くなり、そのうえ駅からバスで10分、バスの便数も少なく、終バスは9時半と早かった。わたしは毎夜帰りが遅くなるし、バス代の節約もあって自転車をつかい、一橋大学沿いの道路わきに停めていた。団地を一歩離れると道路

14 第1部　団地入居とまちづくり

も暗かった。当初7,400人が住む団地に交番はなく、病気になったらどこに医院があるのか、問題は山積していた。

団地内は舗装してあっても周辺道路は整備されておらず、雨が降れば泥んこ道、乾けば土ぼこりが舞いあがって洗濯物も干せない始末だった。

1965年11月に入居するとすぐ、生活の不便を何とかしようと有志が集まって自治会づくりをはじめた。自治会結成を呼びかけ、世話人たちは昼夜をとわず各戸を訪問して、たちまち7割以上の賛成を得、66年1月23日に自治会結成総会をもち、専門部に分かれて活動を開始した。その後ほぼ全世帯が加入して、同年4月24日に第1回定期総会をひらいた。それまでに終バスは10時20分まで延長、交番の6月設置も決まるなどの成果をあげた。

同時に自治会は、関東公団住宅自治会協議会（1960年結成）に加盟した。公団は設立10年にして空き家割り増し家賃という形で家賃値上げをはかり、集会所使用料の値上げ問題もおこり、6月には公団本社へ抗議に出かけた記録がある。

みんな30代か40歳そこそこと若く、収入も同じ程度のサラリーマンが多かった。ここに自分たちで新しい街をつくるんだと意気に燃えていた。昼間はおもに女性が活動し、男性は勤めから帰ると夜遅くまで熱心に自治会づくりにはげみ、ときには勤めを休んで町役場やバス会社と交渉し、つぎつぎ実績をあげた。この具体的な成果が自治会への結集力を高めていった。

幼児をかかえた母親たちは、町に保育園はなく、幼稚園も近くになかったので、いちはやく子育てグループをつくり、団地の幼児教室開設にこぎつけた。両親共働きの鍵っ子を放課後は、団地とともに開校した小学校の校長にあずけ、それが学童保育所づくりのきっかけとなった。

自治会づくりや地域活動に熱心な人たちの、ニュース発行や会議の進行、マイク宣伝、交渉ぶりを見ていると、60年安保闘争のころ学生運動や労組活動などを体験してきた世代を思わせた。

時代も住民運動に追い風が吹いていた。1967年に美濃部亮吉東京都知事に象徴される革新自治体誕生の波が広がりはじめていた。東京多摩では美濃部当選の年に、市になったばかりの国立市に革新市長が生まれ、やがて中央

線沿線は武蔵野、三鷹、小金井、国分寺、立川、日野、ほか公団住宅のある調布、田無、町田の各市も革新自治体に変わった。こうした時代背景もあって地域活動は盛りあがり、種々の成果を収めることができた。団地を誘致した自治体では、大規模団地の出現、新たな有権者の大量流入が、その地の旧来の政治地図を塗り替え、新住民の声が町政、市政に一定の影響をあたえた。新住民の数の多さだけではなく、自治会の結束した発言と日常の諸活動が力となった。しかし新旧住民の融和には長い年月を要した。

6. 自治会設立と日常活動

　自治会は、あとで述べるように、内部的にはごみ処理やマイカー駐車の問題、公団にたいしては住宅修繕や環境整備の要求、そのほか対市交渉等の課題につぎつぎ直面した。こうした課題にいつでも住民が結束して立ち向かえる基盤をはぐくむには、日常活動を基礎にした多彩な恒例行事の積み重ね、それに広報活動は欠かせなかった。

　自治会は結成後すぐ団地外に事務所を設け、役員会の決定にもとづき事務局が中心になって動きだした。広報活動がまず先行した。B5 版 20 ページ前後の「会報」を隔月に、3 年後には「自治会ニュース」として月 2 回、いずれもタイプ印刷で発行している。役員体制は、会長、副会長 5 名、事務局長、渉外、厚生、広報、文化、婦人、会計の各専門部部長と次長など約 25 名で構成していた。執行部役員のほかに棟ごとの評議員、階段ごとの階段委員のネットワークをいかして運営し、大きな行事では別に実行委員会をつくり、広く会員の参加・協力を得てきた。

　特定のテーマのもとに集まり散じる種々の団体とちがって、地域自治会（町内会）は、その地域に住むすべての人たちによって、日々起こるあらゆる問題に、昼夜をとわず常時とりくむことを旨としている。賛否の対立があれば無理に決めない、合意に達するのを待つ。大事なのは「中立」「回避」ではなく、概ねの合意と協力を得る努力と忍耐である。

　自治会事務所は実にこまごました活動をし、さまざまな相談事に応じてい

16 第1部 団地入居とまちづくり

る。そのうえ年に何回か恒例行事をおこなっている。初期は住民のほとんどが30～40歳で活力にあふれ、幼い子どもたちも多く、7月初めは七夕まつり、7月末に夏まつり、8月子ども映画会とラジオ体操、10月ハイキング、11月は団地祭で運動会や作品展示会など、12月子どもクリスマス会、1月自作たこ揚げ・羽根つき大会、等々旺盛に行事をこなした。半世紀をへて少子高齢化がすすみ自治会行事に変化はあるが、それでも2010年代の現在も、夏まつり、月見の秋まつり、バスツアー、作品展のほか、毎月1回、喫茶室、居酒屋、映画や麻雀のサロンをひらいて住民の親睦交流をはかり、「助け合いの会」をつくって支援活動、自主防災活動等をつづけている。

　手許にあるので第3回団地祭（1969年秋）のプログラムを紹介しておこう。10月11日の物品交換会にはじまり、交通安全教室、民謡のつどい、団地運動会が各1日、サークル発表・展示会を5日間おこない、11月9日に終わった。

　運動会は、第5小学校の校庭で朝10時から4時近くまで、第1団地の赤組、第2、第3と分譲団地の白組に分かれ、幼児から大人まで23種目を競った。その時の運動会だったかどうか、前夜の雨で水はけの悪かった校庭は朝になっても水浸し、みんなで古新聞を持ちより校庭に敷いて雨水を拭いとり、ようやく運動会にこぎつけたことを思い出す。

　団地の子どもはすべて5小児童、居住者みんなが若かった。運動会は、おおげさにいえば団地住民が全員集合、大いに盛りあがった。縁あってこの地に住むことになり、見知らぬ者どうしがここの住人として「新しいまち」を創るんだという気分がみなぎっていた。

　団地入居の初期は、新しい土地にきて何かやってみよう、仲間をつくろうと意欲が芽生えたのであろう。自治会に30をこえるサークルが登録した。その一端をあげれば、幼児教室、長寿会、カークラブ、野球、少年野球、卓球、囲碁将棋、民謡、ダンス、人形劇、華道、茶道、書道、ギター、尺八、謡曲、絵画、折り紙、編み物、洋裁、等々。これらのサークルは自治会と協力関係をたもち、自治会活動を支える大きな力となった。

　消費生活の面では、周辺にまだ商店が少なく、自治会が一役を担っていた。1966～67年の一般紙をみると、「日用品の共同購入」「新鮮な肉を安く、自

治会は仕入れて販売」「がっちり団地商法、市価の半額」などと報道され、味噌、醤油、豚肉からトイレットペーパー、洗剤、網戸、金魚鉢まで自治会事務所ところ狭しと並べ、「さながらスーパーマーケット」と書かれていた。

とりわけ注目をあつめたのは「15円牛乳合戦」だった。団地にたいし11店が牛乳の売り込みにしのぎをけずっていた。自治会は牛乳販売店と交渉し、66年5月、当団地にかぎり1合びん18円の普通牛乳を15円に大幅値下げをすることになった。ところがメーカーと販売店組合は「全国に及んだら大変」と1か月後の6月に契約撤回を申し入れてきた。自治会は8月にグリコ協同乳業と「一括購入による直売」契約をむすび、団地主婦による早朝配達で普通牛乳を日本一安い1合びん15円で販売し、新聞紙上でも話題となった。ピーク時には1日5,000本をさばいた。

しかし好評の自治会牛乳も、72年ころから乳児人口が減り、学校給食で牛乳がだされるようになり需要は減退、配達員の確保もむずかしくなっていた。ましてパック入り牛乳がスーパーの目玉商品となり、まとめ買いが当たり前になると、自治会牛乳を続ける理由はなくなり、75年にやめた。日用品の廉価販売もすでにやめていた。

自治会事務所は入居49年後の2014年になって初めて団地内に構えることができたが、それまでは富士見台2丁目内をあちこち移転してきた。牛乳事業をしていたときは牛乳冷蔵庫が置ける建物の二階に間借りしていた。

7. わが団地の幼児教室

国立では私立幼稚園が、1950年の国立音大付属をはじめ、60年までに6園、しかし、中、青柳、東、北に限られていた。西と谷保（富士見台をふくむ）の地区にはなく、団地入居がはじまった後の66年に3園（国立ふたば、富士見台、文化）ができた。ついでにいえば、国立にはいまも公立幼稚園はなく、行政は保育園づくりに努め、第2団地となりに66年開園した町立なかよし保育園が第1号である。

団地に越してきて、近くに入園できる幼稚園があるのか、幼児の親たちは

気が気でなかった。わたしも地元の知人に紹介され、のちに衆議院議員になる園主宅に菓子箱をもってたのみに行った。娘はお父さんの勤め先を聞かれてちゃんと言えるように、長いながいカタカナばかりの会社名を必死におぼえていたのを思い出す。高い倍率で入居できた団地の4・5歳児にとって幼稚園も狭き門だった。

　入居するとすぐ第1団地と第3団地で20代、30代の母親有志が3歳児保育を、各35人クラス、週3回午前中、月謝1,200円で発足させた。早く集団生活に慣れさせたい願いのほかに、4歳になって狭き門への入園対策の思いもあったろうが、当初から「自主保育」への志向がうかがえた。希望者が多くて抽選で入室を決め、はずれた子どもには、幼いときから気の毒な思いをさせた。

　団地の集会所を保育室とし、本やおもちゃ、積み木などを持ちより、手作りの保育が始まった。結成したばかりの自治会も低い机や小さな椅子を寄付した。

　やがて富士見台地域の幼児増も落ちつき、どこの幼稚園にも入園しやすくなったころ、わが幼児教室に4・5歳児の自主保育をもとめる声がつよまり、1974年に自治会でも取り組み、施設について市と交渉した。自治会直轄の形をとり幼児教室から市に100万円余を寄付し、園舎は77年3月に市と公団の協力でできあがった。

　多摩地区では、自治会ないしは自主運営の幼児教室を、公立幼稚園の設立を要求しその実現までの手立てとみる考えと、一般の幼稚園と目標や運営を異にする自主保育それ自体をめざす考えに、団地によって分かれ、わが教室は後者の道を選んで今日にいたっている。

　近年では団地の少子高齢化がすすみ、団地に住む園児はごく少数で、近隣のマンションなどの幼児を迎えている。団地の幼児が少ないのに自治会が幼児教室を支える意味、責任があるのかとの声が聞かれる。幼児教室の50年を顧みると、その意味、役割、期待は変化しているが、わが団地がいまも子育てにひじょうに恵まれ、地域に開かれた貴重な環境であることに変わりはない。団地住民の善意とすぐれた環境に囲まれ、施設を活用し共同して子育

てをしようとする人たちがいる限り援助したいし、高齢者にとっても団地のなかに子どもたちの声が聞かれ、若い親たちと育っていく姿を目にするだけでもいいではないかと思っている。

入居13年後、夏休みラジオ体操

Ⅱ　団地の出現と国立のまちづくり

1. 国立に団地ができるまで

　いま国立市は、もと谷保村である。関東大震災の翌年 1924 年 8 月に箱根土地株式会社社長の堤康次郎が谷保村役場に村長をたずねた。用向きは、村北部のナラやクヌギの生い茂る山林約 100 万坪を会社がまとめて買収整備して分譲したい、中央線国分寺と立川との中間に新駅を設け、神田一ツ橋の東京商科大学（いま一橋大学）などを招致して学園都市をつくりたいとの提案だった。箱根土地は分譲する土地を「国立大学町」と名づけ、大学とは神田一ツ橋の敷地約 1 万坪と必要な敷地 7 万 5000 坪との土地交換を仮契約した。そして 26 年 1 月には新聞紙上に土地分譲の売り出し広告をだした。「国立」の名の始まりである。

　「国立大学町」の名称は、売り出す商品のイメージとしても、ヤボ大学といわれては困る商科大学にとっても大問題だった。箱根土地と東京商大は命名まえに「国立」駅の新設を請願していた。26 年 4 月に新駅ができた。駅名も国分寺と立川の頭字をとって国立ときまった。谷保村にはその後、2 本目の鉄道ができた。当初は砂利と石灰を運ぶのが目的だった私鉄・南武線が 29 年 12 月に分倍河原・立川間を開通して、谷保停車場が開業。矢川停留所は 32 年 5 月に住民の寄付で無人駅としてつくられた。

　町の設計はドイツの大学町ゲッティンゲンに倣ったといわれる。国立駅ができ、ヨーロッパ風のまちづくりビジョンが売りものの大学村分譲がはじまると、国立学園、東京高等音楽学院（いま国立音大）の設立、東京商大の移転とつづき、駅周辺はにわかに開けていった。谷保村は、昔からの本村であ

る甲州街道沿いの谷保地区と、国立駅を中心に延びる新開地の国立地区に二元化し、対立の相さえ見られた。その中間帯には畑地、雑木林がひろがり、二つの地区を隔てていた。町役場は両地区の仲をとって、人家のない一面の畑のなかにぽつんと建っていた。いまの市民芸術小ホール、総合体育館あたりである。

戦後谷保村は、1947年の地方自治法公布をきっかけに町名問題がおこり、国立か谷保か、国保はどうか、3年あまりの町名騒動の末、51年4月に国立町と改名した。

この町名問題は図らずも、とくに開発がすすみ人口の急増しつつあった国立地区の新住民に自治体意識を芽生えさせていた。50年に朝鮮戦争が勃発し、隣の立川市に米軍基地がおかれ、多数のアメリカ兵が進駐してきた。国立駅周辺にも、アメリカ兵相手の安ホテルや飲食店が現われはじめ、「特飲街」ができるとのうわさも流れた。売春宿へくら替えする学生下宿もあった。町名問題から町の「浄化運動」への急速な転化はごく自然だった。浄化運動は「文教地区指定」を求める住民運動として発展していった。そこでの一橋大学、音楽大学の学生と教職員、女性たちの参加と活躍はめざましかった。推進・反対で町を二分した攻防の末、52年1月に国立町は文教地区に指定された。

文教地区指定運動は国立の住民運動の先駆けをなし、この運動をつうじ問われ、求められた「教育と自治」「環境か開発か」の理念は、その後の国立のさまざまな住民運動のなかに受け継がれている。

町名の国立町決定をはじめ、文教地区誕生の背景には、国立地区の人口急増と都市化の進展があった。人口では1950年、57年現在、南武線南部の4,443人、5,425人にたいし北部は9,848人、21,646人。線路沿い北側の富士見台地区（28万坪）は、1960年までゼロであった。

この長大な畑地帯に目をつけたのは、団地を誘致して4万人たらずの人口を一挙に5万人台にして単独市制を施行し、実現すれば4,500万円の固定資産税が入ると皮算用したといわれる町当局と、年間2万戸建設のノルマをかかえて発足したばかりの日本住宅公団であった。

1955年7月に公団が設立されると、翌年2月に町役場は公団の申し入れ

を受けるかたちで公団住宅誘致に積極的に動き、町議会に諮った。田島守保町長は、南武線北側の中間地帯 28 万坪の地域を住宅地として整備するその方向を、51 年からの浄化運動、それから発展した文教地区指定運動の成果を受けつぐ形での「まちづくり」の推進と語っている。

しかし、新聞紙上をにぎわせた「夢の学園都市造りへ」、当初は 3,700 戸、のちに 5,000 戸建つと、すぐにも実現しそうな楽観的な記事とは裏腹に、関係する各部落会からはただちに強い反対決議がだされた。公団の用地買収に立ちはだかったのは、地主たちの、かつて箱根土地にだまされた苦い経験と、農家が先祖伝来の田畑、生活の基盤を手放すことの不安、危惧であった。

箱根土地にたいする恨みつらみは昭和初年にさかのぼる。1926 年に当時買い手がつくと思ってもみなかった山林を箱根土地が 1 反歩（300 坪）平均 1,000 円、坪 3 円強もの破格の高値で買い取ってくれるという。うますぎる話に警戒しながらも揺れ迷いつつ大半の山林地主は手放していった。契約をすると代金の 10 分の 1、反当たり 100 円が支払われ、会社は開発事業に着手した。坪 3 円で手に入れた土地を造成し、坪 100 円から 50 円、最低でも 28 円で売り出した。ところが折悪しく世界大恐慌がはじまり、景気は奈落の底へ。土地はさっぱり売れず、箱根土地は苦境におちいった。土地代金の残額支払いは見込みも立たない。会社と谷保の地主との対立は険悪となり、深刻な紛争が生じるにいたった。

結局は、大方がわずかばかりの涙金か一部現物を返してすませ、ウヤムヤにされたようだ。300 坪 1,000 円で売ったつもりが入金は 100 円。残額 900 円分は、売出し価格が坪 30 円なら 30 坪、50 円なら 18 坪の土地を返す、つまり 270 坪、282 坪を 100 円でだまし取られ、泣き寝入りさせられた。

谷保の農家のこのトラウマが、30 年後に公団住宅の誘致、用地買収の話がもちあがり、よみがえったことは容易に想像できる。

関係地主たちの協力は容易に得られず曲折の経過をへながらも、町当局の熱心な説得によって用地確保の目途がつき、ようやく 57 年の夏には本格的な取り組みに入ろうとした。しかしその矢先、また新たな障害がおこった。公団への売却を予定していた用地の一部が、公団以外の 2 団体に買い付けら

れていたことが発覚。これには複数の町議会議員が直接かかわっていて大きな問題になろうとしていた。この疑惑もとにかく決着をつけ、1959年4月に国立町と日本住宅公団の協定書がかわされ、公団住宅誘致にむけて基本的なルールは敷かれた。

協定書の「坪当たり平均3,300円以内」で始まった用地の買収交渉は、公団の思いどおりに進まなかった。箱根土地とのトラウマだけでなく、公団に早々に土地を売って得た代金をまたたく間に失っていく事例を身近に見、農家が田畑を手放した後の生活に不安を募らせたせいもあろう。公団が交渉する相手は約100人。しだいに「もっと高く」「ここは売らない」と値段のつり上げ、売り惜しみが広がり、買収作業は難渋した。1958年秋の段階では、最終的に約20万坪、59年6月ころまでに買収完了と公団は予定していたが、結果は60年7月でもその3割強、6万数千坪にとどまった。公団はこれで用地買収に見切りをつけた。

つづいては、公団用地をふくめ全体で約28万坪にわたる地域を対象に土地区画整理事業の推進である。新しい街路や公園、学校、図書館などの公共用地を整理地域全体の何パーセントとするか定め、地主にどれだけ負担をさせるか、いわゆる減歩率が問題となる。団地建設と地域開発をまえに地価ははね上がっていた。地主に費用負担はないが、換地しその一部を町に差しだす損と、整理後の付加価値の増加をどう見積もるか。町当局と地主との利害調整も困難をきわめ手間どった。地域全体の減歩率は20.5%、整理施行によって道路など公共用地は1.94万坪（7.0%）から6.59万坪（23.6%）に増え、民有地など宅地は公団用地もふくめ25.01万坪（88.9%）から19.89万坪（70.7%）に減った。

こうして公団住宅誘致から9年、ようやく1964年12月10日、約2,300戸建設の起工式にこぎつけた。現場には「国立南団地」の看板が立っていた。この年の秋、オリンピック東京大会の聖火リレーは富士見通りから駅前ロータリーをへて中央線のガードをくぐり国分寺にぬける市内1.5キロを走った。

団地の規模は縮小をよぎなくされ、3街区の島に分かれ、賃貸住宅は第1団地1,029戸、第2団地350戸、第3団地580戸の計1,959戸が完成、65年

24　第1部　団地入居とまちづくり

11月1日に入居がはじまった。分譲住宅298戸はおくれ、12月15日となった。

「国立富士見台」は、完成とともに団地名として先に生まれ、行政上の地名は、のちに67年1月1日の市制移行にともない国立町谷保から富士見台1－4丁目にかわった。

国立町には、北3丁目に日本住宅公団が早くも57年3月に建てた国立団地196戸があり、国立富士見台団地のあとには、70年に同じ中間帯の西端に矢川北、青柳南の計約720戸の都営アパートが完成している。

2. 団地児童は受難つづき ― 教室不足と学区変更

団地入居がはじまった1965年11月1日に、国立町立第5小学校も開校した。普通教室14、特別教室3の計17教室でスタートした。公団が費用を立て替えて建設し、町は年賦で返済した。1970年まで米軍立川・横田基地の軍用機が上空を飛んでいたため防音校舎だった。

当初はまだ団地周辺に住宅はなく、5小児童の92%は団地の子どもであった。しかし開校して1年、早くも教室不足。団地児童の受難の始まりである。年があけ4月にわが長女は新1年生になった。

団地に入居した多くは、世帯主年齢が平均36歳前後で、学齢前の子ども1～2人づれの若夫婦である。入居してからの出産も目立った。こうした2,000余の世帯から5小に入学してくる。町当局は5小の児童数の増加をどう予測をしていたのか。

新1年生をむかえた66年は児童数482人、14学級で間に合ったが、翌年から児童数の急増にともない、深刻な教室不足になる。

	児童数	学級数
1966 年	482	14
1967 年	655	17
1968 年	842	21
1969 年	1,022	26
1970 年	(1,307)	(32)

父母たちは 5 小校舎増築促進委員会を結成し、町と教育委員会に「教室よこせ」の折衝をかさねた。

　5 小が開校して父母たちは、新しいまちに古い形の PTA は似合わない、「父母と教師の会」、加入は自由、会費なし、とユニークな出発をみせ、「PTA のない小学校」として新聞紙上話題にもなった。ところが、PTA こそないが、父母たちは教室増設のために集まり、活動に追われる毎日となった。増設はされたが間に合わせのプレハブ教室ばかりで、児童たちは暑さ寒さに苦しめられ、まともな学習環境とはいえなかった。

　問題は教室不足だけでなく、学校のマンモス化である。開校初の 4 月に 482 人、14 学級の 5 小は、3 年後の 69 年には 1,022 人、26 学級のマンモス校となり、校区がそのままなら、そのまた 5 年後の 74 年は 2,000 人をこえ、50 学級へと爆発的膨張が推計された。東京都は児童数 600 人を適正規模としており、小学校の新設を迫られていた。70 年に都営矢川北、青柳南団地ができて第 6 小学校、72 年には第 7 小学校と、わが団地の西と東に開校した。やがてすぐ第 1、第 2 中学校もマンモス校になり、75 年に第 3 中学校が新設された。

　富士見台と矢川に団地ができ、周辺にも住宅がどんどん建ちはじめて人口は急増していった。とくにわが団地の児童・生徒は教室不足と通学区域の変更の犠牲にされた。70 年に 6 小が開校すると市は「渡りに船」とばかりに数合わせをし、6 年生は残して第 3 団地の児童すべて約 180 人を近くの 5 小から、南武線を渡った先の 6 小へ移すことを一方的に決め大きな問題となった。第 2 団地に住むわたしは自治会役員としてこの問題にとりくむ運動体の代表をやり、自治体行政や住民運動について学ぶところ多かった。

　それで市は、第 3 団地児童を 5 小から 6 小へ移し、70 年に 5 小の児童数は 990 人に減少したが、71 年はまた 1,127 人に増加、72 年に 7 小ができ第 1 団地の 5 小児童の一部を 7 小に移すことで、かろうじて 900 人を切ることができた。

　5 小から 6 小に移された第 3 団地児童が、2 中に入学して翌年に新設 3 中へまた転校。第 1 団地児童も 5 小と 7 小、中学では 1 中と 3 中の学区に分

けられた。学年により街区・号棟により学区が分断され、兄弟でも通う学校は別々になり、近所の子どもたちの世界は引き裂かれた。学区の変更はその後もつづいた。

5小児童と一体だった団地自治会恒例の運動会等は、団地の子どもたちの通う学校がそれぞれ違い、自然に開催できなくなった。

5小の開校とともに、「鍵っ子」の問題にふれておきたい。

わたしが第2団地に応募したのは、第1、第3団地にくらべて人気が低く当選率が少しは高そうに思えたのと、なによりも近くに公立保育園の開設が予定されていたのが理由だった。しかし「なかよし保育園」はまだできていなかったし、できても入園できるか分からない。共働きの多かった団地の若い親たちには、幼児の保育はもちろん、放課後の学童たちのことも心配、悩みだった。「鍵っ子」ということばが世に出はじめたのはこの頃である。

団地の親たちは入居してすぐ、思い余って5小の中田重三郎校長に、わが子を放課後も預かってほしいと頼み込んだ。校長も何とかしなければと、とりあえず用務員室を開放してくださった。5小の校庭内にプレハブ施設を建て、4月から学童保育を始めてほしいと町に交渉した。自治会にも対策委員会を設けた。職員会議では否決された。やむなく第3団地集会所で学童8人、保母1人で共同保育をスタートさせた。町長交渉をかさね、議会にも請願して、翌67年2月、中央学童保育所がプレハブで5小校庭内に開所、20～30人が通った。70年2月、5小体育館ができるにともなって福祉会館内に移った。

富士見台に団地ができるまえ国立では、共働き世帯が最も多かった4小地区に64年1月北学童保育所が4小校庭内に開所していた。5小の中央学童につづいて、西学童が70年6月、矢川71年4月、本町と東73年9月、南77年4月に誕生した。

3. 市庁舎建設と大学通りの歩道橋

児童の学習権をおかす教室不足や学区変更の騒ぎがまだ収まらない1973年1月に、こんどは環境権の問題である。第5小学校の南側に新市庁舎が

建つと聞こえてきた。

　5小運動場から南武線までは原っぱ、雑草がいちめんに生え、トンボやバッタの飛びかう、子どもたちの絶好の遊び場だった。富士の山並みも望めた。そこに何階建てかのコンクリートの建物がたち、運動場がコンクリートの谷間になることを、5小児童の父母ならずとも住民はたいへん心配した。当時5小児童の82％は団地の子どもたちであり、コンクリートの壁にかこまれて暮らしている。74年4月に市の説明会があった。父母たちの反対の理由は、運動場がコンクリートの谷間になり日照が奪われる、風向きで光化学スモッグが発生、庁舎出入りの交通量の増加で児童の安全確保が心配、等々であった。5小父母は「市庁舎建設問題対策委員会」を結成、署名活動をはじめた。

　市役所は継ぎはぎの木造プレハブで、真夏は蒸し風呂のようだった。新築にも移転にも反対ではなかった。父母会と市は5小運動場と庁舎の間隔、高さの制限、緑地整備等について1年半にわたり折衝した末、75年6月市議会は、5小父母会の「周辺地域教育環境を守るためにどのような施設を建設するさいにも第5小学校と同校父母会の了解を得ること」の陳情を採択、9月に市、5小、父母会3者の合意に達し、新庁舎を運動場境界線から17メートル離すなどの協定書がつくられ、ようやく着工にむかった。新庁舎は77年8月に完成した。市役所跡地には、市民総合体育館が82年12月、くにたち市民芸術小ホールが87年11月に開館した。

　わが団地ができたころ、「クルマ社会」の問題はすでに全国的に深刻化しつつあった。

　国立駅周辺は路上駐車、駐輪が氾濫しはじめ、大学通りには交通戦争が押しよせていた。カミナリ族の団地内暴走も新聞ダネになった。

　大学通りの南端、わが団地の近くには3小、1中、都立国立高校、桐朋学園があり、1977年までは、いま障害者スポーツセンターの場所に国立音大付属高校もあった。1969年に各校PTA代表から通学路の安全を守るために国高前に歩道橋の設置を求める請願が市議会に出され採択された。これに反対の運動も起こるなか、翌70年11月に歩道橋は完成した。設置されるまで交通安全の旗をもって路上に立つ婦人の姿を毎朝見かけた。団地にも大学

通りを横切って通学する学童たちがいた。

　設置反対派は「歩道橋は環境権と大学通りの景観をこわし、クルマ優先を許すことになる」と主張し、市長は「今後ますます交通量が増えていくなかで、学童の交通犠牲にはかえられない」と設置に踏みきった。反対派は70年に東京都を相手どって提訴し、東京高裁で控訴棄却の判決が74年に確定するまで市民のあいだで論争がつづき、全国的にも「安全か美観か」論争として反響をよんだ。この問題は、クルマ優先社会への異議申し立てとともに、景観と環境保全への市民運動のきっかけをつくったという点で意義があった。

　その後2000年に突如、大学通りの景観を売りものに18階建て高さ53メートルの高層マンションを計画し、市民が「国立景観訴訟」をおこした明和マンション（完成14階建て、高さ44メートル）は、まさにこの歩道橋に接した場所に建設された。わが団地は道路をはさんでその南に位置し、公団が昭和40年代団地の建て替えを計画していたときだけに、団地の中層住棟のほかは銀杏やさくら並木より高い建物のないこの地域に巨大マンションが出現することは、団地住民にとって大きな不安であり、自治会は「東京海上跡地から大学通りの環境を考える会」に名をつらねた。

　2002年12月の1審判決は「景観利益の理念」にもとづき竣工済みの高層マンションの20メートル以上の部分について撤去を命じ、景観保護行政の前進に寄与した。残念ながら、この一連の裁判で国立市は11年に、明和地所に支払った損害賠償金を、事業者から同額の寄付をうけながら、なお上原公子元市長個人にたいし全額請求の訴訟をおこし、16年12月に最高裁で上原の敗訴が確定した。地方自治における自治体首長の役割を軽視し委縮させる決定であり、司法の危機さえ感じさせる結果である。

　「大学通り」が国立駅前からわが団地まで南北にのび、団地の北側にそって幅20メートルの通称「さくら通り」が都営矢川団地まで東西にはしる。ともに桜の名所であり、地域住民の貴重な生活道路になっている。共通しているのは、両端行き止まりにひとしい「通り」で、そのさき貫通していないことである。いわば公園化している。しかし、この2つの道路とも、たえず

貫通の脅威をうけている。大学通りはJR中央線が高架化されて今では貫通が可能となり、さくら通りは、団地建設にともなって東京都の都市計画道路を公団が整備した一部であり、目下車道を狭めながらも貫通工事を進めており、通過道路となる心配は深まっている。

　交通量の急増による危険や公害だけではない。コミュニティが物理的にこわされる問題である。市役所を囲んでわが団地はひろがり、図書館、総合体育館、芸術小ホール、福祉会館等が、全市的にみるとこの地域に集中している。学校も多く、都と市の身障者センターもある。大学通り、さくら通りの交通安全は、これら施設の利用、住民の交流に必須の条件であり、わが団地自治会は設立以来、毎年総会で「さくら通りの貫通反対」を決議してきている。

　団地をめぐるまちの現在の姿ができあがるまでの地域住民のかかわりはどうだったのか。その関心のあり様、積極的な参加とねばり強い運動の経過は記憶にとどめたい。ここに述べる地域住民の多くはわが団地の居住者であり、この「民主主義の学校」のなかで、団地コミュニティを形成する原動力がはぐくまれてきたといえよう。

4. 国立市、夢が嘆きに

　憧れのダンチに入居とはいえ、生活の便からいえば荒野の暮らしに等しく、団地住民は自治会にまとまり、行政と公団、公共機関等に働きかけて、日々の暮らしと教育の環境整備につとめてきた。幼児も学童も受難に耐えて育ってきた。

　他方、公団住宅誘致に乗り出した地方自治体は、団地建設に便乗して広大な田畑を住宅地に開発し、都市化の進展に夢をたくしたものの、それも束の間、行政需要には追いつかず、財政もたちまち逼迫。こんなハズじゃなかった、と早々にホゾを噛むことしきり。国立市役所の企画財政課が1972年1月にまとめた『団地調べ ─ 人口急増都市国立の場合』（手書きガリ版刷り、25×34センチ、78ページ）からは、この時点での市当局の嘆き、本音がうかがえる。国立富士見台団地の完成から5年たち、ついで同じ富士見台地域に都

営の矢川北と青柳南の両団地の完成をひかえ、国立市は団地誘致の「収支決算」をせまられ、まとめたものである。「まえがき」の一部を引用しておこう。

「団地は金がかかる」「団地建設は人口急増をともない、学校、保育園の建設、道路整備と生活環境のすべての面にわたる財政投資を要求し、それでなくても貧乏な自治体財政を逼迫させる。だから、いまのままでの団地建設はお断りねがいたい」

「地方自治体の側から住宅団地の建設を積極的に誘致し、もって比較的安価に、自治体の持ち出し分を少なくして、都市のスプロール化を防ぎ、区画整理を実施しようとしてきたのは、つい数年前のことである。勤労者に安価で質の良い住宅を提供するという意味で公共の団地建設はもっと促進されるべきである。しかし、いままでの関連施設整備は自治体に依存し、ただ大量に建設すればよいという団地建設のやり方は、もはや破綻がきているといえるだろう」

『団地調べ』はそう前書きしたうえで、国立市の現状と問題点について5つの観点から述べる。①団地建設の市財政への影響、②団地が今後必要とする行政量、③団地と他地域との行政水準の相違、④他市団地との比較、⑤団地建設という都市建設のあり方について。わたしもこの前書きには異論はない。

ただし、③のなかで、いきなりこう書き出しているのには驚いた。自分ではないと避けているだけに、かえって執筆者の心情が透けて見える。

「一番後から国立市にやって来た団地人が、水洗トイレのある、市立保育園もある一番恵まれた生活をしている。古くから住んで、国立市に貢献してきた市民が不便をしのんでいるのは、納得がいかないという意見がある」

ここで『団地調べ』の全容を万遍なく紹介するつもりはない。ただ、くじ

に当たってこの団地に入居してきた住民になんの咎もない行政上の状況にかんして、市当局があえて団地外の地域の市民との間に対立感情をひきだすような立論は、団地住民として許せない。ましてこの観点がその後の市政にもち込まれていたとしたら由々しい問題である。わたし自身、自治会活動その他いろいろな場面で、一部市民のあいだに団地住民にたいし偏見、差別に類する感情が根づよくあることは知らされてきた。団地ができた当初、団地外の人たちにこうした感情、誤解が生じることはあり得ようが、後年『団地調べ』に接して、市当局の発信によるところも大きいことを知った。

団地の内と外との地域格差は、とくに福祉・公園施設に顕著であるという。市立保育園は富士見台と矢川の両団地に2園だけ、児童館も福祉会館内と矢川北団地内の2か所、いずれも富士見台地域である。都市公園は市内9か所のうち7か所が富士見台地域、野球やテニスなどのスポーツを楽しむ運動場も、富士見台の谷保第3公園と多摩川河川敷にあるのみ、と。この公園について「国立市が造ったというよりは、日本住宅公団区画整理法により、公団と地主が減歩によって土地を提供してできあがった」とのべ、あえて「見て楽しむ美しい、鑑賞と散策にたえる公園にはほど遠い」という。この項の、「かも知れない」を付したつぎの結びにも、執筆者の心情、市の本音が出ている。

　「団地の建設があったからこそ、団地および団地周辺地域の福祉、公園設備はできたのかも知れない。日本住宅公団、東京都からは、土地提供、債務負担、振興交付金等かなりの額にのぼる団地関連施設整備への補助がある。しかし、あるいはそれとは全く反対に、団地ができたために、その関連施設整備のために市の財源を奪われ、団地以外の地域でのこれらの施設の建設が遅れているのかも知れない。いずれにしても、団地およびその周辺の市民は、国立のなかでは比較的恵まれた生活環境にあるといえる」

団地建設が人口の爆発的増加によって、地方自治体が予想外に過大な財政負担を強いられたのは国立市にかぎらず、全国共通の問題であった。政府と

32　第1部　団地入居とまちづくり

日本住宅公団が必要な財源保証をせず、高度経済成長にともなう都市化、住宅施策を自治体の犠牲において進めてきたことは、そのとおりである。早々に各自治体が「団地お断わり」を表明したのは当然であろう。

公団は、「建設月報」1970年5月号の「関連公共施設整備の費用負担について」のなかで、団地建設によって急激に膨張する市町村の財政需要も、長期的にみれば、人口増加にともなう地方税収入、その他の一般財源によって対処できるはず、としている。団地にかかる費用は、10〜15年後には団地からの収入で十分補えるというのだろう。ところが、国立富士見台団地の収支決算は、入居時は3,016万円の出超、その後も好転の兆しはみえず、むしろ出超は増え、1965〜70年の累計で2億6,758万円の差引き赤字だと『団地調べ』は嘆く。

市財政を逼迫させた要因については、国立市の文教都市としての特性、市財政の弱さ、地方財政制度の矛盾、とくに公立学校用地取得に国の補助がまったくないなどの超過負担の問題をあげている。しかし、行政サービスにたいする市民の要求、不満を、市民内部あるいは地域間にある差異、団地にかかわる「出超」に目を向けさせ、問題を少しでもすりかえようとしたのであればお門違い、誤りもはなはだしい。

5. 団地ができて国立市は

富士見台地域は、日本住宅公団区画整理法により団地建設と同時に、団地をふくむ周辺の約28万坪（927,847㎡）全域が区画整理され、農地から住宅地に変貌をとげた。そのため団地の周辺には家がどんどん建ちはじめ、人口は急増していった。

人口ゼロだった富士見台地域は、1965年に団地ができ7,400人が移住してきた。当時の国立町の人口43,861人の16.9%にあたり、人口は5万人をこえた。その後5年間の推移をみると、富士見台地域は1966年の7,485人から71年の11,711人へと人口はさらに56%、世帯数で2,327から3,437へと48%の増加をみた。

人口増加は団地とその周辺にとどまらない。富士見台に公団と都営の団地ができたあと、谷保など本村地区では、とくに 71 年になって激増した。66 年の 7,815 人が 71 年には 12,365 人、富士見台を上回る 58％の増、世帯数では 1,641 世帯から 4,051 世帯へ、2.5 倍にふくれあがった。世帯数の顕著な増加は単身者、小世帯の人口流入、農村地帯の市街化を示すものといえよう。東、中、西、北の既成市街地では人口数に目立った変化はないが、世帯数はいずれも伸びている。

　国立駅中心の既成市街地と農地をへだて切り離されていた南部の本村地区は、農地に団地ができ、周辺が区画整理されて公共施設が集中し、両地区を結ぶ道路、交通網が整備されることで、生活にも通勤にも便利な住宅地として開発が進んだ。南武線は 66 年 9 月に複線化され、谷保、矢川の駅舎が改築、駅前広場も整備された。団地を経由して国立駅と谷保、矢川駅を結ぶバス路線が開通し、便数もふえた。団地出現の 4 年後には、本村地区の人口、世帯数は団地を上回る勢いで急増しだした。地価は急騰していった。梨畑は消えてなくなった。

国立町役場に隣接する第 3 街区

34　第1部　団地入居とまちづくり

Ⅲ　70年代、団地のなかの環境問題

1. ごみ処理 ― ダストシュートと焼却炉、ごみ置場も撤去へ

　1970年には国立市でも光化学スモッグ警報がだされ、カドミウム汚染米が検出された。団地内ではごみ処理をめぐって環境問題が浮かびあがった。

　ごみ処理は各階段のダストシュートと2〜3棟に1か所の焼却炉で各自おこなっていた。

　生ごみは、各階の踊り場にいまも残る排出口に投げ入れ、縦管をへて地上のボックスに集まったのを公団側が搬出・処理していた。当初、年間約100万円を厨雑芥処理費として共益費から支出、つまり居住者負担だった。ボックスまわりを水洗いするために水道栓が設けてある。居住者は、ごみが散乱し、ハエがたかり、ゴキブリやねずみが出没、夏などには悪臭を放つので、不衛生と思って、そのころ出はじめたポリ袋に入れて捨てるようになった。4、5階からだとポリ袋も破れて生ごみが飛び散った。

　ところが公団は、それでは家畜のエサに回せないとポリ袋禁止令をだし、「違反の」ごみ袋を付近に投げ捨てていく騒動が1970年5月に起きた。田んぼや梨畑のあいだにあった養豚場は、近くに人家が建ちはじめ、転出、廃業をよぎなくされた。プラスチック製品が出はじめ、生ごみに危険物が混入したりで、この方式はもはや破綻していた。

　ごみ処理は本来行政のしごとであり、共益費支出は市民として二重負担になる。自治会はただちに公団、市と話し合い、同年9月にダストシュートを閉鎖、市が各階入口にポリバケツを置いて台所のごみはそこに捨て、週3回収集することで決着した。

さらに翌71年の夏になると焼却炉の煙害で苦情がつづいた。わが団地の焼却炉は住棟からすこし離れた道路わきにあった（60年代初めの団地には各棟の屋上に煙突がみえる。焼却炉もダストシュートのように住棟に付設されていたのだろう）。燃えるごみはすべてこれで各自が処理することに決められていた。ススや悪臭が出て、煙突を高くしてもだめだった。炉のなかにネコの死がいがあった。やがて、のどや眼をやられるとの声が聞かれ、調べてみると、やはり有毒ガスとみられ、発生源はプラスチック類であることが分かってきた。

スーパーマーケットの進出、包装用具の変化でプラスチック製品が大量にごみとして焼却炉に投げ込まれはじめ、有毒ガスが発生、炉の傷みも加速された。自治会は公団と市に焼却炉の閉鎖と新たな処理方法を申し入れた。交渉をかさねた結果、72年4月から、生ごみ・燃えるごみと、プラスチック類などを分別して紙袋に入れ、新たに設置するごみ集積場所に集め、定期的に市が搬出することになった。

多摩川沿いの市のし尿処理場だった清化園が清掃工場として完成したのは74年7月である。

団地のごみ処理には、焼却炉跡にコンクリートで常設のごみ置場が造られた。分別が求められ、収集日が決められても、いつでも外部などからも、良心さえ捨てれば何でも、どんな仕方でも投棄できるようになった。この「便利さ」が、ごみにたいする住民の意識を低め、団地の美観をこわしてきた。

自治会は1995年からごみ処理方式の改善にとりくみ、棟ごとの集会などもひらき、十分に検討のうえ、1998年に常設ごみ置場の閉鎖、撤去を公団と市に要請し、現在の階段ごとの定時定点方式に転換した。この方式で、ごみにたいする自己責任の意識が全体として高まり、団地の美化に役立っている。それでも、団地内に内外からの不法投棄はなくならない。

---

2. マイカーの駐車はどこに？

マイカー時代は60年代早々に始まっていたが、公団は団地内に駐車場（車庫）を造らなかった。駐車場のない団地への入居だった。

36　第1部　団地入居とまちづくり

　団地に入居して3年後の1968年12月に府中市で東芝3億円強奪事件がおきた。犯人が使ったカローラを追えと、わが団地にも警察が調べにはいった。そのとき駐車場のないわが団地の敷地内に約700台が、いわば不法駐車していた。犯人のカローラは、犯行現場から3.5キロ離れた小金井市の団地で4か月後に発見された。団地という新しい住様式とマイカー時代への対応にくわえ、犯罪との関係も考えさせられた。

　公団はマイカーの保有者はまだ少数としていたが、実際には60年代にすでに住宅戸数の30%以上保有の団地も少なくなかった。団地内の通路やアプローチに路上駐車し、消防車、救急車の走行の妨げとなり、交通事故の危険が増大していた。公団は、保有者のモラルの問題、取り締まりは警察の管轄を口実に管理を逃れ、自治会にとって駐車対策は長年の悩みの種だった。

　取得用地の地価が高騰するなかで、住宅の建設戸数に追われてオープンスペースは狭まり、家賃の急上昇も抑えるには、有料にしても駐車場設置どころではなかった。政府も公団住宅については抑制策をとっていたのであろう。公団は70年代半ばになって、ようやく住宅戸数の30%程度の建設にふみきった。

　わが団地では、駐車の自主規制を求める声があがり、自治会は交通安全と公害防止の責任から69年4月に交通安全管理委員会を設けてとりくんだ。団地内の、消防車も進入できないような狭い歩行者路（79年に拡幅）の片側を約3メートル間隔に白ペンキで区切って自治会指定の路上駐車場（312台）にし、隣接私有地を借りて駐車場（約300台）を造成、一律1,500円の料金でマイカー管理をはじめた。第3団地の公道でもそれをして新聞沙汰になった。委員は2人1組で深夜パトロールするなど苦労が多かった。

　公道でなくても団地内の歩行者路を車庫代わりにすることに反対、団地内からのクルマ一掃の声が強まり、隣接私有地を借り足して外に徐々に移し、74年には団地内から一掃した。マイカー管理は新たに結成された駐車場管理組合があたり、自治会は交通安全に主力をそそぐことにした。

　居住者の車の保有台数は急速にふえはじめ、不法駐車が目立った。やむなく団地入り口に車止めを設け、さらにそれを固定化して進入禁止にせざるを

えなかった。緊急時や引越しのさいには管理者から鍵をかりて出入りした。救急車には車道まで担架で運ぶよう消防署等に申し入れた。車止めを設けると、不埒にもその前に何台も駐車して団地入り口をふさぐことさえあった。

どこの団地も駐車問題は大きな悩みであった。公団は 80 年代にはいり事業の主軸を賃貸住宅の新設から建て替えに移すとともに、既設団地の住戸改善や団地環境の整備事業に着手しはじめた。その目玉の一つが駐車場の団地内建設であった。わが団地にも 89 年に提案され、騒動となった。その経緯は後述する。

関連して、こんなエピソードも記録しておこう。1990 年前後はバブル景気で市財政も潤沢だったのだろう。わたしの住む第 2 団地に接して谷保第 3 公園がある。その公園にナイター設備を設けたいと 90 年 2 月に市がにわかに団地集会所にきて説明会をひらいた。気軽にだれもが自由に遊べる公園を、利用申込者にかぎられる競技場にすることにもちろん反対だし、まして夜間あたり一帯が煌々と照らされ、人が集まり、このうえ車の出入り、路上駐車がふえでもしたら、たまったものではない。団地住民は大反対と声をあげたら、すぐ断念したらしく、それっきり何も言ってこなくなったことを思い出す。あぶくゼニで頭が変になった役人たちの一夜の夢だったのかもしれない。

3. 団地を襲った石油ショック、商店街の盛衰

自治会は 1973 年度に生活部を新設した。担当分野は、家賃・共益費、公共料金の値上げ反対、住宅修繕・補修の要求、生活物資のあっせん、その他である。団地に入居して 10 年近くは、市役所との折衝、団地周辺の環境整備にふりまわされ、しかしこの段階でようやく一定の解決、改善にむけて目途がついたということでもあろう。かわって自治会に新たな課題が押しよせていた。そんな時代の要請を感じて生活部の新設を言いだしたのはわたしである。自分がやる覚悟なしには言いだせないのが自治会で、部長をひきうけた。

この年の 11 月に石油ショックがおこり、主婦たちはトイレットペーパーや洗剤などの買いだめにスーパーへ殺到した。前年に成立した田中角栄内閣

の「日本列島改造」政策で地価は暴騰しはじめ、石油ショックを機に商社は投機、買い占めにはしり、物価は狂乱、世は大不況に突入した。

　自治会は日用品の不当値上げを監視して、日々値札を貼りかさねる商店を見てまわったが、地元商店街はスーパーマーケットの進出で、事態はさらに深刻だった。

　12月にはいって自治会は、石油ショックで共同購入していた地元灯油店から断られ、担当者として灯油の仕入先を探さねばならなかった。さいわい小平団地自治会と共同でエッソ石油の取り扱い業者が見つかり、不十分ながら入手することができた。寒空に灯油缶をもって配送車が来るのを待つ長い人の列は忘れられない。ときにはわたしの勤め先に、赤ん坊が凍え死にそうだ、どうしてくれると電話をかけてくる団地住人もいた。

　業者の問題ではなく、メーカーと行政の責任だからと、通産省エネルギー庁、石油連盟とエッソ石油に何度も足を運んだ。国立市に要請したら、しばらくして計量センターが問い合わせてきた。灯油の絶対量の供給不足とは認識せず、油を売るのだから量目不足の問題と勘違いしたのだろう。行政の鈍感さには驚いた。

　そのほかこの年の生活部として、安いオーストラリア輸入牛肉や羊肉の販売、米、味噌、醤油、茶、のりの直送販売、国立白十字のクリスマスケーキ、正月用お餅の共同仕入れもした。おおぜいの知人や娘2人にも手伝ってもらった。いま思うと、想像もつかないほどの好評を博した。申し込みは締め切ったあとも続いた。

　また入居後7年すぎ自治会として初めて不用自転車の回収をした。集積場所からもちだして再利用する人、解体し部品を集めて新しく組み立てる子どもたちもいた。残ったガラクタ自転車約200台を処分した。当時は回収業者がお金を払ってくれた。

　そのほか自治会生活部は公共料金値上げ反対にもとりくみ、運輸審議会で発言、バス会社とも交渉してバス停の改善などをはかった。国鉄運賃についても1977年から80年にかけて値上げ反対署名と毎年約20万円のカンパをあつめて全国的な運動に参加した。

英米大学出版局の代理店のデスクで、やれ灯油が足りない、牛肉の販売車が来ないと電話を交わし、ときどき行方不明になるわたしに、社長が長期の海外出張をもちかけてきた。要領よく業績は上げてきたからクビではないが、会社か自治会か選択を迫ったのだろう。会社を辞めることにし、脱サラ自営業、洋書輸入のエルベ書店をはじめた。

　ここで、団地周辺の商店街の盛衰をふりかえっておく。

　団地ができた当初は第1団地内の名店街と近くにごく少数の商店があっただけだが、10年後には隣接して商店は急増し、いくつかの商店会が結成された（カッコ内は1976年3月当時の国立市商工会の会員数）。第1団地には富士見台名店街（18店）、ダイヤ街（37店）、谷保駅北口商店会（55店）、パールセンター（14店、現在はない）、第3団地には富士見台ストアー（8店、現在はない）、近くに矢川銀座商店会がある。富士見台地域で店舗数はそのころがピークだったかもしれない。団地周辺にスーパーが進出してきたのもそのころである。

　大型店といえば、これまで国立駅近くに地元商店の原幸と西友ストアー国立店、70年に開店した紀ノ国屋しかなかった。73年に大店法が制定されるとすぐ、店舗数はすでに過剰ぎみであった富士見台地区に忠実屋、稲毛屋の出店計画もちあがった。商店会は猛反対し、市の幹旋によって出店を断念する経過はあったが、その後75年になると、大丸ピーコック、サンバード長崎屋、忠実屋（のちにダイエー、現グルメシティ）がつぎつぎ進出してきた。

　はじめにシャッターが目立ちはじめたのは80年代後半、団地内の名店街だった。90年に整備事業にかかり、店舗を大改修、外周通り向けに増設し、カラー舗装をして前庭スペースに道祖神型の石像やフクロウ型のフットライトを設置し、愛称「むっさ21」の看板をかかげたアーケード街にした。それでも店舗数は半減したままで、空き店舗はいまでは一橋大学の学生やNPO団体の活動の場となっている。ダイヤ街を76年当時の図面で確かめると、ここも店舗数は半減の18店、昔からの商店はそのなかのごくわずかである。別の店や改造して飲み屋や事務所に変わっている。

商店街の盛衰をみるにつけ、時代や生活の変化とその速さを感じる。少子化になって洋品店やおもちゃ屋、文房具店、書店などは消える。高齢化して地域の購買力も購入量も落ちる一方で、客の流れは大型店へ、あちこちにできたコンビニへ、いまでは通販へと分散していく。個人商店は経営がますます難しくなるうえに後継者問題をかかえる。団地自治会は近隣の個人商店を祭りの寄付など頼りにしていたし、地域づくりの有力なパートーナーだった。まわりに進出してきた大型店やコンビニ、さくら通りに建ち並ぶファミリーレストラン等は、「地域」とのつながりにはかかわりなく、地域にとっては穴のように存在している。

寒天に灯油の配送車を待つ人たち

Ⅳ　家賃値上げに反対し裁判でたたかう

1．初の家賃いっせい値上げ予告と全国自治協の結成

　公団家賃はもともと高かった。団地建設の事業資金はほとんどを政府と民間金融からの借入金でまかない、原価と金利、費用をすべて家賃で回収する方式だから高くつく。団地の建設費には学校や道路など関連公共施設の費用の全部または一部もふくまれ、地価が上昇しつづけて土地代はかさみ、これに管理費用、固定資産税等すべて居住者が負担する仕組みである。償却期間は70年、家賃が負担する金利は年率5％以内とし、これを超える分は国が利子補給をする。償却を70年にしたのは、建物が70年もつかどうかに関係なく、そうでもしなければとんでもなく高い家賃になり、多少でも家賃を低くおさえるためであった。そのほかに「共益費」、これは公団がはじめて案出したようで、別に徴収して家賃の額を低く見せかけた。公団家賃の仕組みは、勤労者の負担能力にはかかわりなく高くなることが予想され、公団法も「家賃をなるべく低廉にする考慮」を政府に課す付帯決議をして成立させた。

　入居者にすれば、原価主義家賃で70年償却ならば、70年間家賃値上げはない理屈だし、家賃のなかの可変部分にあたる修繕費や人件費がその後上昇しても、値上げはわずかですむはずと考えた。わたしの場合、3万円足らずの月給で1万円余もの高家賃に耐えてきた。原価主義だから初めは高くても「公団家賃は値上げがない」し、給料が上がれば少しは楽になるだろう。これは、わたしだけでなく、入居者みんなの信念のようになっていたはずである。家賃値上げなど思いもよらなかった。日比谷公会堂でひらかれた入居説明会で、公団の説明員も「この高さで値上げは考えられませんよね」と言ったと記憶

42　第1部　団地入居とまちづくり

している。

　団地ごとの個別原価方式だから、地価や建設費が上がれば家賃もそのまま
上がる。新旧の団地間で家賃に開き、不均衡ができる仕組みになっている。
1960年代以降、高度成長にあわせ地価、建設費が高騰し、公団の新規家賃
は年々急上昇していった。わが団地ができた1965年度の全国平均の新規家
賃は10,200円、70年度21,000円（17,700円）、75年度59,500円（35,400円）
と5年ごとに2倍、3倍と上がるすざまじい急騰であった。これでは勤労者
に負担のできる水準ではないと公団も認めざるをえず、初年度は低めにし、
3年ないし5年間（のちに10年間）年々引き上げて過重負担を先送りする傾
斜家賃制度を70年度にとりいれた。上記のカッコ内はその初年度の家賃額
である。

　政府は早くも60年代はじめから家賃のいっせい値上げを画策していた。
団地ごとの原価家賃方式だから当然生じる新旧家賃「格差」を逆手にとって
「不均衡の是正」「家賃負担の公平化」を言いだした。公団も60年代半ばか
ら家賃値上げの検討をはじめ、実施をはかったが、団地居住者の反対運動に
あって断念してきた。

　居住者からは、原価主義家賃なのに不均衡を理由に値上げするのは理不尽
だ、値上げをするなら、原価のどの部分にどれだけ値上げの必要が生じたの
か説明し、自治会と話し合えと要求し反対運動が各地で起こった。いっせい
値上げは無理とみた公団は、空き家に入居してくる者を対象に66年6月から、
まず「空き家割増し家賃」をとりはじめた。

　政府・公団が家賃値上げに本腰を入れたのは1970年からである。同年4
月の衆院予算委員会における根本竜太郎建設大臣の発言が、全国の公団住宅
居住者の家賃値上げ反対運動に火をつけた。翌71年12月に大蔵省が具体
的に値上げ幅まで示して72年秋からの家賃値上げ案を発表するや、まだ組
織的な運動とはいえないが、波状的に政府・国会への要請、公団交渉、各団
地からの抗議電話・電報、はがき作戦などを展開し、大蔵省にこれを白紙撤
回させた。

　団地居住者の状況はといえば、多くの団地ではすでに自治会はあり、近隣

表Ⅳ -1　管理開始年度別平均家賃

(1990.4.1 現在)

管理開始年度	管理戸数	当初家賃	当初家賃に係る前回改定後家賃	現在入居する場合の家賃
		円	円	円
31	12,276	4,600	23,100	34,700
32	10,911	5,100	22,900	35,600
33	20,433	5,600	25,400	38,700
34	23,330	5,200	25,400	39,500
35	16,697	5,600	25,900	38,900
36	13,276	6,100	25,300	37,400
37	23,276	6,800	25,300	37,500
38	21,053	7,700	26,700	38,800
39	26,093	8,800	26,700	37,800
40	21,242	10,200	30,000	43,900
41	29,704	10,700	27,400	37,900
42	24,713	12,900	29,000	40,300
43	30,032	14,100	28,500	39,200
44	38,034	15,700 (17,900)	30,100	40,500
45	35,818	17,700 (21,000)	31,600	42,400
46	42,346	20,400 (22,100)	31,600	41,100
47	44,793	21,600 (23,900)	31,000	39,600
48	26,515	22,400 (35,000)	31,500	40,300
49	30,574	28,100 (53,500)	37,800	45,700
50	24,301	35,400 (59,200)	52,200	55,900
51	20,877	40,700 (55,200)		60,900
52	20,675	39,900 (57,400)	54,600	57,800
53	23,156	43,300 (64,800)	56,900	60,200
54	19,785	47,600 (67,100)	62,600	65,000
55	12,378	50,500 (76,000)		66,700
56	8,268	57,700 (75,900)		74,000
57	7,625	60,500 (83,200)		73,200
58	9,321	64,200 (91,500)		80,700
59	11,085	69,100 (94,400)		88,600
60	9,547	72,800 (101,300)		91,000
61	10,396	78,800 (94,100)		95,500
62	8,684	75,400 (105,400)		87,200
63	7,606	85,200 (116,400)		93,800
平元	7,295	94,400		96,400

注（1）各家賃は、1990.4.1 現在の管理戸数に係る家賃である。
　（2）当初家賃欄（　）内は傾斜終了後家賃である。
出典）日本住宅公団資料

44　第1部　団地入居とまちづくり

の自治会どうしが連絡をとりあい、住宅や環境、共益費の問題等で交流していた。共同で公団に交渉し、要求の実現をはかってきた。家賃値上げの兆しには敏感に対応し、自治会相互の連帯はさらに強まり、地方ごとから全国規模の組織化をめざす動きが出てきた。協議会づくりは早くも1957年3月に関西に端を発し、関東でも60年1月には公団住宅自治会協議会（関東自治協）が結成された。関東自治協は全国の司令塔的な役割をはたした。70年の建設大臣の公団家賃値上げ発言をきっかけに各地方組織とともに全国組織の結成は急速に進み、71年末からの緊急行動とその成果はこれに大きなはずみをつけ、74年7月21日に現在の「全国公団住宅自治会協議会」（全国自治協）の発足となった。北海道、宮城、関東、東海、関西、北九州、福岡の7地方自治協からなり、総計約200団地自治会、25万世帯が結集した。10年後には350団地をこえ、35万世帯に達した。

　全国自治協の発足によって、のちに関東自治協は改組、1980年6〜7月に都県別に東京23区、東京多摩、千葉・茨城、埼玉、神奈川の5自治協がスタートした。東京多摩地区では35団地自治会が加盟した。

---

2. がら空き団地と欠陥用地買収のツケ

　1977年から78年にかけて、天下り官僚による公団のずさん経営、乱脈経理などが新聞紙上をにぎわし、社会問題化していた。その最たるものが、10万戸ともいわれるガラ空き団地の続出、1,600ヘクタールもの長期未利用地の買い込みである。

　75年度の新規家賃の平均は初年度35,400円（傾斜終了後59,200円）、80年度には50,500円（76,000円）へと急騰しつづけていた。家賃が高いうえに新設団地の遠隔化がすすみ、東京圏では都心から90分もめずらしくない。すでにマンションブームがおきており、これなら民間マンションを買ったほうがマシという時代になっていた。75年から「高・遠・狭」の不人気で空き家が急増しはじめた。76年度会計検査院は、募集しても入居者のない新築空き家14,523戸、建物は完成しても学校、道路、上下水道などの公共施

設が整っていないため募集できない新設団地 17,532 戸、そのほか未竣工住宅は 125,199 戸と報告している。この数字は、賃貸・分譲の空き家の合計だろうが、すべて竣工になれば大量の空き家、売れ残りが発生することは目に見えている。公団は、77 年 10 月時点で募集ずみ新築空き家が 16,257 戸、未募集は 19,426 戸に増え、12 月末現在の空き家は 39,000 戸と発表している。この当時、空き家予備軍を含めると、実質的に空き家は 10 万戸あったといえよう。

　会計検査院報告によると、76 年度新規空き家の建設費は合計 2,918 億円という。当時、空き家が 1 年つづくと維持管理費が 32,000 戸で約 8 億 4,600 万円といわれた。それどころか、募集ずみの新築空き家 14,523 戸分の家賃減収は年間 66 億 5,000 万円、未募集 17,532 戸分の年間金利は 47 億 6,000 万円に達する。こんな計算もできる。当時の新規家賃は平均 4 万円、39,000 戸の空き家で年間 187 億円の減収。そのほか空き家の維持管理費に未募集空き家の金利を加えると、年間 200 億円を優にこえる。巨額の損失である。これは、78 年からの家賃値上げの予定増収分の年額 230 億円に相当する。

　「腐蝕の構造」と題して公団の実態を特集した週刊誌が国会でも話題になった。会計検査院によると、77 年 12 月現在、公団が取得している土地 3,950 ヘクタールのうち 22 地区の計 1,589 ヘクタール（取得金額約 1,100 億円）は長期にわたり使いものにならない遊休地である。東京・上野公園（53 万㎡）の 30 倍もの広大な欠陥用地を公団がかかえ込むにいたった経過には、暴利と利権をあさる政治屋や政商との黒い関係が取り沙汰されている。これらはすべて借入金による買収だから、年間に支払う金利だけでも 77 億円に達した。公団総裁は 77 年 12 月 8 日の衆院決算委員会で「長期未利用保有土地 22 地区にかかる取得時から 77 年 3 月末までの金利は概算約 275 億円でございます」と答えた。この数字も値上げ予定増収分 230 億円を超える。がら空き団地も長期未利用地も解決のメドが立たず、公団のむだ遣い、ずさん経営のツケは結局、家賃値上げとなって団地住民に回される。団地自治会は決起せずにはおかなかった。

3. 大臣示唆から8年、公団初の家賃いっせい値上げ実施

根本建設大臣が公団家賃値上げを示唆した1970年4月から7年たって、建設省は77年8月24日に新たに公団家賃の値上げ方針を公式に発表した。7年間値上げをくい止めてきたことになる。新たな値上げの理由に、政府も住宅宅地審議会もあげていた「既存住宅間の家賃の不均衡是正」は消えて、その非理に気づいたのか、不利とみたのか、「プール家賃」化をあげた。建設省によれば「新旧家賃の不均衡を是正し、高額化した新規住宅の家賃適正化を図るとともに、あわせて空き家解消等にも資するため」の方式と説明し、値上げ理由のあいまい化、追究からの回避をはかった。

原価主義の公団家賃だから「不均衡」は当然生じるし、「是正」をいうなら不均衡の実態、家賃費目ごとの内訳が具体的に問われる。不均衡の内容さえ、はじめは「家賃額の格差」といいながら、「居住者間の負担の不公平」へとすり替えてきている。「プール家賃」に行きついたのは、家賃値上げの根拠、理由がしめせない自証ともいえる。

建設省が家賃値上げを発表すると、全国自治協はこれに抗議声明を出し、各団地の自治会、自治協では、①新設団地の高家賃こそ引き下げよ、②政府の住宅政策の無策や公団のずさん経営のツケを居住者に押し付けるな、③値上げをいうなら積算根拠と使途をしめし、居住者・自治会と協議せよ、の要求をかかげて署名運動にとりくんだ。地元議会にたいしては家賃値上げ反対の意見書提出の陳情、各党国会議員への働きかけ、政府・公団交渉、抗議や要請の電話・はがき作戦など創意工夫をこらして活動を展開し、第8次全国統一行動をもりあげた。署名は552団地、32.7万世帯、97万人をこえ、カンパは8,307万円に達した。地方自治協ごとに決起集会をもち、10月13日には日比谷野外音楽堂を6,350人の参加で満席にして、「公団家賃値上げ反対、国民本位の住宅政策を要求する」全国公団住宅居住者総決起大会をひらいた。大会のあと官庁街をデモ行進し、国会請願をおこなった。翌14日には公団、建設省、大蔵省、首相、衆参両院建設委員に居住者署名を提出、要請行動を

おこなった。

公団が 12 月に「値上げ予告ビラ」を全戸配布すると、わずか 2 週間で 25 万枚を回収し、12 月 22 日に緊急集会をひらいて公団本社につき返し、桜内義雄建設大臣には値上げ案撤回を申し入れた。

団地居住者の要求と運動は広く世論の支持をえた。東京都議会は 77 年 10 月に政府・公団への意見書を全会派一致で採択し、そのなかで公団の放漫経営を批判し、家賃変更については「当事者間の民主的協議による解決」を求めた。おなじ時期に各有力紙も社説をかかげ、「話し合いで解決を」(毎日 10/23)、「公団は不信感解け」(朝日 11/5) をよびかけた。

こうした団地居住者の運動の高まりと世論の広がりのなかで、公団は 78 年 1 月 6 日、建設大臣に家賃値上げの承認申請 (対象 695 団地、42 万 5,000 戸) をおこなった。公団家賃は公共料金に数えられ、値上げには大臣承認を要した。公団の値上げ内容は、おもな点で当初計画を大きく変更せざるをえず、理由には「新旧住宅相互間の不均衡の是正」と「古い住宅の維持管理経費の確保」の 2 つをあげた。「プール家賃」は消えたばかりか、公団はわざわざ「今回の改定はプール家賃制ではありません」と書いたビラを各戸に配布した。

全国自治協は公団が大臣に値上げ申請をすると連日、国会要請、建設省抗議、数次におよぶ建設大臣交渉、住宅宅地審議会、自民党住宅対策特別委員会への働きかけをつづけた。こうした攻勢的な運動があって、法律案件でない公団家賃問題が通常国会の代表質問、予算委員会での質問にまで取り上げられ、78 年 1 月 24 日の衆院、2 月 9 日の参院の建設委員会では集中審議が実現、参院では全国自治協代表も参考人発言の機会をえた。そして各委員会は 2 月 9 日、政府と公団にたいし「国会要望」をまとめた。

国会は全党一致して、①ガラ空き団地や長期未利用地問題の早期解決、②家賃制度の見直し、③家賃の激変緩和、老人、母子、身障者世帯等への配慮、④値上げ増収分の主たる使途は修繕、⑤敷金の追加徴収中止、⑥入居者の意向を聞くなどの民主的配慮を、政府と公団に求め、公団の値上げ案に一定の修正をくわえた。そのうえで建設大臣は 2 月 27 日に家賃値上げを承認した。国会審議と要望決議により、値上げ実施の 2 か月延期、敷金の追加徴収中止、

値上げ対象団地の縮小などの条件付き承認となった。

値上げ内容は、全国自治協と政府・公団との緊迫した攻防の末、①値上げ幅の削減（当初計画2〜3万円を上限7,000円に、平均5,300円）、②値上げ実施の延期（78年4月→7月→9月）、③値上げ額3か月分の敷金追加徴収の中止、④特別団地環境整備費の政府出資（戸当たり25,000円）、⑤値上げ増収分の7割を修繕費充当などの変更をくわえた。こうして公団は初の家賃いっせい値上げを1978年9月1日に実施することになった。

4. 家賃現行支払いから裁判提訴まで

建設大臣が1978年2月27日に家賃値上げを承認すると、公団は3月に各戸に配達証明つきで値上げを通告してきた。9月からほとんどが上限7,000円の値上げだった。これには全国20万世帯が「不同意署名」でこたえた。公団は、値上げ幅の縮減、実施時期の延期などには応じたが、自治会・自治協との協議・話し合いは拒みつづけた。これを実現するために、自治協は「家賃の現行支払い」を居住者によびかけた。借家法は、賃料の増額について当事者間の協議が整わない場合は裁判が確定するまでは現行額を支払えば足りると定めている。しかし家賃の現行支払いをするには、改定額が銀行口座から引き落とされないよう自動振り込みを事前に解約して持参払いに切り換えておく必要があった。8月末までに値上げ対象の60％の約21万世帯、多摩地区では85％におよぶ33団地、27,536世帯が公団に「現行家賃支払い通告署名」を提出した。公団からは記入欄が2つある家賃通帳がとどき、改定額を消し従前家賃額を記入して持参払いをした。

公団は77年12月から支社長名で家賃値上げ実施の78年9月にかけ、値上げの理由や内容、措置等についてのビラを10回近く全戸配布し、79年1月になると「万一お支払いいただけない方には、訴訟でもって解決することになります」、2月には「家賃改定には、借主の同意とか協議は必要ありません」「周囲の運動に惑わされず、ご自身の責任と判断でお支払いを」「改定家賃を支払った団地から住宅修繕、特別団地環境整備をおこないます」といっ

た懐柔、脅迫めいたビラも十数回にわたって全戸にまきつづけた。

79年2月にはいって公団は、現行支払い世帯にハガキで「裁判にかける」と通告し、沢田悌公団総裁は国会で「裁判で決着」を表明した。これにたいし全国自治協は、公団からの提訴を待つより、居住者が原告となって公団家賃の値上げの不当性を追及する裁判の提訴を新たによびかけた。各団地自治会、地方自治協は精力的に検討し新提案を確認、原告を選出し、原告以外の居住者は「改定家賃の暫定支払い通告」を公団におこなった。

1979年5月18日、全国124団地から259人の原告団が編成され、安達十郎弁護士を団長に60人の弁護団を擁して、東京、千葉、浦和、横浜、名古屋、大阪、奈良神戸の8地方裁判所に「家賃債務不存在確認請求」の訴えを起こし、家賃裁判運動がスタートした。東京地裁では、東京23区、多摩を中心に北海道、宮城、北九州等の各自治協、42団地自治会から86人（最終的に90人）の原告団が結成された。

5. 燃えあがったわが団地の家賃値上げ反対運動

わが団地自治会は、1970年の大臣発言のあとすぐ取り組みをはじめ、その年から反対署名にあわせて活動資金カンパも毎年よびかけてきた。

1977年8月、いよいよ建設省の値上げ発表近しの情報がはいるとすぐ、自治会は家賃値上げ反対特別委員会を設け、第8次の反対署名と資金カンパを全世帯に訴えた。9月には市長に家賃値上げの反対声明、市議会には意見書提出の陳情をおこなった。カンパは732,200円よせられ、10月13日の日比谷野外音楽堂での全国大会には57人が大型バスで参加した。笠をかぶりタスキがけ、手づくりのプラカードをもって日比谷から国会まで請願デモをおこなった。デモは生まれて初めてという人もおおぜいいた。12月に公団が各戸に家賃値上げの予告ビラを配布するや、一括して公団につき返し、建設大臣と公団総裁あての抗議の手紙・はがきは740通に達した。

翌78年2月に建設大臣が公団の家賃値上げ申請を承認すると、3月早々には配達証明つきで各戸にほぼ一律7,000円の値上げを通告してきた。わが

50　第1部　団地入居とまちづくり

団地では 1,526 世帯がこれに「不同意署名」をし、自治会は 4 月 12 日に公団東京支社に提出した。

　翌月の 5 月 26 日にはふたたび、日比谷での全国大会に前回を上まわる 63 人が意気高く参加、運動資金カンパは 808,700 円と伸びた。76 年のカンパ 540,129 円、神田共立講堂での大会参加 30 人の記録につづく 77 年、78 年の数字を並べると、当時の団地内の盛り上がりがうかがえる。

　9 月からの値上げ強行に反対して、自治会は「現行支払い」の方針を決め、借家人の権利について福島等弁護士をまねき学習会をひらいた。現行支払いをするには、家賃の自動振り込みを解約して持参払いにする必要があった。そのため、8 月下旬の暑いさなか自治会役員が終日銀行に張り込んで説明し、賛同してもらった。8 月末で 1,399 世帯、値上げ対象世帯のおそらく 85％が現行支払いに切り替えた。全国では 20 万世帯に達した。

　これにたいし公団は、現行支払いの各世帯にハガキで「裁判にかける」とおどしをかけ、公団総裁が国会で「裁判で決着」を表明した。居住者に不安が広がり、引越しやら、家賃手当をもらっていて会社からいやみを言われたから等々の理由もあり、しだいに減少していった。それでも翌年 1 月、全国平均で 40％、わが団地では 68％の世帯が現行支払いをしていた。

　全国自治協はこの情勢を検討し、居住者が原告となって公団を訴え裁判で争う新方針にきりかえた。自治会は、3 月上旬に住民集会、拡大評議委員会等をひらき、原告には第 1 団地の村田亘、第 2 団地の多和田栄治の両名を選出、79 年 5 月の定期総会で確認した。両名は東京地裁の原告団に参加して活動した。

　自治会は、原告をつうじて家賃裁判を進めるとともに、家賃値上げ反対にあわせ公団にたいする要求運動を全面的に展開した。

　公団家賃改定は建設大臣の承認を要したが、国会で審議して決める問題ではなかった。しかし自治会の運動は国会を動かして衆参両院の建設委員会で集中審議をさせ、政府・公団あてに「国会要望」を決議させた。公団の値上げ案を修正させ、その成果はさきに述べた。その一つである特別団地環境整備費（戸当たり 2.5 万円）についてわが団地が得たのは約 5,000 万円。この資

Ⅳ　家賃値上げに反対し裁判でたたかう　51

金でかねての要求であった第2団地に集会所を新設させ、1980年10月に完成した。集会所の落成にあわせ、10月10日から3日間、自治会は団地入居15周年を盛大に祝った。

　家賃運動に集中的にとりくみながらも、自治会活動はけっしてそれだけに終わらなかった。その間にも公団にたいし、①第2団地集会所の新設をはじめ、②消防はしご車の侵入できるアプローチ拡幅、③自転車置き場の増設、④幼児教室施設用地の拡張、⑤第3団地調整池周辺の整備、その他結露対策、植樹等を要求し、やがて大きな成果をおさめた。

1977年10月、日比谷野外音楽堂に参加する団地住民

第 2 部

公団住宅の誕生から公団家賃裁判まで

　　Ⅴ　日本住宅公団設立と公団住宅
　　Ⅵ　大資本奉仕の実態と用地買収の黒い霧
　　Ⅶ　公団家賃裁判 ― 提訴から和解解決まで

1977年10月、日比谷野外音楽堂を出発

第2部　公団住宅の誕生から公団家賃裁判まで〔Ⅴ─Ⅶ〕

　家賃裁判の原告として、「公団家賃とは何か」をあらためて確認するかたわら、日本住宅公団の設立等をめぐっては『日本住宅公団10年史』をはじめ数々の文献資料から学んだ。わたしの創見といったものはないが、第2部では、みずから参加してきた公団居住のための、いわば戦いの軌跡を正しくつかみなおす上でも必要な前史、その特徴的な表われをたどったあとに、家賃裁判の内容とその結着までの経過をまとめた。

　公団住宅の誕生が、住宅難にあって、良質な住居を渇望していた勤労者の要求にこたえ、さらにはわが国の居住様式、住生活に画期をもたらした実績については評価しすぎることはなかろう。同時に、日本住宅公団が、戦後経済が戦前の水準をはじめて上回り、かつ高度成長に転じた1955年、まさにその年に設立されたことの意味も、それに劣らず大きく、見逃せない。住宅公団の事業は、国民の広範な階層の住宅要求にこたえながら、高度成長を準備した経済環境のもとで順調な出発を遂げることができた。住宅公団があわただしくも発足でき、設立のその年度内に住宅供給ができた諸条件、明るいダイニングキッチンにステンレスの流し台、広い芝生に面したベランダに象徴される公団住宅の誕生については詳しくのべる。

　ここで指摘しておきたいのは、つぎの2点である。一つは、公団住宅の出現によってわが国住宅政策の枠組み、公庫・公営・公団の3本柱がそろったことの意味と、とくに公団賃貸住宅の役割についてであり、もう一つは、建設官僚の遺伝子をうけついだ住宅公団の体質にかかわる問題である。

　戦後5年をへて政府が最初に着手したのが住宅金融公庫の設立であり、ついで公営住宅制度の発足であった。政府は持ち家推進を旗印にかかげ住宅政策の基軸を鮮明にしたあと、「国民の8割を対象」と触れ込み、政府提案ではなく議員立法で公営住宅法を制定した。しかし、公庫の利用は一部の富裕層にかぎられ、国と地方の財政負担による公営住宅は建設が進まず、絶対

数不足のまま放置されていた。住宅難は解消されず、とくに大都市では人口流入が顕著になり、住宅要求が沸点に近づくなかで急きょ住宅公団が設立された。公団住宅は、国庫の負担によらず、資金は政府資金と民間からの借入れでまかない、投資原価はすべて入居者負担の原則で供給される。

　公団住宅の出現によって、公庫融資は高額所得層に持ち家、公営は低所得層へ低家賃の賃貸住宅、公団は中間所得層へ分譲または賃貸住宅の供給を建て前とする所得階層別の３本柱体制ができあがった。そのなかで公団住宅の役割は大きく複雑だった。主として企業用に分譲、持ち家を推進するとともに、公営住宅収入層をふくめた広範な勤労階層に高家賃住宅を賃貸する役割である。公団賃貸には、公営住宅に入居資格の、希望しても入居できない低所得者も多数応募し入居したはずであり、その状況は現在までつづいている。公団賃貸に事実上公営住宅の肩代わりをさせながら、「中間所得層」対象を理由に高家賃政策をとってきた。国と地方は公営住宅法がさだめる低所得層への義務を負わず、受益者負担の高家賃を押しつけ、「公的賃貸住宅」の市場原理による経営に道を開いたのである。

　国の住宅予算の階層別配分からも、あとで見るように、明らかに持ち家推進が住宅政策の主軸をなし、持ち家階層には手厚く、国の予算が所得の再配分というなら重視すべき借家人、公共借家には薄く、民間借家にたいしては皆無である。

　二つめの公団事業の特性、体質にかんしては、住宅公団設立までの経緯のなかでふれ、「大資本奉仕の実態と用地買収の黒い霧」のⅥ章でのべる。

　わが国の「住宅産業」成立史を書くとすれば、第１章に登場するのは公団住宅の誕生にちがいない。とりわけ賃貸住宅の大規模な企業的経営においては、まさにパイオニアであり、現在も世界最大規模の家主企業であろう。戦前から現在も大都市では借家が住宅総戸数の半数余を占めてきたとはいえ、多くは零細な個人稼業の集積にすぎなかった。戦後の公営住宅の建設も、地方自治体と地元業者による分散的な事業にとどまった。それにたいし公団住宅の出現は、大資本が全国規模で賃貸住宅経営に本格的に参入する先鞭をつけ、わが国の土地・住宅事情を大きく変えていった。

56　第2部　公団住宅の誕生から公団家賃裁判まで

　住宅の設計・建設に先だっては用地の取得がある。住宅建設の合理化、産業化は効率的に進むにしても、用地の取得は特殊な困難をともなうことは容易に理解できる。まして一企業体で年間万戸単位の住宅建設が国家的事業として求められ、それに必要な用地の取得である。一般に土地取引をめぐっては「うさん臭さ」がつきものである。住宅公団の土地取得においても例外でない。それどころか前代未聞の大がかりなスキャンダルをみせた。ここではその一部、国会議事録を抄録するかたちで、田中金脈がからむ土地疑惑の実例や広大な遊休地買い込みの実態を紹介する。

　公団住宅建設の目的なり性格、その方向性を見定めるうえでは、賃貸住宅と分譲住宅を分けて注目した。とくに大資本奉仕としかいえない特定分譲住宅、さらには奉仕どころか公団自身が民営賃貸住宅の大量建設に乗り出していく暴走ぶりも書きとめた。賃貸と分譲の建設戸数は1976年を境に分譲が賃貸を上回り、この趨勢はバブルが崩壊したあとの1994年までつづいた。しかも民賃住宅への傾斜は公団の財務内容を悪化させた。ちなみに、賃分逆転の翌年1977年に公団は初の家賃いっせい値上げを発表した。

　公団の家賃値上げにたいし団地居住者が全国自治協に結集し、1979年5月に全国8地裁でおこした家賃裁判の内容と経過については詳しく記録した。

　家賃裁判をつうじ公団代理人が主張した論点は、1982年の中曽根内閣成立によってますます現実性を濃くし、裁判継続中にもかかわらず、公団家賃改定のルールもないまま家賃再値上げを強行するにいたった。家賃支払いの不安ばかりでなく、「建て替え」の号令によって住居喪失の危惧さえ広がった。「行政改革」第1号として日本住宅公団は廃止、住宅・都市整備公団に再編された。

　裁判和解で獲得した団地自治会と公団との定期協議の体制、「二つのテーブル」は、その後の自治協運動を前進させる土台をきずいた。

V　日本住宅公団設立と公団住宅

1. 日本住宅公団法の成立

日本住宅公団法が成立したのは 1955 年 7 月 6 日、公団発足は 7 月 25 日である。その翌年 4 〜 5 月にはもう賃貸、分譲とも団地ができ入居がはじまった。

56 年度内に、賃貸は 4 月の堺市金岡を第 1 号に、支所別にみると大阪で 17 団地、東京は牟礼、青戸、国立、蓮根など 5 団地、関東の西本郷、小杉御殿、木月住吉など 6 団地、名古屋の志賀など 3 団地、福岡では曙、白銀など 8 団地、計 36 団地を管理開始した。1,000 戸をこえた団地もあるが、多くは 200 〜 500 戸の規模の団地である。普通分譲は 25 団地(賃貸住宅との並存団地をふくめ)、5 月の千葉市稲毛を皮切りに、団地数では関西に多く、東京、川崎、横浜、名古屋、福岡、北九州でおこなっている。

建設省が公団設立に動きだしたのは 1954 年である。その年の 12 月に吉田茂内閣が総辞職し、新たに結成された日本民主党の鳩山一郎内閣が 55 年 2 月の総選挙にのぞむ公約に「住宅対策」をかかげたのが直接の契機となった。戦後復興のなかで住宅政策の立ちおくれは明らかで、55 年 8 月時点でも、建設省調査によれば、住宅不足数は 271 万戸、都市の 1 人あたりの畳数は 3.4 畳、戦前の 41 年 3.8 畳にも達していなかった。

鳩山内閣は第 2 次組閣にあたって「住宅建設 10 か年計画」、55 年度 42 万戸建設をうちだし、その一環として日本住宅公団法案を 5 月に第 22 回国会に提出、6 月に審議、7 月成立とあわただしい動きをみせた。55 年 11 月には保守合同して自由民主党を結成、左右の社会党も 10 月に統一した。

58　第2部　公団住宅の誕生から公団家賃裁判まで

　戦後10年間、政府はまともな住宅政策、都市政策をとってこなかった。1950年5月になって最初につくったのが住宅金融公庫であり、資金さえ貸してやれば自力で持ち家を建てるだろうとの政策をとった。頭金を払える余裕など当時ほとんどの国民にはなく、貸付件数は51〜53年度で年間5万戸たらずだった。同年に地代家賃統制令を改正して新築貸家への規制をはずし、民間借家の供給を促したが、住宅不足の緩和には遠くおよばなかった。戦争で破壊された都市・住宅の復旧を、政府は「民間自力」まかせに放置してきた。

　1951年6月に公営住宅法が制定された。低所得者層にたいしては、それ以前に厚生省が「厚生住宅法」を国会に提出していた。あとから衆院建設委員会が田中角栄のもとで急きょ作成した公営住宅法案を議員立法として可決し、本会議にもちこみ早々と成立させたものである。当時建設省の企画課長補佐だった川島博はのちに「最底辺の階層は相手にしない。その対策は厚生省でおやりください。住宅経営が成り立つような、一定の家賃が払える人でなければ入れませんよ」「貧乏人は切り捨てる。そうでしょう、日本の復興に貢献する人をさしおいて」「落ちこぼれ、収入ゼロを救うよりは、基幹産業の労働力確保のために社宅的な利用に供したほうが日本の発展のためになる」と言い放っている（大本圭野『証言・日本の住宅政策』1991年刊、日本評論社）。住宅行政が建設省に一元化され公営住宅ができると、入居対象は「国民の8割」といいながら、建設戸数は年間2、3万戸台、53年度で5.8万戸にとどまり、東京で54年度の応募は116倍にのぼった。そんななか公営住宅の供給は早くも用地の取得難、財政圧迫を理由に後退をみせはじめていた。もともと建設省の持ち家中心主義は牢固として変わらず、公営住宅といえども、のちの公団賃貸住宅も、民間借家が普及するまでの、あるいは持ち家までの「つなぎ」としかみていなかった。

　日本住宅公団法案は、このように住宅事情の改善が進まず、とくに都市では人口の集中にともない住宅需要が強まるなかで「住宅建設10か年計画」（総計画戸数479万戸、1955〜64年度）が策定され、その最大の目玉として提出された。竹山祐太郎建設大臣は法案の趣旨説明で日本住宅公団の5つの特

徴をあげ、1955 年度は公団に住宅 2 万戸の建設、約 100 万坪の宅地造成を
おこなわせ、事業費として 166 億円を予定しているとのべた。

1. 住宅不足のいちじるしい地域における勤労者のための住宅建設
2. 耐火性能を有する集合住宅の供給
3. 地方行政区域にとらわれない広域圏にわたる新たな住宅建設
4. 公共住宅建設に民間資金を導入
5. 大規模かつ計画的な宅地開発

55 年 6 月の法案審議のさい問題になったのはつぎの 3 点であった。

1) 鳩山公約の 55 年度 42 万戸のうち政府資金による建設は 17.5 万戸（公
   営 5 万戸、公庫 7.5 万戸、公団予定 2 万戸、その他公務員住宅等 3 万戸）にす
   ぎず、これには増築 3 万戸分もふくめ、便所も台所もない 1 つの部屋を
   1 戸と数えている。半数以上の 24.5 万戸は民間自力建設に依存している。
   なお、民間資金を利用する住宅公団設立を機に「住宅政策の根幹」たる
   公営住宅の予算は削減した。公庫も申込みが高額所得者に限られていく
   一方で、融資率を 10% 引き下げた。

2) 政府は公営の低家賃住宅の戸数を増やすといいつつ、予算は削減し、
   12 坪の建屋を 8 坪に、8 坪は 6 坪へと狭めて居住水準を切り下げている。
   新公団には一定の収入がなければ入居できない。公団設立は公営住宅制
   度をますます衰退させ、多くの住宅困窮者は見捨てられていく。

3) 審議が集中したのは家賃問題である。公団家賃が 4 〜 5 千円だとす
   ると、月収 4 〜 5 万円の者でなければ入居できない（当時は一般に住宅
   費の適正負担率は収入の 10% までとみていた）。それ以下の所得層の救済に
   ならない。住宅困窮者は 2 万円以下の人びとが大部分である。一体だれ
   のための公団住宅かを問い、公営住宅の強化、公庫の拡充こそが住宅政
   策の根幹ではないかとの意見もだされた。

日本住宅公団法案は、衆参両院建設委員会で問題点が討議されたあと、賛

成多数で可決され、4項目の付帯決議をあわせて採択することで成立をみた。

第1条に「日本住宅公団は、住宅の不足の著しい地域において、住宅に困窮する勤労者のために耐火性能を有する構造の集合住宅及び宅地の大規模な供給を行うとともに、健全な市街地を造成し、又は再開発するために土地区画整理事業等を行うことにより、国民生活の安定と社会福祉の増進に寄与することを目的とする」とし、付帯決議の第3項には「政府は公団住宅の家賃をなるべく低廉ならしめるよう考慮すること」をかかげた。

---

2. 公団住宅の誕生

1955年7月に発足し、残る8か月の年度内建設2万戸のノルマ達成は至上命令だった。用地交渉から配置計画、建設計画、発注までにいくたの難関を突破して3月末すべりこみ、賃貸・分譲各1万戸の計画にたいし賃貸10,000戸、分譲7,228戸の着工を達成した。入居まもなく「雨漏り（じつは結露）事件」が国会でとりあげられた公団賃貸第1号の金岡団地の工期はわずか5か月半の短さだった。

この短期間に公団を設立、組織をつくり、とにかく初年度ノルマを達成した経過と背景はどうだったのか。設立後の公団の歩みと実績は『日本住宅公団10年史』等に詳しいし、設立前後の経過にかんしては前出『証言・日本の住宅政策』によって知った。

1954年7月に建設省住宅局住宅企画課長に就いた南部哲也（71〜77年住宅公団総裁）の証言を引用する（引用にさいしては一部略記した。以下同じ）。

　　具体的に動き出したのは昭和29（1954）年で、暮れに鳩山内閣が成立したが、少数内閣だから内閣の表看板として何かやらなければならない。それには住宅がいちばん。国が直接建設に乗り出したらどうか。そうすれば都道府県をこえて住宅が建設できるのではないかということになった。

　　財源調達についても、民間資金を活用する方法はないか。アメリカでは住宅資金はほとんど生命保険が貸し出している。長期資金をいちばんもっ

ているのは生命保険業界だから、その金を利用できないかと考えた。そのほかに運用部資金もある。郵便貯金等の資金は 30 年返還で活用できる。これらの借入金の利子は公団財政を圧迫するから、支払利息を 5 ％くらいでいこうとした。実際の利子は運用部資金が 6.5 ％、民間資金が 7 〜 8 ％で、わたしのときの最高は 9.65 ％までいったが、そういう資金を使っても、資金としては 5 ％で活用できるように、国が利子補給するシステムにした。

　それから公団をつくるに際しては、建設技術の能力をもった役人が余剰人員になってきたことの解決というのもあった。当時 GHQ 向けの特別建設局というのがあって、進駐軍の宿舎関係の建設をやっていたが、講和後にそういう人たちの行き場が問題になってきた。だから公団法をつくるときもアメリカ軍の宿舎を公団が引き受けて、ずっと長いあいだ朝霞キャンプの住宅管理を全部やっていた。

人　材

　住宅公団の組織づくりは建設省の役人が中心になったのだろうが、スタッフは戦前の住宅営団の経験者もふくめ、大蔵省、厚生省、その他の省庁の営繕関係、住宅金融公庫等の退官組、現役、民間会社からも集められた。公団に出資した東京都や大阪府からも理事クラスをむかえ、支所には自治体から引き抜いた住宅事業のベテランを配した。かれらは特に各地方での用地取得のノウハウに期待されたようだ。このころ戦後長くつづけてきた駐留軍関係の施設建設の仕事が減ったため、55 年度中に営繕局の技術者の大量整理を迫られていた矢先で、渡りに船とばかりに新公団に移ってきた。

　『証言・日本の住宅政策』のなかで、戦災復興院、経済安定本部から建設省営繕部をへて 55 年に住宅公団に移り初の設計課長になった本城和彦はこんな回想を述べている。

　　当時の経済復興計画での重点事業は、石炭・電力・鉄鋼の増産、交通網の復活、農業の増産、インフレ退治、輸出の振興、国土の保全などで、驚くべきことに都市・住宅の復興という字は出ていない。住宅屋とか都市

屋は陽の目を見なかった。

　建設省にきても非常に声が大きかったのは河川のグループで、これが分け前をポンと取る。60年代には道路屋が強くなり、そこにつく予算はどんどん大きくなる。住宅屋はいったい政治的にどんな背景をもっているのだろうか。

　川があって橋を一本かけ対岸の村落の人がみな渡れるとなれば、予算を引っぱってきた代議士はその村落の票が全部とれることになるから、がんばって橋の予算をとるようになり、そこに強い政治的圧力が働く。ところが住宅難というのは、住宅に入ったとたんに個人的に解決されてしまう。入った人が別に組織されることはない。こういった点で公共住宅の予算の拡大を促す政治的圧力はどうしても弱い。

　本城のこの証言からも、住宅公団の創設が意欲を秘めた建築・都市計画の専門家たちにいかに魅力的だったかが伝わってくる。「住宅局の連中、なかでも優秀でやる気のある奴が、みんな公団へ行かせてくれといっている」との嘆きも聞かれたという。現職の関係者だけでなく、気鋭の建築科出身者や若手研究者たちも志望して集まってきた。

　初代総裁には加納久朗が就任した。加納は横浜正金銀行ロンドン支店支配人のとき終戦をむかえ、戦後は国際人ぶりをかわれて活躍していた。加納総裁は人格、識見ともに広く職員に慕われ、住宅の水準については、イギリスに長く暮らしていたから、流しはステンレス、鍵はシリンダーロックであるべきとの牢固とした観念をもって、公団住宅の質の向上を牽引したといわれている。

　住宅公団は最初、現在の外務省の場所にあった旧恩給局の建物を借りて開業したが、すぐに1年あまりで本所と東京支所は九段下の元憲兵隊司令部庁舎に移った。

資材と資金

1950年6月に朝鮮戦争がおこり、日本経済に突発的な「動乱ブーム」を

もたらした。この期に鉱工業生産は急速に拡大し、51年には戦前水準を突破した。動乱ブームで大きな役割をはたしたのが特需、米軍による軍用資材の買い付けである。建設鋼材、セメントなどが上位を占め、兵器の発注や修理が第1位となっていた。

1953年7月に朝鮮休戦協定が調印され、動乱ブームは終わった。アメリカの世界的な戦略物資買い付け停止を契機に世界市場は停滞しはじめた。日本の貿易も赤字になり、商社や問屋などの倒産がおこり、鉄鋼や繊維の在庫がだぶつきはじめた。『経済白書』が53年度を「経済の膨張と国際収支の悪化」、54年度は「引締め政策による不況の到来」と特徴づけたように、毎年大幅上昇をつづけてきた鉱工業生産も消費もほとんど足踏み状態になっていた。「しかし、それは拡大均衡へのスタートラインとしての縮小である。伸びんがために屈する政策である」と白書は強気だった。翌55年から、白書の予言が当たり、ほとんどの人が予想もしなかったような急速な景気の上昇がおこり、経済拡大の時代にはいった。56年度白書は「もはや戦後ではない」と書いた。高度成長期の始まりである。

日本住宅公団はまさにこのときに発足し、順調な滑り出しができた。建設鋼材やセメント業界にとって、設備投資を拡大しながら滞貨をかかえた不況下で、鉄筋コンクリートの集合住宅を大量建設する計画は干天の慈雨であり、住宅建設が景気におよぼす波及効果は大きいだけに、広く産業界は歓迎した。

金融界も100億円、200億円という金を使ってくれる政府機関ができるわけだから乗ってくる。公団発足後に神武景気、岩戸景気とつづき、造船や鉄鋼に使えばもっと稼げると生保も金融界も渋りだした時期もあったが、オリンピック景気が後退し、「昭和40年不況」といわれた65年以降、融資先が少なくなって、公団への貸し付けは一挙に倍増している。

建設用地

建設戸数ノルマを果たすうえで最大の難関は用地の取得であった。用地取得の担当者こそ住宅公団の立役者だったにちがいない。

初年度早々2万戸、1956年度2.3万戸、57年度3.5万戸の建設をせまられ、

64　第2部　公団住宅の誕生から公団家賃裁判まで

多くは「出もの」的な市内空閑地、たとえば工場跡地など、住宅地としては不適な場所でも着手せざるをえなかった。また地方自治体で計画中のものを引きついだ。そのほか、すでに用地を確保していた企業の社宅を建設して戸数をかせいだ。

　住宅建設用地は、一般買収、所管替え、現物出資による取得があり、55年度に106 ha、56年度から62年度にかけては年平均210 ha、その後70年度までは年に430 ha、73年度はピークの831 haの取得実績をあげた。公団設立から1973年度末までの取得総面積は約6,490 ha、東京都千代田区の約5倍に相当する広さである。うち78％が一般買収、他はそれぞれ19％、3％の比率であった。

　一般買収用地としては、国有地の払い下げ、地方自治体の宅地造成事業地、私法人の造成宅地、工場跡地や山林・農地など民有地の取得がある。東京の練馬・板橋両区にまたがる光が丘地区のグランドハイツ、所沢市の所沢パークタウンなどは基地跡地であり、東京都では都営住宅用地に計画していた晴海の埋立地の譲渡をうけた例や、自治体事業地を買収して造成した千葉海浜ニュータウンや泉北ニュータウンなどがあげられる。田園青葉台、たまプラーザ、虹ヶ丘等の団地は私法人の造成地を取得して建設した。工場跡地の利用は都市再開発といえる。東京の青戸や大島団地などはその例である。山林・農地などを取得して建設した団地は多い。

　所管替え用地では、新住宅市街地開発事業地の多摩ニュータウンをはじめ光明池地区、北摂地区等、土地区画整理事業地はほとんどが旧陸軍火薬庫跡地で、57年に国から現物出資を受け、事業施行した宅地に住宅を建設した香里団地（枚方市）、高蔵寺ニュータウン（春日井市）、高島平団地（東京都板橋区）、港北ニュータウン（横浜市）などがある。また公団の公有水面埋立事業地の所管替えをした袖ヶ浦団地（習志野市）の例もある。

　現物出資用地には、国から出資された旧陸軍被服廠跡地の赤羽台団地（東京都北区）、地方自治体の出資による仏向団地（横浜市）がある。

　住宅公団の使命は、住宅建設のほかに大規模な宅地開発があり、それはたんに住宅用地を供給するだけでなく、工業用地、流通業務用地の開発、さら

には研究学園都市建設も業務範囲だという。宅地開発部門の 1955 〜 74 年度の用地別取得実績をみると、住宅用地 9,506 ha、工業用地 2,003 ha、流通用地 60 ha、研究学園用地 1,803 ha、合計 13,372 ha と広大な用地を取得している。

土地の取得には「うさん臭さ」がつきまとい、住宅公団も例外ではないことは、あとで述べる。

住宅設計 ― 2DK と「団地」づくり

限られた予算で、8 か月しかない初年度内に 2 万戸建設のノルマに追われた技術陣は、悪戦苦闘の連続のなかで設計・建築への情熱をよみがえらせていたにちがいない。

しかし、まずどんな住宅をつくるかを決めるにも大きな壁が立ちはだかっていた。建設省内には「住宅難世帯」基準があり、2 〜 3 人世帯で 9 畳未満、4 人以上で 12 畳未満、住宅難世帯を脱する最低限は 3 人家族で 10 坪と決め、戦後 25 年間それで統一してきた。公営 1 種の戸あたり 10 坪と 2 種 8 坪の差の根拠を問われ、公営住宅法の制定を担当した前出の川島博の弁は、「貧乏人は狭い家でがまんすべきだということではないでしょうか」である（『証言・日本の住宅政策』）。この基準で積算した戸あたり単価の予算要求にたいし、大蔵省はさらに、建設費が上昇傾向にあるにもかかわらずこれを値切るという仕組みがつづいていた。自治体の持ち出しがふえれば、建設戸数を減らすか住宅の質を落とし狭小なものにするほかなかったのが公営住宅の状況であり、建設省はつねに大蔵省にたいし受け身の姿勢だった。

公営住宅が鉄筋になったとき住宅基準は 12 坪となり、公団に初年度あたえられたのは、賃貸は公営より 1 坪広い 13 坪（43 ㎡）、分譲は 12 坪（39.7 ㎡）であった。戸あたり 75 万円、うち建築費 58 万円の予算と 13 坪の枠内で新しい公団住宅の特色をどう出すか、設計者たちはそのプラス 1 坪にかけた。同じ質の住宅が同じ原価でできても、国庫補助のない公団住宅では家賃にすべてはねかえって高くなり、家賃抑制が国会でもきびしく求められたなかで、それ以上に高家賃をまねく設計は許されなかった。公団の家賃制度

66　第 2 部　公団住宅の誕生から公団家賃裁判まで

は早々から住宅設計向上の足かせとなっていた。住宅の規模についていえば、その後、賃貸と分譲は同一となり、64 年度には 16 坪（52.9 ㎡）に広がった。10 年間で 10 ㎡の増加である。

　住宅基準は、昭和初期から建築学会が「生活最小限住宅」の構想を発表し、住宅営団の経験があり、厚生省は昭和 16 年基準を作成していた。そこには食寝分離を提唱した西山卯三の住宅思想も反映していた。戦後の公務員住宅や公営住宅等での蓄積もあった。これに何を加えて公団の「売り」にするか。結局、この 1 坪を使って、台所をダイニング・キッチンにふくらませて食寝分離を可能にすることと、浴室をつけることの 2 つを特色とする標準設計を作り出した。2DK の誕生である。

　設計課長の本城和彦は、「すでにあった公務員住宅は 3 室が標準で、2 室の公営住宅との中間をダイニング・キッチンでとった折衷案」であり、「そればっかり建てたので、これには私たち設計者はまったく閉口した」と語っている。当時は、少人数のスタッフで初年度 2 万戸、やがて 4 万から 8 万戸も急ピッチで建設しなければならない。現場も慣れた設計でやるほうが間違いが少なく、そのつど新しい設計をし、バラエティをもっと豊富にするゆとりなどなかった。

　「住宅は本来、地域の暮らしにもとづいて、地域性を生かし、しかも個人のアイデンティティを大いに発揮してつくられるべきものだが、ノルマがすごく高かったので、このやり方でいくほかない」と本城は自分を納得させ、本所で引いた図面を支所に送ってそれで入札させ、施工されていった。

　豆腐を切って並べたような画一的な住棟建設に、設計者たちには忸怩たる思いもあったろう。公団にかかわった高山英華が「建物をちどりに配置したり曲げたりすると側溝とか電線の総延長が延びて家賃にはね返るからよくないということで、なかなか一列縦隊をよさなかったという思い出がある」と書いていることからも察せられる（『私の都市工学』1987 年刊、東京大学出版会）。

　曲げたり千鳥に配列といわれ、ベルリンでブルーノ・タウトが設計した 1925/27 年の馬蹄型ブリッツ団地や、エルンスト・マイが 1926/27 年にフランクフルト・アム・マインに建てたジグザグ住棟のブルフフェルト通り団地

が頭にうかぶ。第1次大戦に敗れ、しかも財政困窮のどん底にあった1920年代から30年代初めのドイツで、大都市に流入してきた労働者のための集合住宅を、それぞれに個性的な様式、意匠をこらし、色彩ゆたかに、かつ自然との融合を重視して低家賃住宅を大量建設したこと、それが今もすぐれた社会資産として生きていることが、本城や高山たちの脳裏にあったろうと想像できる。その一部はいまやユネスコの世界遺産に登録されている。わが公団住宅も昭和30年代に建てられた団地には、設計者たちの意欲、情熱を感じさせる風情はあったが、建て替えられ、今はそのよすがもない。昭和40年代にはいると事務官僚の戸数主義が公団住宅を支配した。

　さて、標準は2DKと決まったが、室内設備はどうだったか。本城はごく初期の団地で、せっかくのダイニングのスペースにゴザを敷いてコタツを置き、そこでご飯を食べている光景を見、流しは昔ながらのジントギ（人造石研ぎ出し）で、すぐ水漏れして汚く、これではダイニング・キッチンがいいスペースにならないと頭をかかえていたという（藤森照信『昭和住宅物語』1990年刊、新建築社）。DKにコタツなどがはいり込まないように公団側でテーブルを置き、流し台もステンレスにして明るくきれいにしたのは、公団が発足して2、3年後、苦心の末のことである。

　画一的な設計による住宅の大量建設だったからこそ、建設の合理化、工業化がすすみ、躯体、部材の規格化、量産化によってコストを急速に引き下げることができたのは事実である。DKをDKたらしめるには食事用テーブルと椅子が必要だが、当時は安い市販品はなく、テーブルは公団で備えた。その後、椅子の生活が普及して手ごろなものが出回り、公団は備え付けをやめた。ステンレススチールの流し台も大手が見積もった1本3万8,000円が、のちにサンウエーブとして成長した町工場の熱意で1万円までコストダウンができ、調理の専門家などの協力もえて、はじめて加納総裁の執念と本城たちの本望が実った。洋式トイレは進駐軍がもち込んだもので一般には普及しておらず高価なものだったが、これも東洋陶器と建築家たちの努力によって採用できた。住宅公団の成果を契機に、その後一般に広まり、さらに改善されて

いった。そのパイオニアとしての功績は記録されるべきであろう。

「2DK」が公団住宅のキャッチフレーズ、代名詞になり、しだいに人気も高まり、高嶺の花とまでいわれるようになって、住宅の狭さは見逃された感がある。そのわりには2DK（概ね44㎡）の戸数は少なく、もっと狭い型式の住宅のほうが多かった。1955～63年度の賃貸住宅発注戸数17万戸のうち2DKは5.8万戸、33.6％にすぎず、1室と小台所、別に共同浴室の1K（20㎡）、1室とダイニング、浴室・トイレのユニットの1DK、2Kなどが42.4％、3K以上が24.2％を占めた。2DKを標準に請求した予算総額から、単身者用、小世帯用と称して実際にはもっと狭い住戸を数多く建て、浮かせた金で標準外の多少でも広い住戸をつくろうとしたのだろうか。わずかな予算の枠内で戸数を責めたてられながらも、試してみたかった設計者たちの知恵だったかもしれない。

公団住宅がもたらした「住宅革命」は、住宅設計、室内の近代化にとどまらず、敷地内に店舗や診療所、市役所主張所、郵便局などの公共施設が建設され、「団地」といえる新しいまちづくりが始まったことも特筆に値する。そのはしりとして1957年開始の千葉県柏市の光ヶ丘団地の名があげられる。どうして陸の孤島に団地をと聞かれ、本城は涙ぐましい思い出をかたっている。（前出『証言・日本の住宅政策』）

　　いい土地が入手できなかった。56年3月、東京支所がノルマをこなせない事態になって、住宅適地とはとても思えなかったが、しゃにむに発注し、約900戸の建設を進めた。周辺は道路なんかまるで整っておらず、トラックの出入りでその辺の道路は壊れてしまい、戦場のような騒ぎだった。翌年暮れに形はできたが、入居の段になったら、こんなところにお客がつくだろうかと、みんな自信がない。そこで急きょショッピングセンターと集会所、保育園、診療所を団地の真ん中につくって、これが新都市のコミュニティだと宣伝したら、ちょうど12月ごろで新聞記事が少ないときだったのか、ニュータウンができたといっせいに書いてくれて、支所長自らも駅頭でビラまきをやったら、22倍のお客さんが来てしまった。

V 日本住宅公団設立と公団住宅 69

　建物の設計や室内の設備は、その後民間企業がマンション建設に参入し、やがて公団を追い越すまでになっているが、外部空間もあわせた全体で見ると、とくにオープンスペースの確保という点では公団住宅の優位性は争えない。昔できた公団の団地は4時間日照、ほぼ一日中陽が当たっている。

　住宅公団が初期にはたした生活革新は、高度経済成長とともに、マイカーと家庭電化に代表される消費財革新が資本の側から強力に進められ、「建築家の手を離れて、消費財メーカーたちが先導するものに変わっていく」と西山夘三は書いた（『すまい今昔』1989年刊、彰国社）。「三種の神器」がくまなく普及していた65年にわたしが入居した3K住宅には、しかしまだ洗濯機置き場はなかったし、マイカー族が多数入居してきたが駐車場はなかった。狭い住宅に次つぎ新しい家庭用品が売り込まれ、ますます狭くなっていった。

表Ⅴ-1　賃貸住宅建設戸数の型式別内訳

（単位：戸）

年度(昭和)	建築戸数	1K	1DK	2K	2DK	3K	3DK	4K以上
30〜35	105,505	6,990	16,667	16,285	45,383	16,695	3,395	90
36〜40	125,975	2,440	19,067	5,794	47,618	35,481	15,414	161
41〜45	210,747	0	18,030	567	88,632	60,999	42,506	13
46	58,940	0	11,174	0	30,275	12,554	4,925	12
47	32,544	0	3,725	0	18,840	5,877	4,064	38
48	29,400	242	1,595	0	16,283	5,263	5,937	80
49	23,685	0	1,426	0	13,116	1,958	7,015	170
50	22,727	0	0	0	8,740	1,534	11,981(224)	535
合計	**609,523**	**9,672**	**71,684**	**22,646**	**268,887**	**140,361**	**95,174**	**1,099**
割合（%）	100.0	1.6	11.8	3.7	44.1	23.0	15.6	0.2

出典）日本住宅公団統計ハンドブック1976

VI　大資本奉仕の実態と用地買収の黒い霧

1.　賃貸住宅と分譲住宅

　一般に「公団住宅」とよばれているのは、賃貸の団地住宅をさしている。公団が表看板とする住宅ではあるが、公団は賃貸のほかに分譲住宅も大量に建設してきた。発足当初から、賃貸は団地住宅と市街地住宅、分譲住宅には普通分譲と特定分譲があった。

　賃貸の団地住宅に数えられるのは、既成市街地のなかの小規模な100戸単位の集合住宅と、主として郊外型の500戸前後から1,000戸、2,000戸、さらにはそれ以上の、新たなまちづくりともいうべき団地である。発足して3年後には札幌、仙台、下関などの地方都市にも団地住宅を建設している。

　市街地住宅は、いわゆる下駄ばきアパートといわれ、低層部が施設、上層部が住宅の複合ビルで、東京・田町駅に近い1957年入居の本芝市街地住宅がその第1号である。1〜3階は池貝鉄工の本店事務所、4〜6階が公団の賃貸住宅である。一般的には、敷地の所有者、借地権者によびかけて、商店や事務所等の施設を公団資金で建設し、長期月賦払いで分譲することを条件に借地権の一部を取得し、施設と一体に賃貸住宅を建設する手法である。既成市街地の小規模な再開発といえる。東京では60年代初めにかけて、千代田、新宿、港区のような都心部で戸数10戸台、なかには100戸を超える市街地住宅が建設された。多くは高層住宅であった。港区赤坂の青山北町5丁目のように251戸の市街地住宅もある。

　市街地住宅は、のちに1965年度から面開発市街地住宅制度が発足し、既成市街地にある工場跡地等を全面買収しての大規模な再開発にのりだし、そ

VI　大資本奉仕の実態と用地買収の黒い霧　71

こに建設した面開発市街地住宅は、従来の 1 棟単位のアパートを一般市街地住宅として区別した。住宅は高層建築、施設をふくめすべて賃貸、東京 23 区内では、68 年の日の出町、金町駅前にはじまり大島 4 丁目、6 丁目、72 年の豊島 5 丁目へと、1,000 戸内外から 5,000 戸近い面開発の大団地が出現しはじめた。一般および面開発市街地住宅の建設戸数は、79 年集計で全賃貸住宅 64.3 万戸のうち 22 ％を占めるにいたった。団地住宅もいまでは市街地化し、建て替えで高層化され、しだいに区別はむずかしくなっている。

　分譲住宅は、政府の持ち家推進政策にそって 55 年当初から建設されたもので、企業の給与住宅（社宅）として供給するのが主な目的だった。分譲には大別して、建設した後に譲受人（購入者）を募集する普通分譲と、建設する前に募集する特定分譲がある。

　普通分譲は、個人も対象にしたが申込者は少なく、譲受人の多くは法人関係だったという。支払いは一括払いと分割払いがあり、分割払いの頭金は 150 万円以上、残金は 20 年間元利均等の割賦方式のため当初がひじょうに高く、勤労者の所得水準では手が出なかった。申込者が少なく、一部を賃貸に切り替えた団地もある。「阿佐ヶ谷住宅」（東京、350 戸、1958 年竣工）は東京銀行の 2 棟（36 戸）をはじめ、10 戸以上を購入した法人に三井信託、神戸銀行、旭化成、三井金属、富士重工、北越製紙、本州製紙、東洋綿花など大企業が名をつらねている（『奇跡の団地　阿佐ヶ谷住宅』2010 年刊、王国社）。これが「住宅に困窮する勤労者のため」の住宅供給といえるか、と当然の批判もでて、60 年度に建設を一時中止し、61 ～ 62 年度は募集を中断した。

　そのころ公団は、賃貸住宅入居者から現に住んでいる住宅を持ち家として譲り受けたいという意向が出されているとして、賃貸住宅を将来分譲に転換するコンバーチブル計画、賃貸期限付き分譲住宅なども検討していた。66 年度に第 1 期住宅建設 5 カ年計画がはじまると、政府の持ち家政策に対応して、頭金 30 万円、当初 5 年間は元金据え置きなど支払い方法をあらためた「特別分譲住宅」制度をつくり、73 年度には「長期特別分譲住宅」制度に変え、割賦金の支払い期間をさらに延ばし、家賃並みの支払いで持ち家が

72　第2部　公団住宅の誕生から公団家賃裁判まで

もてるとの触れ込みで分譲の販売強化をはかった。

2. 大企業奉仕の特定分譲住宅

　特定分譲とは、あらかじめ企業等から譲受申込みをうけ、企業の所有地（あるいは公団からの購入用地）、または借地に、融資はもとより設計から工事まで一貫して公団が請け負い、社宅を建設する制度である。分譲住宅そのものが、当初から社宅建設を主に持ち家推進を図るものであったが、特定分譲はもっぱら、まさに特定企業の社宅建設を援助する、あからさまな企業援助策であった。大企業の投資の「合理化」、資本の節約、労働力の確保に公団は多大の資力を投じていた。

　公団は「中小企業の優先」を建て前にしていたが、申込み状況でみるかぎりでは大企業に偏っていた。1955〜64年度建設の全分譲戸数11.2万戸のうち特定分譲は91.5％を占め、企業の申込み戸数では大企業の比率が、最低でも67％、70％台が多く、60年には87％を占めた。申込み件数でみると、59年度までは中小企業も40％近くあったが、60年代にはいると20％を切ることもあった。

　新日鉄の君津製鉄所が操業したのは1965年である。前出の南部は特定分譲にかんしてつぎのような回想を残している（『証言・日本の住宅政策』）。

　　各企業とも社宅の需要がひじょうに多かった。高度成長で新しい工場をたくさんつくらなければいけなかった。新設の工場ができれば、必ずそこに200戸、300戸の社宅がいる。公庫の融資にも限度があるから、あとは公団に頼んで特定分譲でやることになった。そのいちばん代表的なのが新日鉄、当時の八幡製鉄の君津工場です。あそこには何千戸という社宅がいる。本来ならば企業が全部やるべきだろうが、「特分」という制度があって、社宅を建設したいという希望と合った。公団のほうは、耐火構造の住宅ができればそれだけ日本の住宅資産が増えるんだというふうに割り切っている。

1973 年度現在での特定分譲戸数が分譲住宅に占める比率を支社別にみると、東京 53 ％、関東 59 ％、関西 75 ％、中部 89 ％、九州 90 ％を示している。この比率の大きさと住宅の所在からも中部の自動車、北九州の鉄鋼産業への偏りが察せられ、特定分譲の役割は明白である。

3. さらに民営賃貸住宅の建設・販売まで

政府は早くも 1961 年 12 月に省令を改正して、特定分譲住宅を、①自社の従業員にたいし住宅を供給する事業をおこなう会社、②住宅の賃貸事業を営もうとする者にも譲渡できるとした。

そこに住むのは「住宅に困窮する勤労者」にはちがいないが、民間企業が自力で確保すべき社宅にくわえて、従業員への持ち家販売を事業とする企業にも公団が国費を使って住宅を建設し分譲する。さらには賃貸住宅事業を営もうとする者にも販売する。なりふりかまわぬ公団事業の拡大に、公団の正体見たりというべきか、公共的役割をはたすべき存在理由をみずから否定する方向に突き進んでいた。74 年度に「民営賃貸用特定分譲住宅」制度が実施され、特定分譲住宅は給与用特分と民営賃貸用特分に区分された。

1974 年度に民賃特分がはじまると、これを契機に給与用の建設は急速に減少し、民賃用が際立って増大した。74 ～ 79 年度の 6 年間に民賃住宅が計 47,375 戸、以後 87 年までは年間 6,000 ～ 9,000 戸のペースで建設されたのにたいし、給与用はこの間 7,905 戸、以降減少していった。そこで公団は新たな困難をかかえることになる。

民賃住宅業務について会計検査院の 81 年度および 87 年度の報告は、概要つぎのような問題点を指摘していた。

> 公団は民賃住宅を 81 年度までに 2,445 件 65,544 戸を建設し、公団総戸数の 36.8 ％に達し、賃貸および分譲住宅と並ぶものとなっており、近年、民賃住宅建設の伸びは著しく、割賦金の総額が急増している。

74 第2部 公団住宅の誕生から公団家賃裁判まで

　ところが民賃住宅割賦金の償還状況を検査してみると、滞納率は住宅12.9％、施設28.0％、計17.7％ときわめて高い。毎月1回徴収することにしている割賦金の住宅約259億円、施設121.4億円のうち未収金はそれぞれ33.7億円、34億円にのぼっている。滞納額にかかわる遅延利息相当額は8.7億円に達し、1契約につき12回分以上滞納しているものが104件51.5億円、未収額の76.1％を占める。

　12回以上滞納の態様は、①貸家経営の不振（入居者が少ない、低賃料で貸す）、②施設経営の不振（借り手がない）、③賃料収入金の他事業への流用、④賃料収入金の借入金返済への充当（土地購入資金など金融機関からの借入金返済）、⑤譲受人の不誠実、⑥その他、に分類され、入居者の賃料滞納、居住環境の悪化による入居者の退去、管理人による賃料収入金の横領、第三者のための保証債務の履行など種々の理由による。

　このような事態を生じさせた公団の事務処理について会計検査院は、（ア）民賃住宅の譲受申込みと償還計画にたいする審査、需要見通し、予定賃料の設定への考慮の不十分さ、（イ）滞納事案についての支払い催告の処理が総じて緩慢、不適切と断じ、公団総裁に厳正な指導監督の徹底を求めている。

　87年報告は、民賃事業者が制度の趣旨、定められた条件に違反して賃貸している事例を指摘し、公団に防止措置を求めた。主な違反は、賃借人から規定の額を超える敷金、とってはいけない礼金、更新料の受領である。

　公団は自らすべきでない「営利」事業によって財務を悪化させてきた実例の一つである。

　以上、賃貸住宅と、賃貸用特定分譲をふくむ分譲住宅の建設戸数を年度別にみると、1976年度をさかいに賃分は逆転し、分譲は賃貸を大きく上回わり、年間2万から5万戸あった賃貸住宅は、とくに79〜81年度、2、3千戸台にまで激減し、企業向け分譲は賃貸の10倍にも膨らんだ。この逆転は、バブル崩壊後の1994年度までつづいた。賃貸特分と分譲住宅の建設は、2004年の都市再生機構への改組によって停止に向かった。

VI 大資本奉仕の実態と用地買収の黒い霧　75

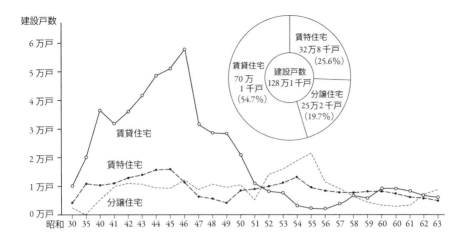

図VI-1　公団住宅の建設戸数と内訳

注）（1）公団の資料による。
　　（2）円グラフは昭和63年度末までの累積建設戸数である。
出典）住宅に関する行政監察結果報告書　平成2年5月　総務庁行政監察局

表VI-1　宅地開発部門、年度別・用途別用地取得実績一覧

年　　度	住宅用地	工業用地	流通用地	研学用地	合　　計
昭和30〜35	842.3	352.8	—	—	1,195.1
昭和36〜40	2,670.4	1,198.3	—	—	3,868.8
41	542.1	154.5	—	818.3	1,514.9
42	656.2	10.6	—	507.7	1,174.5
43	832.6	41.9	27.2	264.5〔△0.1〕	1,166.3
44	903.3	1.7	3.3	181.0〔△0.3〕	1,089.3
45	851.7	31.0	25.1	35.4〔△4.9〕	943.2
46	474.7	37.2	4.1	0.4〔△0.7〕	516.3
47	363.7	149.0	—	0.8〔△2.4〕	513.5
48	1,041.4	25.3	—	10.2〔△4.9〕	1,076.9
49	327.2	0.5	0.1	0.1〔△0.1〕	327.7
50	485.5〔△219.0〕	17.7	0.1	—〔△0.3〕	503.3
51	312.0	0.8	—	—〔△0.4〕	312.8
52	209.6〔△39.6〕	92.0	—	—	301.6
53	38.3〔△42.4〕	6.3	—	—〔△0.2〕	44.6
54	181.5〔△2.7〕	5.6	—	—〔△0.1〕	187.1
計	〔△303.7〕 10,732.5	2,125.2	59.9	〔△14.4〕 1,818.4	14,736.0

注）1. 現物出資を含む。2.〔△〕は処分で外数である。3. 各年度年度において四捨五入したため会計は合致しない。
出典）日本住宅公団史

76　第2部　公団住宅の誕生から公団家賃裁判まで

1955〜96年度における住宅建設の実績をみると、総戸数は145.9万戸、うち賃貸住宅が78.2万戸（団地53.1万戸、一般市街地6.5万戸、面開発市街地18.6万戸）、分譲住宅29.8万戸、企業用の特定分譲（民営賃貸用・給与用）37.9万戸、計67.7万戸と、分譲は全体の46％を占めた。1955〜88年度の年度別建設状況を図示しておく。

4. 工場用地、流通業務用地、研究学園都市建設

日本住宅公団法31条は、公団の業務範囲を「住宅の建設および宅地の造成、その賃貸または譲渡」と定めた。しかし2年後の1957年には31条を一部改正して、「宅地」を「住宅の用に供する宅地」および「学校、病院、商店、工場等の用に供する宅地」と規定しなおし、工場用地等の造成を業務範囲にくみいれた。どの辞書でも宅地とは、家屋の敷地とあり、公団は住宅団地をつくるのだから、宅地に学校、病院、商店の用地がふくまれるのは当然であるが、宅地の名による工場用地造成への拡大は、「住宅公団」設立の名目が早くもなし崩し的に変えられていく現われの一つといえる。工場ができれば社宅も必要になり、住宅を建設するのだから、と公団は言い訳していた。公団の「宅地」開発の対象は「住宅用地」のほか「工業用地」「流通業務用地」「研究学園都市」からなる。

57年に法改正をすると、すぐその年度内に、八王子、相模原、大宮地区をそれぞれ内陸工業団地、市原・五井地区に臨海工業団地、計4地区の工業用地の開発に着手し、その後63年度までに、深谷、高崎、青梅・羽村、川越・狭山、総和、佐野、真岡など首都圏本部の15地区、関西支社の湖南、九州支社の小倉、計17地区に工業団地の造成をおこなった。58〜63年度の5年間に取得した工業用地の面積は計1,195 haに達した。ちなみに同63年度までに取得した住宅用地の面積は2,264 ha（うち44％が公団住宅の建設用地、56％が個人分譲、社宅、店舗等の利便設備、学校等の公益施設の用地として処分された）であるから、工業用地は、短期間にもかかわらず公団の用地総取得面積の34.5％、処分面積では40.7％を占めるにいたっている。

VI 大資本奉仕の実態と用地買収の黒い霧 77

公団は初期の 10 年間に、住宅用地 68 地区 7,678 ha、工業用地 20 地区 2,219 ha の宅地開発をした。開発地区の地形は、当初は比較的平坦地であったが、60 年代半ばからは山地、丘陵地が多くなり、起伏の激しい山地や低湿地帯がふえたという。高度経済成長にともなう工事費単価の上昇にくわえ、山地、湿地帯が多く整地工事費は急増した。また道路工事は、モータリゼーションが進行しはじめた時代で工事内容が多様化し、工事費もいちじるしく増加している。宅地の造成であるから、水道施設、排水施設、終末処理施設は欠かせない。

公団資金によって基盤整備された、この広大な工業用地の譲渡を受けるのは、さきにみた社宅用の特定分譲住宅と同じで、いずれも主として大企業にほかならない。

大都市への人口、産業の過度の集中を防ぐには、産業の分散立地をはかるための工業用地の開発が必要であるとして 57 年に法改正をして、住宅公団の業務範囲にくわえた。つぎには 66 年に、大都市および周辺地域における流通機能の向上と道路交通の円滑化を目的に「流通業務市街地の整備に関する法律」を制定し、公団業務をさらに拡大した。

公団は 69 年に東京・足立区、71 年に板橋区に 33.3ha、31.4ha の流通業務団地を造成した。足立地区は、都市計画公園となっていた舎人緑地の用地であり、板橋地区は公団が住宅地として開発してきたものであった。そこにトラックターミナル、卸売市場、倉庫、卸売業、コンテナデポ用地を整備し、企業に分譲した。そのほか越谷市に 70 年、地区面積 116 ha、鉄道貨物駅をもつ東日本最大規模の流通業務団地をつくった。98 年になって岩手県花巻市にも 43 ha の団地を施工している。

公団は、このように巨額の資金を投じ、公園、緑地、住宅用地を犠牲にしてまで、大企業の流通基地づくりをも主導した。

1960 年代にはさらに、公団は大規模宅地開発にのりだし、筑波研究学園都市（2,696 ha）の建設に着手し、新住宅市街地開発事業を展開する。その代表的事業が、愛知県春日井市の高蔵寺地区（702 ha）にはじまる、東京都多摩（全 3,020 ha のうち 1,335 ha）、横浜市港北（1,317 ha）、兵庫県北摂・北神

78　第2部　公団住宅の誕生から公団家賃裁判まで

(1,529 ha)などのニュータウン事業である。公団は巨大な怪物と化しつつあった。ここでは、公団がいかに大企業奉仕の役割を担っていたかを確認しておく。

　ただ広大な土地の取得については、あとで述べることとも関連して、高山英華が筑波研究学園都市の「苦い経験」として回想しているエピソードを引用しておこう。

　　やはり土地の選定は非常に政治的な形で決まるということです。初めから富士の裾野が一つの候補地で、そのほか榛名山、那須が大きな候補地でした。おのおのうしろに有力な政治家が2、3人くっついておる。たぶん河野一郎さんが建設大臣だったと思いますが、ヘリコプターに乗せられて方々に見に行くと、知事はじめ有力代議士が出迎えにきていまして、候補地を売り込むわけです。結局、ひょんなことから茨城県のところがあいているというので、橋本登美三郎さんとかいろいろな人たちがあそこへ誘致したわけです。

　　そこで、マスタープランを書いたんですが、土地を買う段になるとプランはずたずたになって、現在あるようにやたらにばらばらな土地を買って、これを何とかしてくれというのが都市計画学会に来ました。どうまとめてもうまくまとまらない。だから、いまあるように、細長い道路にいろいろなものが張りついているような図になっておるわけです。ですから、あれは、計画者としてはそういう土地の問題の後始末をした一つの例だと思います。もう一つ悪いことは、各省は自分の敷地は一生懸命ですが、全体の調整をとっているところがない。

　　その後、ぼくは大規模年金保養地というのを厚生省の仕事で全国に十何カ所つくりましたが、そのときも全部政治家が決め、後始末を技術者がするというパターンになっております（前出『私の都市工学』）

5.　金融資本をもうけさせた公団の財務

　住宅公団の事業資金は、①国および地方自治体からの出資金、②国および

民間からの借入金、③住宅債券の発行による収入、④日本住宅公団宅地債券および特別住宅債券の発行による収入、⑤住宅、施設、宅地にかかわる賃貸料または譲渡等の管理収入、その他の収入からなるが、おもな部分は、財政投融資としての政府資金（原資は郵便貯金、簡易保険、年金積立金）と民間資金（生命保険会社、信託銀行など）の借入金である。

　当初5年間は資金総額の21.0%、つぎの5年間12.5%を占めた国からの出資金は1964年度をもって打ち切り、利子補給制度にかえた。利子補給とは、借入金の支払い利息と資金運用による利息回収額との差損にたいする国庫からの補填である。こうして公団の事業資金はほとんどが借入金でまかなわれてきた。55〜74年度の20年間の累積額でいえば、97.3%が政府および民間からの借入金であり、うち民間借入金が、72年度までの累積額では52.3%を占め、政府借入金を上回った。

　民間借入金の状況を、55〜59年度、60〜64年度、65〜69年度、70〜74年度の4期に分けてみると、資金総額に占める比率は、1966年度の86.9%をピークに第3期は62.6%、4期をつうじて平均41.7%であったが、その資金コストは年々上昇していった。当初は民間借入金も財政投融資計画に計上され政府保証がついて比較的低利であったが、65年度から政府保証のない民間資金が導入され、73年度からは公団が調達する民間資金には政府保証はなく、借入金利は7%年台から75年には9.65%まではね上がった。第1〜2期の借入金はすべて政府保証つき、第3期は保証つき12.8%、保証なし35.0%、第4期はそれぞれ2.9%、27.7%、75年度からは保証つきゼロとなり、事業資金のほぼ半分を民間資金にたよる公団財政は利払いに追われ、破綻を生みだしていた。73年度以降、政府資金が増大したのはそれへの対応であった。

　1955〜74年度の借入金総額3兆5,964億円のうち民間資金は39.3%にあたる1兆4,139億円、その大部分（97.3%）は生保（65.3%）と信託（32.0%）からの借入である。生保は日本、第一、住友、協栄、明治、太陽、三井、安田の8社、信託は三井、三菱、安田、住友、東洋の5銀行、まさに金融独占にしめられている。

80 第2部 公団住宅の誕生から公団家賃裁判まで

74年度の事業資金は7,036億円であるが、半分近い3,219億円が借入金償還と利払いに充てられる。そのうち利子だけでも1,664億円、事業資金の23.7％にあたる。一日4.56億円もの利払い、その多くは金融大手への支払いである。

住宅公団の事業資金の半分以上が借入金償還と利払いに消え、公団は金融大手を儲けさせ、そのツケは高家賃となって公団住宅居住者に過重な負担を強いる構造になっている。この構造は、住宅建設を大企業の利潤追求の場とするものであり、「公共住宅」の存立とは根本的に矛盾することは明白である。

表VI-2　住宅公団の長期借入金と償還状況

区分		49年度末			48年度末		
		借入金累計 百万円	償還金累計 百万円	残高 百万円	借入金累計 百万円	償還金累計 百万円	残高 百万円
政府資金	資金運用部	1,711,200	25,376	1,685,824	1,267,200	17,786	1,249,414
	簡易生命保険及び郵便年金積立金	16,200	14,098	155,102	144,200	11,494	132,706
	政府引受債	3,818	9,413	28,767	38,180	7,297	30,883
	計	1,918,580	48,887	1,869,693	1,44,958	36,577	1,413,003
民間資金	生命保険	960,900	553,825	407,705	855,900	484,188	371,712
	損害保険	500	500	0	500	500	0
	信託銀行	452,500	189,720	262,780	379,500	147,961	231,539
	政府補償債	206,690	111,193	95,497	178,020	83,815	94,205
	特別住宅債券	27,298	13,050	14,248	24,137	11,764	12,373
	住宅債権	29,960	22,432	7,528	28,926	19,812	9,114
	計	1,677,848	890,720	787,128	1,466,983	748,040	718,943
合計		3,596,428	939,607	2,656,821	2,916,563	784,617	2,131,946

出典）日本住宅公団統計ハンドブック1975

6. 大阪府「光明池」団地をめぐる黒い霧

日本住宅公団の土地買収に関連しての疑惑は数多い。インターネットで「日本住宅公団」にならべ「田中金脈」「土地疑惑」等を入力すると、関連する

VI　大資本奉仕の実態と用地買収の黒い霧　81

国会議事録が容易に検索できる。その議事録から、ごく一部ではあるが、公団の土地取得の典型的な問題事例、不良資産買収の経過と実態をみてみよう。公団の体質なり、もうひとつの役割をうかがわせる。

1974年11月12日、田中角栄改造内閣の組閣初日に衆院法務委員会では田中金脈問題がとりあげられた。質問に答えて法務省刑事局長安原美穂は、光明池の土地売買に関連して発生した田中彰治事件の検察庁の冒頭陳述にふれ、事件のあらましを説明している（発言を一部省略・書き換えをした。以下同じ）。

　　検察当局は、日本電建が昭和38年4月ごろ、大阪府光明池所在の土地約36万坪を日本住宅公団に売ることにしたが、日本電建は当時大蔵大臣の職にあった田中角栄氏が全株式を所有していた関係上、同社から直接公団に売却することは世間の誤解を招くおそれがあるので、まず日本電建から東洋綿花に、さらに興亜建設に転売し、最終的には同年5月下旬、興亜建設が約14億円で同公団に売却したというような事実を調べている。

この光明池団地をめぐる田中金脈問題は、つづいて11月26日、参院決算委員会でも佐々木静子委員によっても追及された。

［佐々木静子委員］　和泉市の山林、原野、農地など30数万坪が農家から所有権が転々譲渡されて住宅公団が買収するにいたった。疑惑は3点ある。譲渡の形が非常に作為的、不自然であり、経過がはなはだ不明朗である。法人による大量の農地取得に合点がいかない。この土地買収をめぐる当事者のすべてが刑事事件にからんでいる、そういう物件を日本住宅公団が買った。黒い霧どころか黒そのものの事件である。田中角栄が大蔵大臣の権限を利用して住宅公団に不当に不利な条件で買わせたことに大きな怒りをもっている。
　　地目が農地の場合、所有権移転には知事の許可が必要であるが、いつのまにか、昭和36年ころに登記官の手によって売買可能な原野に地目変更され、田中のダミー会社の所有となった。田中金脈は法務局にまで魔の手がのび、登記官の動きに黒い疑惑をもたざるをえない。5坪の土地、10

坪の農地でも売買するのに農業委員会の許可をもらうなど非常に苦労した
この時期に、田 40 筆 3,593 坪、畑 12 筆 3,224 坪の土地が一夜にして原野
あるいは山林に地目が変わった。これが農地であれば、大蔵大臣に頼まれ
ても、地目変更はできないはずではないか。

[法務省民事局長川島一郎] 非常に古いことで、しかと確かめえない。

[佐々木] 非常におかしく思うのは、日本電建から東洋綿花、興亜建設へ転々
とし、昭和 38 年 5 月 15 日にまた東洋綿花に所有権が移り、同日にさらに
興亜建設に移る。そしてわずか 2 日後の 17 日に住宅公団に移る。住宅公
団にこの土地を売ったのは果たしてだれなのか。

[公団理事播磨雅雄] 公団は興亜建設が相手ということで内部手続きを進め
てきたが、いざ契約となったら東洋綿花になっていたので、興亜の名義に
戻してもらって契約をしたと内部ではいわれている。

[佐々木] この買収にからんで公団大阪支社の用地課長が収賄罪で昭和 44
年 7 月 12 日に有罪判決をうけ確定しているが、理由は何か。

[安原] 東洋綿花の委任をうけた不動産ブローカーの 2 人が、日本電建所有
の光明池地区の用地 34 万坪について住宅公団に買収をもちかけ、用地課
長は昭和 37 年 10 月から 38 年 2 月にかけて計 20 万円の収賄をした。

[佐々木] 公団が買うには不適地だと意見書を出していた用地課長が、1 年
後の 5 月 13 日に適当な土地であると説明し、その間に贈収賄の事実があっ
た。起訴状には東洋綿花ほか 1 社と記されている。ところがこのとき所有
者はまだ東洋綿花ではなく、日本電建であった。なぜ日本電建だけがこの
ようにかばわれたのか。課長を 20 万円で犯罪者に仕立てて、そのうしろ
に 20 億、30 億円ともうけた人間がいる。

　さらに伺いたい。いまは泉北ニュータウン計画が進められている。これ
は大阪府の企業局が泉北ニュータウンをこの土地に隣接して買う計画が
あったればこそこの土地が利用できた。計画がなければ、まったくの山の
中でどうしようもない、住むことのできない土地である。泉北ニュータ
ウンの計画を公団が知ったのはいつか、それを知って公団は買ったのか。

[播磨] 昭和 37 年 5 月ごろ、マスタープラン的なものが出されたので公団
も検討した。

[佐々木] 日本電建がこの土地を取得したのは昭和 36 年。大阪府企業局の
決定待ちの状態で日本電建あるいはファミリー会社のあいだで転々と譲渡
をし、その間に地価がつり上がった。大阪府企業局はこの土地をいくらで
買収したのか。

［建設省宅地開発課長沢本守幸］　昭和39年度から41年度までに公募面積で
　340万坪（山林原野50%強、田畑46%）の84%、当時坪約4,000円を基準
　に買収、48年度末までに完了した。単価は坪5,000円強となっている。
［佐々木］　38年の買収のことを聞いている。坪2,100円、2,400円、2,700円
　の3種類となっているのではないか。会計検査院の調査にも同じ数字がで
　ている。時価2,000円ほどのところを倍の価格で買った。日本電建はこの
　土地を坪400円、安いところは240円で買っている。それが1、2年たた
　ないあいだに17倍の価格、坪4,100円で売買価格がきまった。住宅公団
　はどのように考えているのか。これでも安いつもりだったのか。
［播磨］　最初の買主がいくらで買ったかは承知していない。公団は4,100円
　と結論を出した。
［佐々木］　住宅公団が契約した興亜建設の社長は大橋富重で、詐欺横領事件
　の被疑者であり、長期の懲役刑の判決をうけた人と聞いている。昭和40
　年11月20日の新聞には「団地（光明池）汚職進展か、黒いウワサの大橋
　逮捕」と出ている。住宅公団はなぜそういう人と契約したのか。
［播磨］　そのへんはどうも調べていない。
［警察庁刑事局長田村宣明］　（昭和40年の取り調べにかんしては）当時の記録
　等がない。
［安原］　法務省の保管記録ではないので差し出せない。
［佐々木］　（法務大臣にたいし）国民があきれはてるような、この汚い政治に
　たいして、どうしていままで司直の手が伸びなかったのか、非常に遺憾に
　思う。

　田中角栄首相は1974年11月26日に金脈問題の責任をとって辞意を表明
した。その翌々日の28日、衆院建設委員会でも「光明池」団地事件が追及
され、住宅公団は1963年5月17日に312,167坪を坪当たり4,100円、総額
12億7,988万4,700円で興和建設から売買契約をむすんだ事実が確認された。
個人の地主から神港建設への売却にはじまり、2年余りのあいだに8回転が
され、価格は10倍になった。とくに異常なのは73年4月26日から8番目
の公団が移転登記をした5月20日までの1か月足らずに4回転がされてい
る。これを公団の播磨理事はけっして異常なこととは認めず、南部総裁は「残
念なことに、当時の書類等は現在公団の手元にはない」「いろいろ検討した
価格で公団は土地を入手しておる」と言いはる。小沢辰男建設大臣のごとき

84 第2部 公団住宅の誕生から公団家賃裁判まで

は「私が聞いているところでは、いまお話の日本電建から住宅公団が買収した事実はありません」とうそぶいているのが議事録で読める。

光明池をめぐる疑惑は74年12月5日の衆院決算委員会でも庄司幸助委員によってとりあげられたが、ここでは土地の買収価格にかんする質疑の部分だけを採録しておく。

[庄司幸助委員]　近傍類地価格を調べたのは何年何月か。

[公団理事播磨雅雄]　本物の書類が公団に残っていないので、はっきりした日付はわからない。

[庄司]　公団は近傍類地価格を、バスが通っている道路沿いとか、光明池とはまるっきり違う良い場所で調べており、公団の坪当たり4,100円は不当に高いのではないか。公団が買収した1年8ヶ月後の昭和40年1月に大阪企業局が泉北ニュータウンの土地を買い入れた、その値段は山林原野が坪2,000円、溜池や堤が1,500円、田が2,400円、畑が2,700円。公団が買ったよりはるかにいい場所である。神港建設が36年1月ごろから37年7月ごろにかけて買い集めた価格は坪250円。それを公団は38年5月に4,100円で買った。そのあと大阪企業局はもっといい土地を2,400円で買っている。

[公団総裁南部哲也]　公団は近傍類地の価格を調べ、不動産鑑定の専門家に依頼して鑑定をしいる。4,100円は公団として当時妥当な価格であった。

[庄司]　会計検査院は41年12月2日付で、光明池地区等の土地買収を実地に検査した結果について改善意見を3点述べている。①「類似性に乏しい売買実例を収集したりなどしている」、②「土地所有者等との価格交渉がほとんど成立した後にようやく売買実例の調査や鑑定評価の依頼を行っているものも見うけられる」、③「土地所有者等との買収交渉が土地等評価審議会の調査審議の結果をまつことなくすすめられ、同審議会の審議結果を必ずしも十分に買収交渉に反映させることができるような体制をとっていないこともあって、適正な買収予定価格の把握についての配慮に欠けていた」

[会計検査院事務総局第5局長中村祐三]　近傍類地の売買実例価格6例のうち3例を調べた。光明池をすぐに住宅の用に供せられる土地と同じ扱いで計算している。売買実例地を探してみたが相当する土地がなかった。民間精算者の一人に徴したら、特別価格という理由で普通に計算した価格よりも割り増しをした価格を計算していることがわかった。

［庄司］　近傍類地のとり方がでたらめ、場所によっては幽霊の土地、実際に
　　　はない土地。近傍類地価格の調査自体がいんちきである。これから気をつ
　　　けますではなく、不当に高かったと総裁は正直に認めるべきだ。
［南部］　これを反省の材料として改善をいたしておる。

　住宅公団が上記のいきさつがあって光明池地区の土地買収を契約したのが
1963（昭和38）年、その12年後の75年4月に団地建設をはじめた。年月
が経過した理由のひとつに、鉄道開通のおくれがあった。泉北高速鉄道が中
百舌鳥・泉ヶ丘間を開通したのは71年、鉄道が光明池まで延び、駅が開業
したのは77年であった。駅ができて、ようやく78〜80年に団地は「光明台」
（886戸）と名づけ完成した。光明池駅前から南海バスで15分、国会で「まっ
たくの山の中」といわれた土地である。あとで鉄道が開通し駅ができた地点
からバスで15分先の山林原野に住宅公団は宅地開発に着手したのである。
　光明池駅が開通して7年後の83〜84年に、高層の「光明池駅前」団地（562
戸）が完成した。
　鉄道も道路もない「山の中」を開発するには、その地区から駅予定地周辺
までの広大な地域のインフラ整備が前提となろう。駅予定地を基点に開発領
域を拡大していく手法ではなく、遠隔地にまず団地建設の名のりをあげ、団
地から駅予定地までの、この事業のばあい広大な地域にわたる整備に公団が
巨費を投じたことの意味、公団の役割については、素人なりにも考えさせら
れる。田中金脈がらみの土地買収にはじまる公団のこの「壮大な」宅地開発
は、「デベロッパーの帝王」たるにふさわしい事業なのであろう。公団に群
がる大小デベロッパーにいかに利益をもたらしたことか。他方で、公団住宅
家賃は団地建設および管理の全費用を回収する原価主義設定といわれ、居住
者は高家賃を強いられている。あとで述べる全国的な家賃裁判運動のなかで
も、光明池団地事件は大きく取り上げられた。

7. 長期未利用地買い込みの顛末

　日本住宅公団の「ずさん経営」「乱脈経理」、そして「高遠狭」のガラ空き団地続出、広大な長期未利用地、遊休地の買い込みがマスコミをにぎわせ、社会問題になったのは 1977 年から 78 年にかけてであった。この公団経営にたいする批判の高まりを逆手にとって政府は、公団家賃のいっせい値上げを策動していた。じつはそれ以前の 73 ～ 76 年に会計検査院は、公団がかかえる長期未利用地、ガラ空き団地の問題を指摘し、国会でもきびしく追及されていた。ここでは、1976 年 5 月 13 日の衆院決算委員会において「長期間事業に着手できないと見込まれる宅地造成用地」問題をとりあげた庄司幸助委員の質疑概要を採録しておく。

[庄司幸助委員]　長期未利用地の所在、その面積、買収金額をたずねる。
[住宅公団総裁南部哲也]　会計検査院の昭和 48 年度決算報告によると、住宅建設部門で 17 地区 718 ha、取得金額 647 億円、宅地開発部門では 10 地区 1,042 ha、454 億円。合計 1,760 ha、取得金額で 1,001 億円である。
[庄司]　昭和 50 年 12 月末現在の冬眠地にかんする公団資料を読みあげる。①茨城県龍ヶ崎市北竜台、45 ～ 46 年に約 36 万坪の市街化区域を約 23 億円で丸紅不動産、京成電鉄、東洋不動産から買収。②千葉県市原市潤井戸沢、45 ～ 46 年に 30.6 万坪の市街化調整区域を 35.6 億円で塚本総業から。③埼玉県飯能市飯能、48 年度に 14.46 万坪の市街化調整区域を 29.37 億円で興和不動産、西武鉄道から。④千葉県野田市野田山崎、48 年度に 14.13 万坪の市街化調整区域を 42.7 億円で東急不動産から。⑤横浜市緑区長津田、48 年度に 8.65 万坪の市街化調整区域を 61 億円余で三菱地所から。⑥栃木県小山市間々田、48 年度に 8.37 坪余の市街化調整区域を約 20 億円で塚本総業から。⑦栃木県上三川町、48 年度から買収、25.6 万坪の市街化調整区域を 72.6 億円。売り手は太洋興業と東武鉄道。⑧神戸市北区北神戸、43 ～ 44 年度に約 10 万坪の市街化区域を 34.37 億円で買収。⑨兵庫県東条市東条、55.1 万坪の市街化または調整区域を 51 億円余で大和ハウス工業から。⑩滋賀県大津市祝園、48 年度に 20.2 万坪の市街化調整区域を 84 億円で三井不動産、野村不動産、京阪電鉄から。合計 316 万坪を 454 億円で

VI　大資本奉仕の実態と用地買収の黒い霧　87

買収している。市原では千葉県当局から開発を拒否されている。栃木県の間々田では農振地域を買って線引きができなくて冬眠している。開発できない、着手の見込みのない土地に450億円ほどの金をむだに投じた事情はなにか。

[南部]　昭和47、48の両年度に、新規に開発すべき宅地造成の予算的なノルマは5,100 haであった。当時、市街化区域だけでは確保できないので、調整区域、さらには農振地域にも当たって用地の確保をすすめてきた。48年度の2,800 haのノルマはとうてい及ばない。48年度は1億総不動産屋ということで公団も用地の確保がむずかしかった。もう少ししっかり詰めて用地を確保すれば宅地開発が早期に行われたと思うが、当時はそういう状況であった。しかし、これらの地域が絶対に開発できないというわけではなく、現在まだ開発できないという状態であり、専門の担当をおく措置を今月とることにしている。

[庄司]　市街化区域と調整区域に線引きしたのは、市街地の無計画な乱開発を防ぎ、秩序ある国土をつくる趣旨からであり、農振地域は農業地域として発展させることを明確にしている。こういう土地を公団が買収をすすめていることは問題である。

[建設大臣竹下登]　公団の尻をたたいて予算消化に努めさすようなことをして反省している。今日なお開発の見通しがつかないまま置かれているのは遺憾である。

[庄司]　住宅公団は田中前総理の列島改造論の波に乗って押せ押せで買いまくった。千葉県市原市の潤井戸沢地区は、児玉誉士夫と関係のある塚本総業から30.6万坪を坪当たり11,660円、35.6億円で買ったが、そのまえに何回も土地転がしをやった形跡がある。A地区は塚本総業から大林組、菱和不動産、また塚本に返って公団へ、B地区は塚本から大成建設、三菱地所をへて塚本、公団へ、C地区も塚本、平和生命、大成建設、三菱地所、塚本、公団、D地区は塚本から萩原吉太郎が取締役の東洋不動産、菱和不動産、また塚本にもどって公団へと、塚本が手放した土地を転がしたあとで最後は塚本がまとめて公団に買わせた。光明池団地事件を思い出させる回り方をしている。

　　公団は時価主義で土地の売買をするといい、適正価格というが、土地転がしによって形成されたものである。坪当たり1,000円かそこらで買った土地が11,000円に化ける。しかも本当なら開発できない土地を買う。公団は土地の経歴、価格の推移、転がしの実態を調べて買ったのか。

［南部］　登記面で判明しているが、おのおのの売買価格は調べようがなかった。3者の不動産鑑定士から鑑定をとり、その価格の14％引きで交渉し取得している。

［庄司］　追跡調査をすれば当然わかる。登記簿によると、たとえば市原市潤井戸沢字上鈴野の山林4,350㎡は、昭和36年に塚本総業が買って40年に大林に移り、43年10月に菱和不動産へ、45年8月に塚本が買いもどし、同年10月に公団に売った。最初の地権者がいくらで売ったか調べればわかるはずである。しかも千葉県は全国に先駆けて宅地造成指導要綱をつくり開発を抑制していた、いわくつきの土地をわざわざ買う必要があったのか。光明池団地の問題でもあなたに質問したが、どうも何かの政治的圧力があったのではないか。児玉誉士夫のかかわりあいのある塚本総業だという点が非常に気になる。公団あるいは国が土地を求めるとき、土地転がしの実態をよく調べ、できるだけ国費を節約すべきである。公団の場合は家賃に振りかかり地価にも振りかかるから、そうするのが当然ではないか。

　1970年代前半までの住宅公団による土地取得をめぐっては、その闇と乱脈ぶりをしめす事例を、ほかにも数多く国会議事録にみいだすことができる。ここでは「光明池団地」事件と、73年度の会計検査院報告にあらわれた広大な長期未利用地買い込みを採録するにとどめる。悪徳業者の暗躍、政商との取引き、政治家たちの利権介入をも許し、結局は大資本、ディベロッパーを大儲けさせるために国費のむだ遣いも敢えてし、公団住宅家賃つり上げの原因をつくったばかりでなく、地価高騰を先導して国民に多大の損害をあたえた罪は大きい。

　もっと正確にいうならば、政府は公団の尻をたたいただけで国庫から身銭は切っていない。乱脈な土地買収にあわせ1970年代、公団の借入金は急激に膨張しつづけた。72年度までの年間3,000億円台から73〜74年度6,000億円台、75年度以降は1兆円前後を推移した。まえにも述べた1955〜74年度の借入金総額3.6兆円が、80年度までの6年間に9.4兆円に跳ね上がった。その9割近くは政府資金である。公団は莫大な財政投融資資金運用の役割を担わされ、借入金依存体質を強めて財務構造は歪められていった。そして償還と利払いに追われ、そのしわ寄せが家賃値上げ圧力をますます高めた

ことは言うまでもない。

　この轍は土地バブル崩壊後の90年代にも踏む。銀行・大企業の救済と地価下落の下支えのため、公団に巨額の借入金を背負わせて不良債権土地を買い込ませ、負債をさらに増大させ、そのことを理由に公団住宅の廃止・民営化と、家賃くりかえし値上げを進めていくことになる。

1979年、家賃裁判にはいる自治会役員会の討議（手前右端は筆者）

VII　公団家賃裁判—提訴から和解解決まで

1．公団家賃の決定と変更の原則—原価主義

　公団家賃は初めから高く、やがて新旧団地間に家賃格差が生じる仕組み、その格差是正を理由に既存家賃を値上げすることの非理についてはすでに書いたが、あらためて以下に、公団住宅家賃の決定と変更の原則をみておく。

　公団家賃の決定方法は、日本住宅公団法施行規則（建設省令）に定められている。家賃は、「①賃貸住宅の建設（住宅に必要な土地の取得および造成を除く）に要する費用（当該費用のうち借入金に係わる部分にたいする建設期間中の支払利息等を含む）を償却期間（耐火構造の住宅は70年、簡易耐火構造の住宅は45年とする）中利率年5分以下で毎年元利均等に償却するものとして算出した額に、②修繕費、③管理事務費、④地代相当額、⑤損害保険料、⑥貸倒れおよび空家による損失を補てんするための引当金ならびに、⑦公租公課を加えたものの月割額を基準として、公団が定める」（規則9条1項）。「前項の修繕費、管理事務費、地代相当額、損害保険料および引当金の算出方法ならびに償却の利率は、建設大臣の承認を得て、公団が定める。これを変更しようとするときも、また同様とする」（規則9条2項）とし、公団は別に業務方法書、団地管理規定、団地管理業務細則を設け、家賃決定の原本となる建設原価について定めている。

　ここで地代相当額とは、用地の取得・造成等に要する費用（関連公共施設費の負担金をふくむ）の借入金利分（4.5〜5.0%）をいい、用地が自分の所有地でも土地利用の対価として家賃に算入する。公租公課は固定資産税、都市計画税をいう。

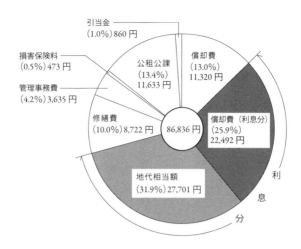

図Ⅶ-1　金利が約6割も占める公団家賃の構成内訳
注　この家賃は昭和61年度建設予定の中層住宅の初年度平均家賃
出典）日本住宅公団資料より作成

表Ⅶ-1　年度別戸当たり建設費

年度	団地中層 工事費 千円	団地中層 工事費 千円	団地中層 合計 千円	普通分譲中層 工事費 千円	普通分譲中層 工事費 千円	普通分譲中層 合計 千円	特別分譲中層 工事費 千円	特別分譲中層 工事費 千円	特別分譲中層 合計 千円	長期特別分譲中層 工事費 千円	長期特別分譲中層 工事費 千円	長期特別分譲中層 合計 千円
昭30	708	60	768	654	60	714	—	—	—	—	—	—
35	820	160	980	820	125	945	—	—	—	—	—	—
40	1,233	400	1,633	1,352	444	1,796	—	—	—	—	—	—
45	1,780	802	2,582	1,903	858	2,761	1,811	818	2,629	—	—	—
50	5,766	3,721	9,487	—	—	—	—	—	—	6,789	4,123	10,912
51	6,368	3,841	10,209	—	—	—	—	—	—	7,606	4,292	11,898
52	7,018	5,174	12,192	—	—	—	—	—	—	8,481	5,886	14,367
53	7,004	6,696	13,700	—	—	—	—	—	—	8,783	7,683	16,466
54	7,001	6,889	13,890	—	—	—	—	—	—	9,225	8,046	17,271
55	7,597	7,082	14,679	—	—	—	—	—	—	10,390	8,409	18,799
56	8,433	7,275	15,708	—	—	—	—	—	—	11,249	8,591	19,840
57	8,459	7,275	15,734	—	—	—	—	—	—	11,284	8,591	19,875
58	8,626	7,275	15,901	—	—	—	—	—	—	11,504	8,591	20,095
59	8,722	7,622	16,344	—	—	—	—	—	—	11,625	8,998	20,623
60	8,722	7,622	16,344	—	—	—	—	—	—	11,625	8,998	20,623
61	8,722	7,622	16,344	—	—	—	—	—	—	11,625	8,998	20,623
62	8,722	7,622	16,344	—	—	—	—	—	—	11,625	8,998	20,623
63	8,870	8,011	16,881	—	—	—	—	—	—	11,774	9,457	21,231
平元	9,408	8,727	18,135	—	—	—	—	—	—	12,345	10,302	22,647
2	10,086	9,076	19,162	—	—	—	—	—	—	13,609	10,714	24,323
3	11,316	10,439	21,755	—	—	—	—	—	—	14,845	12,044	26,889
4	12,601	11,405	24,006	—	—	—	—	—	—	16,190	12,942	29,132
5	13,736	11,854	25,590	—	—	—	—	—	—	17,763	13,243	31,006
6	15,378	15,198	30,576	—	—	—	—	—	—	20,273	16,395	36,668
7	16,205	15,758	31,963	—	—	—	—	—	—	21,085	16,763	37,848
8	16,328	15,718	32,044	—	—	—	—	—	—	21,176	16,718	37,894
9	16,582	15,782	32,364	—	—	—	—	—	—	21,500	16,789	38,289

出典）日本住宅公団職員業務要覧平成9年度版

92 第2部 公団住宅の誕生から公団家賃裁判まで

　ここに 1981 年度建設予定中層住宅（専用面積 65㎡、バルコニー・共用部分あわせて 74㎡、3DK 〜 3LDK）の初年度家賃の構成モデルをしめす。5 年傾斜で毎年 5％ぐらいずつ値上げされ、最終 97,000 円になる。ちなみに、公団家賃は利潤をふくめず原価積算で算出され、公団は当初、家賃の構成モデルを公開していたが、家賃裁判では裁判長の文書提出命令をも拒むにいたった。

　以上が公団家賃の決定原則であるから、変更にあたってもこの原則は厳守されるべきである。公団家賃の基本原則は、①家賃は規則 9 条で規定された 7 要素で構成され、他の要素の介入、利潤の取得はありえない、②団地ごとの建設費と維持管理費は家賃で回収する、つまり個別原価主義をとっている。この原則から、償却費（工事費とその利息分）と地代相当額は将来とも変動することのない固定部分であり、増額は許されない。それ以外は維持管理費であり、家賃決定後に変動することは予定される。だが維持管理費の変動をどういう方式で家賃に算入するかは定めていない。

　公団家賃の変更については、住宅公団法施行規則があり、入居者が公団とむすぶ賃貸借契約書には詳細かつ具体的に規定している。公団との賃貸借契約は、基本的には私法関係であり、民法・借家法の適用をうけるが、しかし同時に公団住宅としての特殊性にかんがみ、施行規則、契約書の規定は優先適用され、その定めに反する条項は無効とされるべきと考える。公団はこれらの規定を、賃借人たる国民の権利義務にかかわる事項を定めた法規命令とはみなさず、内部事項をとりきめた行政命令にすぎないと主張して、公団諸法令の適用を逃れようとした。

　たとえば、施行規則 10 条は「経済事情の変動」あるいは「住宅相互間の均衡上」による家賃の変更を認めている。しかしそれは、あくまで 9 条が定める家賃決定の基本原則の枠内での調整、変更の容認にすぎず、家賃変更にフリーハンドをあたえたものではない。賃貸借契約書では 5 条 1 号に家賃変更の要件をきわめて限定的に明記しており、この要件をみたすかぎり値上げできる。しかし公団は、これら要件は「例示」にすぎず、値上げ根拠は借家法 7 条 1 項にあるとして、契約書を無視する。公団は終始、公団諸法令、

賃貸借契約書を根拠としては成立しえない主張をくりかえした。

2. 家賃格差を生む公団家賃高騰のおもな原因

公団は 1970 年代、初の家賃いっせい値上げをする理由に「新旧家賃間」だの、「公団住宅相互間」の不均衡是正をあげ、その立証の方策もないまま値上げに踏みきった。しかし、結局その立証は無理とわかるや、公団側はこれまでの主張を棚上げして、借家法のいう「経済事情の変動」一般にすがった。ここで新旧団地間に家賃格差を生んだ異常な家賃高騰の原因を確認しておくと、①地価、建設費の暴騰、②金利負担の増大、③関連公共公益施設負担金の増大などがあり、それらの原価すべてを家賃で回収する公団の「原価主義」の破たんの現われであり、政治的には政府の住宅無策に帰する。

1)『日本住宅公団 20 年史』によると、6 大都市の市街地価格指数は住宅地で、1955 年を基準に 65 年で約 10 倍、70 年は約 18 倍、73 年になると約 35 倍にハネ上がった。住宅建設費は地価の高騰によって大きな影響をうけ、73 年の戸当たり建設費は 55 年の約 8 倍となった。そのうち工事費の騰貴が 6 倍程度であるのにたいし、用地費の騰貴は約 23 倍という高率になっている。ちなみに、この建設原価が 2 年後の家賃設定に反映するとして、56 年度を基準に 75 年度の新設家賃は、傾斜初年度平均で 7.7 倍、傾斜終了後では 12.9 倍に驚異的は上昇を示した。

2) 公団の住宅事業はほとんど民間または政府資金からの借入れでまかなっている。政府資金とはいえ金利は 7.6 〜 8.2%と高利で、うち 5%（面開発市街地団地では 4.5%）分が家賃にくみこまれて居住者が負担している。それをこえる差額分を利子補給金として一般会計から支出する。建設費が増大すれば借入金はかさむ一方で、金利負担はふくれあがり、家賃の高騰をまねく。81 年建設予定団地の家賃のうち金利分が 60.8%を占める。公共住宅の建設資金にたいする高金利、償却費、地代相当額として家賃から 60%もの金利分とりたて自体が異常である。

3) 団地建設が自治体財政を圧迫し、「団地お断り」が 60 年代後半から出

94　第2部　公団住宅の誕生から公団家賃裁判まで

はじめた。70年代にはいると用地費、建設費はさらに高騰して関連公共公
益施設の負担金が、ますます原価主義家賃を押しあげた。上下水道、道路は
もちろん、義務教育の小中学校の用地費や建設費、保育園、幼稚園、児童館
から鉄道建設、あるいは駅前広場・駅舎、バス購入費などの負担金も家賃に
含めている。1戸あたり100万円の税外負担であれば、その分だけで家賃は
5,000～6,000円高くなった。

3. 公団に家賃改定の方式はなく―「公営限度額方式」準用の欺瞞

　公団は値上げ承認の申請書に「公団住宅居住者間の家賃負担の不均衡を放
置すれば、社会的不公正を増大させることになる」と書く。「不均衡是正」
をあげるが、公団家賃独自の仕組みにふさわしい改定方式は定めていない。
空き家募集家賃や傾斜家賃制は既存、新規の家賃をなぞって設定できたが、
既存家賃のいっせい値上げ方式はどうするか。個別原価主義方式は、地価や
建設費等の上昇を吸収して新規住宅の高家賃を正当化するのに好都合だった
が、この方式そのままで家賃改定はできないし、既存家賃に関係ないとも言
いだせない。裁判では公団代理人に「原価主義は新規家賃の決め方、その後
は公団家賃といえども民間家賃と同じ」と言わせながら、さしあたりは設立
の目的も家賃の仕組みも異なる公営住宅を「公団住宅と同様の施策住宅」と
いい、「公的性格を有する」方式とこじつけて「公営限度額方式」なるもの
を借用し、とにかく家賃値上げを強行したのである。

　公営住宅家賃も基本的に経済家賃主義である点では共通しているが、建設
費等への国庫補助があり、収入に応じた家賃区分を設けるなど公団家賃とは
別種の制度であり、公営限度額方式はそれに見合った家賃変更の方式として
定められたものである。しかしこの方式も、すでに1979年には東京都住宅
対策審議会は、地価高騰が家賃に大きく反映して高家賃化がすすみ、住宅の
質とも対応せず、「大都市の実態にそぐわない」と答申していた。

　公団家賃の費目構成がしめすように、当初から地代相当額が大きな割合を
占めているのに加え、固定資産税評価額を基準に再評価をするにせよ、評価

額の大幅引き上げがおこなわれていた時期でもあり、異常な値上がりになるのは目に見えていた。現にこの方式で引上げ額を算出すると、とんでもなく大幅な値上げになるから、算出額の2分の1を基準とし、さらに7,000円を上限と定めて値上げ額を通知してきた。わたしの住む東京多摩地区ではほとんどの世帯が7,000円値上げだった。「公的性格をもつ」方式で算出される額の2分の1を基準といい、さらにそれより低く上限額を設けなければ実際に適用できない、それが「方式」の名に値するのか。1956年度から72年度までに建設された新旧の団地の、1DK住宅も3DKも、ほとんどが上限7,000円値上げの、どこに古さや規模も反映した不均衡の是正なのか。公団の値上げ方式のでたらめさはいうまでもなく、これまた新たな不均衡をつくりだし、「是正」するまで繰りかえす家賃値上げを予想させた。

　以上みてきた経過と実態、問題点の指摘にたいし、これに頬かぶりして公団は、新旧団地間あるいは公団住宅相互間の「家賃の不均等是正」をとなえ俗受けをたよりに家賃値上げを強行した。公団代理人たちの主張から浮かびあがるのは、公団住宅の「公共性」などおかまいなく、公団家賃の市場家賃化にむけて旗ふり役をする姿である。

---

4. 全国自治協が提訴した目的

　日本住宅公団は1978年9月、全国35万1,000世帯にたいし初の家賃いっせい値上げをおこなった。理由に「新旧団地の家賃不均衡の是正」と「古い団地の維持管理経費の確保」の2つをあげたが、公団は居住者自治会との協議、話し合いを拒みつづけ、不均衡の具体的な内容や維持管理経費の不足額、値上げ額の積算根拠はいっさい明らかにしない。公共機関にこういう家賃値上げが許されるのか。値上げの不当性を追及し、公団家賃のあり方を解明するのが提訴の目的であった。具体的には以下の点について問題提起をした。

　1) 家賃値上げにさいして居住者と協議をつくすべきである。
　2) 家賃値上げの理由としての「不均衡是正」は容認できない。

96　第 2 部　公団住宅の誕生から公団家賃裁判まで

　　3）値上げ額の根拠と算定基準を明らかにせよ。

　　4）その他、公団住宅家賃の性格、借家法、公団法規、賃貸借契約書
　　　の法的関係を明確にする。

　　5）公団のずさん経営と家賃値上げとの関係を追及する。

　　6）裁判をつうじて相当家賃額を確定する。

　訴状は、提訴にいたる経緯、家賃値上げの背景と企図をのべた後、値上げ
理由については、①個別原価主義に反する家賃変更は許されない、②「不
均衡是正」は合理性がない、③「維持管理経費の確保の困難」についていっ
さい根拠を示さず、値上げ理由の違法性、不当性を自証している。結びに「本
件訴訟は、値上げの適否の判断をつうじて、公団住宅の家賃体系の確立をは
かることになるのであるが、そのなりゆきは、公団住宅のあり方に対してだ
けでなく、国民的課題としての公共住宅政策全般に重大な影響を及ぼすこと
必至であって、多大の社会的意義をもっている」と記している。

---

5. 家賃裁判を支えた原動力 ── 6 年にわたる裁判運動

　わたしは東京地裁の原告であり、この記述は、全国 8 地裁でおこした公団
家賃裁判のうちの東京地裁での進行に限られる。もちろん全国自治協として
の運動であり、全国の弁護団、原告団はとも交流を重ね、意思統一をはかり
ながら進めてきており、違いがあるとすれば、各地裁の裁判官の指揮のしか
たに由来する技術上の問題にすぎないといえる。

　訴状は民事 31 部（牧野利秋裁判長ほか）で受理され、第 1 回口頭弁論は
1979 年 7 月 30 日、安達十郎弁護団長の陳述ではじまった。傍聴席 60 人分
のところへ 52 団地 255 人がつめかけ、入れなかった参加者は廊下を埋めつ
くした。40 分間の法廷が終わって、全員が東京弁護士会館講堂での報告集
会に臨んだ。

　東京地裁には当時広い法廷がなく、第 2 回口頭弁論からは定員 20 人、つ
めても 40 人という狭い法廷となり、原告が自らの裁判にも出廷できないあ

りさまだった。広い法廷を求める署名運動にとりくむ一方、傍聴者が途中で交替し、通路への扉を開放させるなど超満員の傍聴参加をえて弁論をすすめた。

1985 年 3 月 29 日に東京地裁で和解手続を終えるまでの 5 年 10 か月のあいだに、口頭弁論は 30 回、それに先だつ原告団および各自治会代表、弁護団による裁判対策会議は 30 回以上、またそれに倍する裁判対策運営委員会がひらかれた。法廷には毎回平均 100 人をこえる傍聴、報告集会への参加がみられたことは、家賃裁判を意気高くすすめる何よりの保障だった。全国および各地方自治協の機関紙にほかに「家賃裁判ニュース」全 44 号の発行、『東京地裁・公団住宅家賃裁判』記録集全 3 冊（1981-86 年刊、A5 版 682 ページ）の刊行は、家賃運動の学習宣伝活動を大いに助けた。

原告は、地裁ごと、地方自治協ごとに合同研修会や原告団会議をひらいて運動への確信を深めるとともに、それぞれの団地では原告が先頭に立って、各口頭弁論の前後に家賃裁判の報告・宣伝活動をおこない、毎年秋の全国統一行動のなかで全戸署名と裁判支援カンパを訴えて運動の推進役をはたした。

---

6. 被告公団の主張

被告公団の主張は、正確を期すため被告準備書面からの抜粋を主とする。ただし年号表記など文章に若干の修正をくわえた。

①家賃増額請求の経緯——「1955 年以来、公団住宅の家賃は改定されないまま推移、その間物価その他経済事情の変動は著しく、このためその家賃は低額に過ぎて不相当となり、公団住宅相互間における家賃は著しい不均衡が生じるに至った」「不相当に低額となった家賃を相当な額まで増額し、社会的不公正を是正すべき時機に至った」（被告準備書面第 1—以下、被準 1 と略す）

②家賃増額請求の法的根拠——「契約書 5 条 1 号ないし 3 号は、事情変更の結果家賃が不相当となる事由を具体的に例示した規定であり、借家法 7 条

98 第 2 部 公団住宅の誕生から公団家賃裁判まで

1 項と同一趣旨である」「公団住宅の賃貸借関係は私法関係であり、その家賃
増額にたいしては強行規定たる借家法 7 条の適用がある」（被準 2）。「施行規
則は行政命令であって、原告ら国民の権利義務を定める法規命令ではないか
ら、同規則 9 条、10 条は本件家賃増額請求の法的根拠とはならない」（被準 2）。
「公団法および施行規則は公団業務にたいする行政的規制監督の規定であり、
その業務が適切に遂行されることによって、居従者の受ける利益は、いわゆ
る「反射的利益」であって、権利として法的保護を求めうるものではない」（被
準 3）。

　③本件訴訟における審理対象──「公団住宅の賃貸借関係は私法関係であ
るから、審理の対象は、改定家賃額が借家法 7 条 1 項に照らし相当な額であ
るか否かの一点に尽きる」（被準 2）。「裁判所によって判定されるのは、経済
事情の変動に即した客観的相当家賃額はいかなる額であるかであって、建物
賃貸人が現実に増額請求した額の積算根拠・方式の当否ではない」「原告ら
は、政府の住宅政策の適否や被告公団の業務運営の当否などという本来民事
訴訟において審理の対象とならない問題について論争を挑もうとしている」
（被準 5）。

　④家賃および家賃の不均衡について──「家賃は賃貸住宅の利用による便
益にたいする対価である。家賃の不均衡とは、賃貸住宅の利用による便益と
負担する家賃額の対応関係が区々になることをいう」「その乖離が区々であ
ることは、「家賃の公平」ないしは「家賃の均衡」の原則に反することになる」
（被準 3）。「公的住宅であるから、使用対価としての家賃の負担は賃借人相互
間で不公平であってはならない」（被準 4）。「施行規則 9 条は、公団住宅の家
賃につき、通常の（＝民間の）家賃と同様、建物および敷地の使用の対価と
してとらえ、その構成要素を定めたものである」（被準 4）。

　⑤個別原価主義について──「施行規則 9 条 1 項は、当初家賃の決定にか
んする規定である」（被準 4）。「公団住宅の家賃は、原価回収のみを目的とし

ているものではない」(被準4)。

⑥家賃増額の大臣承認について——「既定家賃の変更については、一般的改定方式を予め定めることに代えて、そのつど建設大臣承認による方式を採用している」(被準4)。「建設大臣の承認は、原告ら居住者にたいして被告公団がなす家賃増額請求の要件とは関係がない」(被準6)。「極端にいって建設大臣の承認がなくても家賃増額請求は有効と考える」(第8回口頭弁論での裁判長の問いにたいする被告代理人の答弁)。

7. 原告陳述から

　東京地裁では、1982年1月18日の第12回法廷までに原告側は16名が陳述をおこない、9回にわたって準備書面を提出した。この間、被告公団側の陳述はなく、8回の準備書面のなかで、公団家賃といえども民間家賃と同じであり、値上げの法的根拠は借家法にある、したがって値上げ理由は経済事情の変動であるとの主張に終始した。この立場は立証にもあらわれ、公団諸法令を無視した民間家賃の算出手法による不動産鑑定評価書を提出したにすぎない。

　わたしは81年9月7日の第10回口頭弁論において、賃貸借契約書5条と建設大臣承認について被告の説明を求める陳述をおこなった。ここでは81年6月8日の第9回法廷での戸石八千代原告の陳述全文を紹介しておく。

　　私は原告の戸石八千代です。
　　私は昭和34(1959)年5月30日に現在の住居ひばりが丘82－105の3Kに入居いたしました。もう22年前になります。当時家族は夫婦と子ども4人の6人家族でしたから、畳の部屋が3部屋あるというので、3Kに申し込みました。そのときの主人の給料は34年4月24,480円で、ひばりが丘団地3Kの家賃は6,550円とあまりにも高すぎ、給料から家賃を差し引くと、家族の生活に支障をきたしました。そのため主人はアルバイトをして家賃をどうにか支払うことにして入居しました。

100　第2部　公団住宅の誕生から公団家賃裁判まで

　3部屋あるということで希望に胸ふくらませて入居いたしましたが、「団地サイズ」でそれぞれの部屋がいかにも狭く、お台所は食器棚をうしろに置くと、流し台の前に私のような小柄なものがやっと立てるスペースしかなく、肥った人は蟹の横ばいでなければ通れないのです。

　つぎに洗濯機を置こうと思ったら置き場がなく、仕方なくベランダに置けば、雨にぬれて損傷が早く、カバーをかけてもモーターのいたみが早くすぐだめになってしまうのです。玄関には下駄箱がなく、ベランダにあるべき物入れが玄関わきにあるので、物入れの整理中に来客があると大慌て、たいへん不便です。

　下駄箱のかわりなのでしょうか台所の壁の下のほうに戸棚のようなものがあって、これがまた場所的にとても使いづらいのです。こんなありさまで、どれ一つとってみても住む人の身になって造られているとは思えません。一事が万事で、玄関わきにお風呂場があり、もちろん更衣室もありませんので、お風呂に入っているとき玄関に人が来ますと、その人が帰るまで風呂場から出られないで困ったこともしばしばあります。

　壁の結露にしても長いあいだ悩まされています。押入れにいれた本がぬれて駄目になったり、お布団がかびたりは、つい最近までつづいています。

　ただ、当時主人が九段会館で入居説明を聞いてきたその日からずっと言いつづけてきたことは、「なんといっても個別原価方式で土地代まですべて含まれているので、いまは高家賃でたいへんだが、住んでいるかぎり家賃が上がることがないのだから、今に楽になるよ」との言葉でした。私もずっとそれを信じてまいりました。

　ところがその家賃が「不均衡是正」の名のもとに、こんなにも古くなってから7千円も上げられてしまうのです。黙っているわけにはいきません。

　20年以上もたって、どんなに大切に住んでも、あちこち破損していく現在、ガスもれがあったり、排水管がくさって水があふれたり、住まいについて不安なことがいっぱいあります。外壁の亀裂、いくらいっても20年間一度も塗装もしていない、汚れほうだいの建物が今後の地震に耐えられるのだろうかと心配です。

　そのうえ建物の内部の修繕は個人負担といわれ、20年間に畳替え、ふすまの張り替え、壁の塗り替え等みんな私たちが個人でやってきたのです。

　入居当時2,700戸の建物と小学校が一つあるだけでしたが、住みよい環境にしたいと自治会をつくり、みんなで力を合わせて保育園をつくり、児童館を建て、幼児教室を育て、図書館をつくり一生懸命努力してきたいま、

VII　公団家賃裁判—提訴から和解解決まで　101

一方的に家賃値上げ通告をしてきて、いやなら出て行けといわんばかりの態度は納得いきません。

ひばりが丘団地は20年以上たちますので、老人世帯も必然的に増えてきました。私の家庭も最近主人が亡くなり、現在長男と二人暮らしですが、やがて長男が結婚して別所帯になったときに、いまのような公団の一方的な家賃値上げがくりかえし行われると、歳をとり一人暮らしで収入も少なくなったときに追い出されるのではないかといちばん心配しています。このことは多くの老人世帯が同じく悩み心配しています。

またここから狭いため去った子どもたちにとって、ここは懐かしい故郷なのです。成長期をここで育った子どもたちが故郷を求めて帰ってくる日のために、老朽化がすすみスラム化しつつある団地の修繕や補強にも力を注いでいただきたいと思います。

昔から衣、食、住は人間が生活するうえで大切なものとされています。その「住」生活がいまおびやかされています。

以上申しあげました理由によりまして、もう一度声を大にしてこの一方的値上げにたいして、私は納得のいくまで断固反対していくことを述べて私の陳述を終わります。

8.　証人尋問

原告側は第12回法廷で弁論を打ち切り、証拠調べに移るため、1982年1月18日付で計6人の証人申請をおこなった。原告側が公団家賃の値上げ理由、必要性、手続きの相当性を立証するのが先決であるとして公団理事の証人をもとめたのにたいし、被告側は「法律関係はすでに主張をつくしているので公団関係者をよぶ理由はない。家賃値上げの相当性を立証することが先決であり、被告申請の証人から調べてほしい」とのべ、裁判官は被告申請の有馬幸良（不動産鑑定士）証人を採用した。

有馬証人の82年4月の第13回から3回にわたる法廷での証言は、公団家賃値上げの正体、そのいい加減さをさらけだした。狭い法廷だけに証人の顔が青ざめ、震えているようすが見てとれ、それをさらに印象づけた。

　［有馬証人］　対象不動産をみて鑑定した。場合によってはもういっぺん、あ

102 第2部 公団住宅の誕生から公団家賃裁判まで

るいは数回調査する。

[原告代理人] 8月13日は多摩平、柳沢、東伏見、府中、ひばりが丘、赤羽台の6団地について鑑定評価をおこなった日として決済を受けているが、1件当たりどれくらいの時間をかけるのか。この日は希望ヶ丘、木場2丁目にも行っている。

[有馬] （震えながら）ちょっと記憶していない。

[代理人] 鑑定基準によると、現地に臨んで対象住戸の当事者から事情を聴取せよとなっているが、現地にも行っていないのか。

[有馬] 公団のような場合は見なくても書類上で判る。類似あるいは同一棟のもので十分類推できる。

[代理人] 空室を鑑定の対象としたようだが、事情聴取はできない。

[有馬] （答えなし）

[代理人] 公団の当初家賃が適正に算出されているか検討したか。

[有馬] 検討していない。というより本件の評価を拘束するものではない。

[代理人] 公団家賃の鑑定にあたっても、とくに民間と区別する謂れはないということか。

[有馬] 公団家賃といえども土地建物の使用の対価であるかぎり変わらない。

　東京地裁で有馬証人が尋問をうけていた期間に、横浜地裁は82年11月26日、原告の考え方を認め、被告公団にたいし「原告団地ごとの収入分析表、公租公課収支表」の提出命令をだしている。公団家賃は公的性格をもっており、家賃増額を判断するにあたっては当初家賃の基準となっている構成費目の増減を検討する必要がある。重要な資料であり、賃貸住宅の正しい運用のため作られたもので、居住者や国民に見せても公団に不利益にはならない、との理由で提出を命じた。公団は横浜地裁の命令に従わず、東京高裁に不服申し立てをした。高裁は84年2月27日に、この文書はもっぱら公団が使うために内部的に作成した資料であるから裁判所に提出しなくてよいと決した経過があった。

　東京地裁では、岡田隆郎全国自治協事務局長が原告証人として1983年1〜6月の第16〜19回法廷に立った。岡田証人は、公団の提案で67年7月ころから自治会・自治協との協議が定例化され、このなかで団地管理上の問題、多くは自治会の要望をテーマに話し合われてきたこと、家賃問題になる

VII　公団家賃裁判―提訴から和解解決まで　103

と公団は問答無用の態度をとり、ほかの面でできた話もできなくなった経過、
家賃値上げ問題点にたいする自治協の取り組みと主張について証言をした。

　岡田証人につづいては、83年7月の第20回法廷から原告申請の不動産鑑定士、鐘ヶ江晴夫証人、84年1月の第23回から85年2月の第30回までの各法廷では被告申請の公団職員、柴山怜証人にたいし尋問がおこなわれた。

　鐘ヶ江証言は、清瀬旭ヶ丘団地の現場にみずから通い、詳細に課税台帳を調べるなどして信用度の高い鑑定書を作成し、有馬鑑定書と対比しての緻密な立論であった。証人は家賃構成費目の講学的な分析をしたうえで、公団家賃と民間家賃との違い、変更家賃算定の手法、被告公団の鑑定評価について意見を述べた。民間では原価計算はするが家賃は市場相場で決まり、したがって借家法7条の事情変更による増減が可能であるが、公団家賃は市場家賃とは関係なく取得原価をもとに算定しているから、賃貸借契約書も明記するように、その増減は維持管理費と公租公課の変更の場合に限られる。諸経費が変動すれば家賃がそれにつれて変動することには議論の余地はないが、土地建物を再評価して元本を変動させて家賃を増額すべきでない、と強調した。本来は、地価が高いから家賃が高くなるのではなく、家賃が高いから地価が高くなる。家賃のなかの超過利潤が地代になり、それを資本還元すると土地の価格になる。繁華街では超過利潤が多くなるから、地価が高くなる、といった論究にも及んだ。反対尋問で公団の代理人が鐘ヶ江証人を特殊な見解の持ち主と印象づけようとしたが、鋭い切りかえしにあって失敗した。

　公団は「証拠は不動産鑑定書だけ」を主張してきたが、公団職員の証人を出さざるをえなくなった。本社管理部次長の柴山怜が反対尋問をうけたのは、84年5月の第25回法廷半ばからだった。この日も傍聴人席は立席も満杯で、裁判長が「東京地裁では立見は認められない」と注意したが、原告弁護士が「原告本人も入りきれない狭い法廷に問題がある」と激しいやりとりの末、「次回はだめ」で落着した。また第28回法廷で、前回交代した新裁判長が突然「傍聴人はメモをとってはいけない」と怒鳴り、根拠をたずねると「私はずっとこうしている」の一幕もあった。

　85年2月の第30回法廷までの反対尋問をつうじて、とくに明らかになっ

104　第2部　公団住宅の誕生から公団家賃裁判まで

た点はないが、証人の、あいまいで、のらりくらり、自信なげな答え方が、
原告の主張を裏づける形となった。

　　[原告代理人]　家賃変更の仕方を定めた法律なり内部規定はあるのか。
　　[被告証人柴山]　ない。
　　[代理人]　土地建物の再評価について公団の諸法令には何の規定もないのか。
　　[柴山]　ない。
　　[代理人]　家賃値上げの理由は不均衡是正で、維持管理費の不足ではないと
　　　いうが、修繕費等の不足はなかったのか。
　　[柴山]　そうです。
　　[代理人]　収支の計算をせず値上げをしたのか。
　　[柴山]　増額改定に結びつけた形での計算はやっていない。
　　[代理人]　何を根拠に家賃が不相当に低廉になっていると言えたのか。
　　[柴山]　大数観察から全体的な判断をした。個別に計算しなくても、常識的
　　　に著しい不均衡が生じたことがわかる。
　　[代理人]　大数観察のさいの基準は何か。
　　[柴山]　一般的な常識というか、社会通念で判断した。
　　[代理人]　長期の未利用地や空き家の発生にかんして検査院とか総務庁から
　　　ずさん経営と指摘されたことはないか。
　　[柴山]　「ずさん」という言葉で指摘されたことはない。
　　[代理人]　これらの支払い金利、管理経費はだれが負担するのか。公団経営
　　　への影響はどうか。
　　[柴山]　全体のなかでやりくりしている。影響がないとはいえない。
　　[代理人]　家賃にはね返ることはないのか。
　　[柴山]　原価の構成要素になっている。家賃を決定する場合、いろいろの事
　　　情を考慮するから、（答えるのは）なかなか難しい。
　　[代理人]　古い住宅は管理経費がまかないきれなくなるというが、だから値
　　　上げをいいだしたのか。
　　[柴山]　いや、値上げ理由は不均衡是正である。

9. 住宅・都市整備公団への再編

　家賃裁判にはいって1年後の1980年に関東自治協は20年目をむかえて

いた。この年、関東自治協は改組をきめ、6〜7月に現在の東京23区、東京多摩、千葉・茨城、埼玉、神奈川の都県別に各地方自治協、五つ子が誕生したことはすでに述べた。同じころ日本住宅公団は、79年12月に宅地開発公団との統合が閣議決定され、「都市整備公団」への再編がすすめられていた。

81年3月に第2次臨時行政調査会（会長土光敏夫）が設置されるとすぐ「行政改革」第1号として同年10月に日本住宅公団は廃止され、「住宅・都市整備公団」（住都公団と略記する）として再編された。設立準備の段階では新名称を都市整備公団としていたが、全国自治協と公団労組の共同の運動によって「住宅」を復活させた。新公団が「住宅」の表看板をはずそうとしたこと、新法1条の目的には旧法の「住宅に困窮する勤労者のために」を削ったことに、公団の変質が象徴的にあらわれている。新公団法案の審議にさいしては81年4月28日と5月7日の参院建設委員会で全国自治協と公団労組の両代表が参考人として意見を述べた。

住宅・都市整備公団は81年10月1日に設立された。

第2臨調は第1次（81年7月）から第5次（83年8月）の最終答申において一貫して公団住宅への利子補給の削減と家賃の定期的値上げを提起し、さらには既存住宅の建て替えを打ちだしている。その間82年11月27日に中曽根康弘内閣が成立した。臨調が最終答申をだすと、その推進を監視する機関として臨調にかわり臨時行政改革推進審議会を発足させた。「民活」路線がいっそうすすみ、公団「民営化」への方向性はいよいよ明確になっていった。

この流れにあわせて住宅宅地審議会は81年8月5日、答申「現行家賃制度の改善について」を建設大臣に提出した。この答申であらためて、公営および公団住宅の家賃は、①物価その他経済情勢の変動、②住宅相互間の家賃均衡上の必要ある場合、変更できることになっており、「定期的な既存住宅の見直しを提言したところであるが、その実施は必ずしも十分とはいえない状況にある」とハッパをかけている。公団家賃の定期的値上げを答申した審議会の顔ぶれをみると、南部哲也、稗田治、下総薫、畑中達敏たち公団関係者が住宅部会委員の半数を占めていた。

106　第2部　公団住宅の誕生から公団家賃裁判まで

10.　裁判係争中に家賃再値上げ強行

　住都公団が家賃いっせい再値上げの根拠としてあげたのはまさに臨調や住宅審の答申であり、1982年9月に翌年度実施を発表した。長びく不況下、賃上げ・年金凍結のつづく時期に、上限10,000円という大幅値上げ案であった。公団は値上げ理由に、老朽化や狭さなど新旧団地間の住宅の質の違いは無視し、係争中の裁判で破綻をみせはじめた「不均衡是正」論をまたももちだしてきた。78年の第1次家賃値上げのさい、国会がまとめて建設大臣に提出した要望事項には応えず、「家賃改定ルール」のないまま再値上げを強行しようとした。それどころか、この時期にいたっても公団のずさん経営はあとを絶たなかった。

　多摩自治協では、第14次全国統一行動をとりくむなかで、再値上げ発表と同時に全戸を対象に「団地生活アンケート」を実施し、居住者の生活実態と要求を正確につかみ、その集計結果をしめして国会の審議をもとめた。公団には抗議の、国会議員には要請のハガキを居住者一人ひとりから集中した。全国的には12月9日に全国公団住宅居住者総決起集会、同月22日には公団家賃値上げ申請と承認の強行反対・緊急団地代表者会議をひらいた。同じ時期、東京地裁の第14〜15回口頭弁論では公団側の有馬証人が公団家賃鑑定の杜撰さをさらし、家賃裁判は原告にとって攻勢的に進んでいた。

　こうした自治協運動のもりあがりを背景に、12月27日に内海英男建設大臣と交渉をおこなった。大臣は山積みした45万人余の全国団地居住者の署名をまえに「国会審議なしの承認はしない」と発言するにいたり、公団は82年内の値上げ承認申請、83年4月実施予定を断念した。公団総裁の私的諮問機関である公団基本問題懇談会（自治協代表は未参加）でさえ、家賃改定ルールづくりや家賃のあり方の検討を先行すべきとする批判が続出したという。

　しかし年が明けて83年1月になると中曽根首相が「家賃値上げを検討中」と国会答弁、公団は3月18日、建設大臣に9月値上げ実施を申請した。内容は、住宅相互間の家賃不均衡を理由に、72年度管理開始以前の住宅約34万戸を

対象に上限 1 万円、平均 5,000 円の値上げ、敷金差額も前回値上げ時の分を
ふくめ最高 5 万 1,000 円、平均 3 万 9,000 円を徴収するというものだった。

11. 「国会要望」決議と裁判解決の提起

　家賃裁判と呼応して家賃再値上げ強行に反対する自治協の幅広い運動は国
会を動かし、衆参両院建設委員会での集中審議が実現した。1983 年 3 月 25 日、
4 月 12 日の両委員会で自治協代表の参考人発言のあと、審議内容を 9 項目
にまとめた「国会要望」が全党一致で決議された。これには自治協の要求を
相当部分反映しており、長年の家賃運動の一つの到達点といえる。

　その大要は、①良質な公共住宅の供給と高家賃の引き下げ、②長期未利用
地・空き家などの早期解消、③公団家賃改定ルールの策定、④居住者との意
思の疎通と値上げ増収分の修繕費優先使用、⑤敷金の追加徴収中止、⑥激変
緩和と低収入世帯への特別措置、⑦家賃改定の理解を得るための公団による
居住者への積極的な努力、⑧公団と居住者との係争（家賃裁判）の早期解決
への建設大臣の努力、⑨値上げ実施時期の延期、であった。全党が一致して、
第 3 項で家賃改定ルールの策定、第 8 項に家賃裁判の早期解決を「国会要望」
にこめた政治判断の重みは、政府・公団はもとより、居住者にとっても率直に、
かつ主体的に受けとめる必要があった。公団は大臣承認をえて 10 月 1 日に
第 2 次の家賃いっせい値上げを実施した。

　自治協はただちにこの国会要望事項の全面実現を要求して全国的な統一行
動を展開した。この間に 83 年 5 月、内海建設大臣は国会要望第 8 項の家賃
裁判早期解決のため、自治協と公団の代表に両者の話し合いを要請した。大
臣要請をうけて自治協は 83 年秋から 84 年にかけて、国会要望を実現させ、
家賃裁判にいたった要因（とくに公団の話し合い拒否）をなくす立場から組織
内の討論をかさねた。裁判解決の条件として自治協は公団にたいし 84 年 4 月、
自治協との定期協議の実施、家賃改定ルールづくり、家賃改定申請前の協議、
高家賃抑制、空き家割増し家賃制度の見直し、家賃減額措置の拡大、修繕・
環境整備等についての話し合いなどの要求 6 項目を提示した。

108　第 2 部　公団住宅の誕生から公団家賃裁判まで

　全国自治協は 84 年 6 月 16 〜 17 日の第 11 回定期総会で、家賃裁判の早期解決にむけて交渉を進めることを確認した。公団本社との交渉は 7 月 14 日から 12 月 6 日まで 6 回にわたっておこなわれた。このなかで公団が約束したことを自治協の 6 項目要求にそくして整理すると、①自治協と公団は定期協議（定例懇談）をおこなう、②家賃改定ルールなしの第 3 次値上げはしない、ルールづくりをする公団基本問題懇談会家賃部会に自治協代表が参加する、③家賃改定に際して公団本社は検討段階から自治協と話し合う、④修繕・環境改善は定期協議の重要テーマである、⑤公団家賃体系の見直しや経営改善については自治協も基本問題懇談会家賃部会などで大いに意見をだしてほしい、という内容であった。家賃裁判については双方の代理人折衝による和解に自治協も合意した。

　これをふまえて 84 年 12 月 6 日、木部佳昭建設大臣は、国会要望ならびに自治協と公団の話し合いの経緯を尊重するとしたうえで、①自治協との定例懇談、②自治協代表の公団基本懇家賃部会参加、③修繕促進へのいっそうの努力、を公団に公式に義務づけつつ、自治協と公団との係争（裁判）の訴訟上の和解を両者に促す「あっせん案」を文書で提示した。

　自治協幹事会は 12 月 6 日の全国総決起大会で同日建設大臣が示したあっせん案にもとづき家賃裁判の解決を提案した。幹事会は国会が要望し大臣があっせんする裁判和解により、政府および公団が「全国公団住宅自治会協議会」を公式にはじめて認知すること、自治協が公団とのあいだで事実上の交渉権確立への土台をきずくことを評価して、大臣あっせんを基本的に受け入れる方向を示した。家賃運動は今後、「2 つのテーブル」（定期協議と基本懇家賃部会参加）を活用し、新たな段階で展開することを強調した。

　一方、家賃裁判原告団は、東京地裁関係では 12 月 18 日、第 28 回裁判対策会議をひらき、「家賃裁判の成果と今後の課題」「家賃裁判の早期解決と新たな運動にたいする原告団の決意」を報告し、自治協提案を確認した。

　85 年 3 月 17 日にいたって、全国幹事会は東京・日本青年館で全国集会を開催し、全国の自治会代表が一堂に会して意見、展望を述べあう場を設けた。活発な議論をへて集会は家賃裁判運動の成果と今後の活動課題を確認する決

議を採択、これをうけて大臣あっせん案受諾を機関決定した。翌 18 日、あっせん案受諾を建設大臣に通知し、19 日に木部大臣は大臣室で全国自治協と住都公団の両代表に正式あっせん文書を手渡した。全文はつぎのとおりである。

住宅・都市整備公団と全国公団住宅自治会協議会
との係争の解決に関する斡旋

　当職は、去る昭和 58 年 4 月 12 日付の衆議院及び参議院両院の建設委員長から当職宛の要望第 8 項の趣旨を体し、かねてから住宅・都市整備公団及び全国公団住宅自治会協議会に対して両者の関係につき、その改善を促してきたところであるが、今般、両者の話合いの経緯に基づき、係争の解決と両者間の関係の円滑化に資するため、左記により、和解を斡旋する。

記

1. 全国公団住宅自治会協議会と住宅・都市整備公団の両者は、訴訟上の和解により係争の解決を図り、今後できる限り円滑な関係の維持に努めること。
2. 住宅・都市整備公団は、総裁の私的諮問機関として設置した基本問題懇談会家賃部会に、全国公団住宅自治会協議会の代表を居住者の一員として参加させること。
3. 住宅・都市整備公団は、公団住宅の円滑な管理に資するため、全国公団住宅自治会協議会との間に定例的な懇談の場を設けること。
　なお、住宅・都市整備公団は、住宅の修繕等の実施について、今後とも更に促進に努めるものとする。

昭和 60 年 3 月 19 日　建設大臣　木部佳昭（公印）

全国公団住宅自治会協議会　殿

　各地方自治協は 1985 年 3 月 28、29 日に全国 8 地裁で公団との訴訟上の和解手続をおこない、家賃裁判を正式に解決させた。

110　第 2 部　公団住宅の誕生から公団家賃裁判まで

　これらをへて、早速に 4 月 9 日には全国自治協代表がはじめて参加する基本懇家賃部会が 2 年 4 カ月ぶりに開かれ、4 月 26 日には全国自治協と公団本社との新規第 1 回定例懇談会が開催された。1976 年 6 月に中断してからじつに 6 年 10 カ月ぶりであった。自治協活動は、三権がかかわって獲得した「2 つのテーブル」を中心に展開することになる。

　公団、その後の都市機構本社との定例懇談会は現在も隔月にもたれており、2016 年度末で 190 回をこえる。全国・本社レベルでの定例的な協議がはじまると、地方自治協レベルでも各団地自治会でも、それぞれ公団支社、営業所と、団地管理・共益費問題をはじめ修繕、環境整備等の要望をまとめて交渉をスタートさせた。こんにちも確保している日常的な協議・話し合いの体制は、家賃裁判の貴重な成果の一つといえる。

第3部

中曽根「民活」——地価バブルのなかの公団住宅

Ⅷ　公団住宅の市場家賃化と「建て替え」着手
Ⅸ　建て替えにたいする居住者の困惑と抵抗
Ⅹ　地価バブルのなかの団地「改良」－国立富士見台団地の場合
Ⅺ　転換きざす住宅政策と公団の変質－90年代の居住者実態
Ⅻ　住宅政策大転換のはじまり－都市基盤整備公団へ再編

毎年12月に開催する全国公団住宅居住者総決起集会（2010年、東京・九段会館）

112　第3部　中曽根「民活」——地価バブルのなかの公団住宅

> # 第3部　中曽根「民活」——地価バブルのなかの公団住宅〔Ⅷ−Ⅻ〕

　中曽根康弘は、鈴木善幸前内閣の行政管理庁長官として第2次臨時行政調査会（臨調）を設置し、田中角栄元首相に推されて1982年11月に総理大臣につくと、「戦後政治の総決算」をとなえ、臨調「行政改革」「増税なき財政再建」路線を進めた。83年7月には第2臨調を臨時行政改革推進審議会（行革審）に改組して、国鉄の分割・民営化、国鉄用地の売却処分を決め、「民間活力の活用」の名で住宅・都市整備公団や日本航空の民営化についても検討をはじめた。

　公団家賃の定期的値上げが財界主導の臨調答申に発していることはさきに述べた。中曽根政権となり、つぎに公団住宅居住者に襲ってきたのが「建て替え」の脅威であった。第3部では、中曽根「行革」政治がはじまり1990年代初めにはその行きづまりを見せるまでの10年、その間に公団住宅居住者が経験した苦難と闘いを中心に、住宅政策の変質過程をたどることにする。日本経済が「バブル」に狂った時期に重なり、その火に中曽根「民活」路線が油を注いだことは明白である。

　公団住宅について80年代半ばには、政治屋たちのこんな公言がまかり通っていた。

　田中角栄には首相当時の1973年5月に公営・公団などの住宅払い下げを金丸信建設大臣に指示した前歴がある。82年に臨調が公団業務の縮小、民営化をとなえると、84年9月にかれは田中派研修会で「公団住宅売却」論をぶっている。「国債残高が122兆円になったからといって心配することはない。電電公社の次は住都公団の資産を売却するよう提案したい。住都公団もほぼ電電公社と同じく、簿価10兆円、実質価格は100兆円だから、2割を残し、他は比較的安く売っても、これだけで数十兆円の売値になる」（「NEXT」誌84年11月号）。

　民社党書記長の塚本三郎は、2か月後に党委員長となる85年2月6日の

衆院予算委員会で中曽根首相をまえにこう発言する。「（赤字国債などの穴埋めに国鉄を売って、それでも）足りなければ住宅公団もついでにお売りになったらいかがでしょうか。民間住宅会社は邪魔になっておると言っておる。……払い下げいただけたら、130兆から150兆には全部申し上げただけでなるじゃありませんか。税金なんか必要がない、減税できると私たちは踏んでおるのですよ」

日本住宅公団が設立されて20年余は、ともかくも国民の住宅要求にこたえる実績を残しながら、高度経済成長を下支えする産業基盤の整備をになってきた。臨調、行革審がとなえた公団業務の縮小・民営化は、もっぱら公共的な賃貸住宅事業にむけられ、中曽根政権は公団住宅の行方を大きく変えることになる。

中曽根首相は専売、電電公社につづいて国鉄を「行政改革の203高地」と位置づけ、分割・民営化法を成立させた。そのねらいは、①国民の共有財産を民間資本にゆずりわたし、基幹的な公共企業体を営利第一の経営にきりかえる、②まず国鉄の労働組合を分断・解体させ、総評を崩壊させることにあった。民営化に先だっては国鉄用地をはじめ国公有地の払い下げを進めて地価高騰をあおった。大手ディベロッパー資本は土地買い占め、土地投機に走った。

国鉄用地のつぎに目をつけたのは公団住宅とその敷地である。国鉄の分割・民営化が本決まりになると同時に、住都公団も突如「建て替え」方針を打ちだした。業務の重点を住宅供給から都市整備に移していた住都公団にとって、中曽根「民活」の号令と地価バブルの火の手をまえに、団地の丸ごと「建て替え」着手にためらいはなく、居住者の生活や、やっと形成されてきたコミュニティなどは考慮の外だった。

公団住宅建て替えは1986年にはじまった。名目は当初、敷地の高度利用による良質な住宅の「戸数増」であった。賃貸住宅を建て替え、高層化してその敷地に分譲住宅の建設もはかり、家賃の3倍以上ものつり上げにくわえ分譲の売り上げ収入をねらった。団地住民の運動によって一部自治体では跡地に公営住宅を併設させた。

114　第3部　中曽根「民活」——地価バブルのなかの公団住宅

90年代半ばをすぎると、家賃も分譲価格も高く、従前居住者を追い出して建て替えた結果が未入居、空き家の増加となり、「戸数増」の名目は立たなくなる。建て替え後の住宅建設は「戻り入居」戸数に限り、重点を、高層化によって生じた「余剰地、整備敷地の売却」に移していった。「建て替え」の用語はやがて団地の「削減・売却」にかわっていく。現在では、建て替えはせず、住棟の一部除却または団地丸ごと譲渡による公団住宅の削減もおこなっている。公団住宅は家賃の市場化につづいて、公共資産そのものが民間営利の対象にされ、居住者は家賃支払いばかりか、終の棲家ときめている住居の存続にも不安を深めざるをえなくなる。

わが国の住宅政策の柱は一貫して「民間自力建設と市場まかせ」「持ち家」推進主義であり、それは景気対策、経済政策の一環でしかなく、国民の住宅資産を豊かにして、居住を安定・向上させることを主たる目的とはしてこなかった。地価高騰をあおった中曽根「民活」の責任は重大である。住宅の価格は上がり、勤労者にとって持ち家取得は困難となり、持ち家志向層も借家層に追い込み、家賃も上昇して借家層の貧困に追い打ちをかけた。建設される住宅ストックは狭小、粗悪となり、遠隔の地に広がり、勤労者の通勤時間は長く、体力を消耗させる。かたや都心部の人口は減少して空洞化し、街の賑わいや伝統文化は失われていく。

日本住宅公団の設立、公団住宅団地の出現によって、その地に街が開かれていくのを私たちは見てきたし、それに貢献した各団地住民、自治会の役割は大きいと自負している。公団住宅の「建て替え」事業がその居住者に何をもたらしたかは以下に述べるが、団地の外でも地域の様相、庶民の暮らしが大きく変えられていったはずである。

中曽根「民活」政治の行きづまりはバブル経済の崩壊とともに明らかとなり、その禍害は大都市圏の住宅事情に顕著にみられた。第2次行革審も1990年4月の最終答申で認めざるをえなかった。

Ⅷ　公団住宅の市場家賃化と「建て替え」着手

1.「市場家賃化ルール」論議と第3次家賃値上げ

　1981年5月に日本住宅公団は「行政改革」第1号として住宅・都市整備公団に再編された。同年7月に第2臨調が基本答申を、つづく8月に住宅審が答申をだし、これをうけて公団は、家賃改定のルールもなく、かつ裁判係争中にもかかわらず、大幅いっせい再値上げを発表し、82年11月に中曽根康弘内閣がうまれるとすぐ強行実施したことはすでに述べた。中曽根政権の82年から87年までの5年間、公団住宅居住者は家賃のくりかえし値上げと「建て替え」着手に苦しめられた。

　1978年、83年の家賃値上げは「ルールなし、話し合いぬき」だったことを国会、政府も認め、次回からは「まずルールづくり、話し合い」を約束した。それは裁判和解の条件であり、公団基本問題懇談会家賃部会への自治協代表参加もそのためであった。ところが公団は裁判和解の85年以降、同部会をまったく開かず、2年半がすぎ87年12月21日になって、家賃改定ルール案にセットして第3次値上げの具体案を提示してきた。値上げ実施は翌88年10月ときめ、改定ルール案も値上げ案も事実上検討はしなかった。これを公団は「反対は自治協代表1名だけ、他の12名の委員（公団総裁の選任）の賛同を得、十分な手続きを踏んでいる」と国会で説明した。

　公団「家賃改定ルール」案の大要は、①従来の「公営限度額方式によって算定した値上げ額」を団地の立地条件により補正する、②団地周辺の市場家賃とのバランスをとる、③固定資産税評価額の見直しに合わせて3年ごとに家賃を見直す、④新設団地も傾斜家賃期間終了後3年経過したら値上げ対象

とする、というのである。

そもそも公営限度額方式は地価要因があまりにも大きく反映して、地価上昇のはげしい大都市圏の公営住宅では適用できず、当時すでに反古にされていた。その方式を大都市圏に集中する公団住宅に利用し、さらに「団地の立地条件」によって補正するというのだから、市場家賃化そのものである。しかもこのルールには建物や住宅設備の経年劣化等を考慮する算式はない。値上げ周期を5年から3年に早め、毎年急テンポに上がってきた傾斜家賃も3年後からまた値上げしようというのである。

家賃部会で自治協委員は、改定ルール案の検討と第3次値上げ案の撤回を要求したが、公団は「基本的なことは住宅宅地審議会答申で指摘されている、政府の既定方針だ」に終始した。

公団が88年3月に各戸に配った「今後の家賃改定について（お知らせ）」は、改定理由に「家賃の不均衡是正」「管理経費の確保」にくわえ、「国民的視野」をかかげた。いわく「公団住宅のような公的サービスは、その受益者が比較的特定化されます。空き家住宅の入居希望者の募集には、昭和61年度をみても4大都市圏で延べ約60万人が申し込まれており、その1割程度の方々にしか需要に応じることができていないのが実情です」と、公共住宅の明らかな不足の現実をテコに、「国民的な公正」の名において、市場家賃レベルにまで引き上げることを正当化しようとした。

公団は「改定ルール」にそって88年3月31日、建設大臣に約34万戸を対象に同年10月実施、全国平均約4,700円、18％の値上げを申請した。上限額では1居住室の住宅8,500円、2居住室9,500円、3居住室以上10,500円という大幅な値上げ申請であり、あわせて値上げ後家賃の3か月分相当額までの敷金追加徴収等についても承認を求めていた。ちなみに同期の消費者物価上昇率は9％程度、家賃指数は18％の上昇。まさに市場家賃に合わせての値上げである。

〈計算式とモデル算出額〉——東京支社・昭和31年管理開始された2DK（住宅・当初家賃5,000）

表Ⅷ-1　公団家賃値上げ算定式の推移

構成要素	第1次値上げ（昭和53年9月）計算式・円	比率%	第2次値上げ（昭和58年10月）計算式・円	UP率%	比率%	第3次値上げ（昭和63年10月）計算式・円	UP率%	比率%	第4次値上げ（平成3年10月）計算式・円	UP率%	比率%
イ 償却費	（戸当り建設費）（公住法13条3項の率） 830,000円×2.3×0.051628×1/12 ＝8,213	35.1	830,000円×2.7 ×0.051628×1/12 ＝9,624	17.4	31.3	830,000円×2.6 ×0.051628×1/12 ＝9,284	△3.7	27.8	830,000円×2.9 ×0.051628×1/12 ＝10,356	11.5	27.6
ロ 地代相当額	（戸当り固定資産税評価額） 1,850,000円×5/100×1/12 ＝7,708	32.9	2,820,000円 ×5/100×1/12 ＝11,750	52.4	38.2	3,470,000円 ×5/100×1/12 ＝14,458	23.0	43.2	3,750,000円 ×5/100×1/12 ＝15,625	8.1	41.6
ハ 修繕費	（戸当り工事費）（公住法規則6条の率） 760,000円×4.87×1.2/100×1/12 ＝3,701	15.8	760,000円×5.91 ×1.2/100×1/12 ＝4,492	21.4	14.6	760,000円×5.8 ×1.2/100×1/12 ＝4,408	△1.8	13.2	760,000円×7.29 ×1.2/100×1/12 ＝5,540	25.7	14.7
ニ 管理事務費	（戸当り工事費）（公住法規則6条の率） 760,000円×4.87×0.5/100×1/12 ＝1,542	6.6	760,000円×5.91 ×0.5/100×1/12 ＝1,872	21.4	6.1	760,000円×5.8 ×0.5/100×1/12 ＝1,837	△1.8	5.5	760,000円×7.29 ×0.5/100×1/12 ＝2,309	25.7	6.1
ホ 損害保険料	（主体工事費）（公住法規則6条の率） 680,000円×4.87×0.072/100×1/12 ＝199	0.9	680,000円×5.91 ×0.072/100×1/12 ＝241	21.1	0.8	680,000円×5.8 ×0.072/100×1/12 ＝237	△1.7	0.7	680,000円×7.29 ×0.072/100×1/12 ＝297	25.3	0.8
ヘ 公租公課	（固定資産税＋都市計画税の戸当り年額）×1/12 21,660円 ＝1,805	7.7	29,480円 ×1/12 ＝2,457	36.1	8.0	34,720円 ×1/12 ＝2,893	17.7	8.6	37,000円 ×1/12 ＝3,083	6.6	8.2
ト 引当金	（イ～への合計額） 23,168円 ×1/100＝232	1.0	30,454円 ×1/100＝305	31.5	1.0	33,117円 ×1/100＝331	0.9	1.0	37,210円 ×1/100＝372	12.4	1.0
計	23,400	100	30,795	31.4	100	33,448	8.7	100	37,582	12.4	100
値上げ計算式	[上記合計額][当初家賃額] （23,400-5,000）×1/2=9,200円 ※9,200円値上げのところ7,000円（値上げ上限額）で切る		[上記合計額][現行家賃額] （30,759-12,000）×1/2=9,380円 ※9,380円値上げのところ 2DKの値上げ上限額9,000円で切る			[従前額][上記算出額] 21,000円+[（33,448×補正率）-21,000円]×1/2=？ 〈改定基準額〉 ※補正率＝（A＋(B-A)×1/2）÷A A：見直し対象住宅について、公営限度額方式で算定される額の各住宅の平均値を100とした場合の当該住宅の指数 B：見直し対象住宅について、立地条件等の調査結果による公団住宅相互間格差の指数の平均値を100とした場合の各住宅の指数			[従前額][上記算出額] ？+[（37,583×補正率）-？] ×1/2=？		
値上げ家賃額	[従前額][売上げ額] 5,000+7,000円=12,000円		[従前額][値上げ額] 12,000円+9,000円=21,000円								
激変緩和措置（値上げ限度額）	7,000円（一律）		1居住室　8,000円 2居住室　9,000円 3居住室　10,000円			1居住室　8,000円 2居住室　9,000円 3居住室　10,000円			1居住室　6,500円 2居住室　7,500円 3居住室　8,500円		

（注）上記モデル計算で使用した工事費760,000円の内訳（主体工事費680,000円＋屋外付帯工事費80,000円＋経費）

出典）全国公団自治協作成

2. 家賃値上げの国会審議と「国会要望」

　全国自治協は 1988 年、例年の秋とは別に春にも緊急に全国統一行動をよびかけた。第 3 次家賃値上げ案の撤回とともに、居住者も納得できる家賃改定ルールづくりを要求し、公団が建設大臣に値上げの承認申請をするにおよんでは国会での集中審議を求めた。短期間に約 57 万人の署名が集約された。こうした運動の結果、4 月 15 日に衆院、同 21 日に参院の各建設委員会で公団家賃問題にかんする審議がひらかれ、両委員会とも全国自治協の代表が参考人として招かれ、意見を述べた。両参考人は、①基本懇家賃部会での審議のあり方、②家賃値上げにたいする自治協の基本的な考え方、③家賃改定の方法、④公団住宅居住者の生活実態などについて発言した。

　両院建設委員会は審議のあと委員長要望（衆院 7 項目、参院 8 項目）をまとめ、全会一致で採択した。「国会要望」によって、値上げ上限額それぞれ 500 円の引き下げ、敷金追加徴収の中止などの成果のほか、家賃改定ルール、建て替え、住宅修繕、高齢者世帯への措置等について公団とひきつづき交渉する足がかりを得た。

　ここで 4 月 15 日の衆院建設委員会にわたしが参考人として出席したので、会議のもようを一部紹介しておこう。

　会議は午前 10 時にはじまり、午前中の参考人は石原舜介（東京理科大学教授）、畑中達敏（住宅新報社顧問）、多和田栄治（全国自治協代表幹事）、午後は丸山良仁公団総裁ほか公団理事たちのそれぞれ 3 名であった。午前の会議では、参考人がそれぞれ約 15 分意見を述べたあと、各党委員が参考人を指名して質問するかたちで進められ、午後は委員が順に質疑をおこない、6 時 30 分に終わった。

　公団基本懇家賃部会長をつとめる石原は、家賃改定ルールが適切な手続きをへてつくられ、公営限度額方式に欠けている地価反映を補正することで妥当な算定方法といえると述べた。畑中も同部会のメンバー、民間家賃との不均衡を強調し、今回の改定方式では不均衡はいつまでも是正されないから、

将来は不動産鑑定評価手法が望ましいとの見解を示した。

多和田は、「はじめに家賃値上げありき」と第3次値上げ案に「改定ルール」をセットした押しつけであり、国会要望の趣旨に反すること、地価高騰便乗型の高家賃化ルールであること、居住者の負担能力、住宅設備の実態を無視していることの3点を指摘した。

委員の質問は、おもに基本懇家賃部会の運営、公営限度額方式の問題にむけられ、多和田には「家賃の不均衡」についての意見を求めた。

石原は、4人の専門家が検討したルール案をもとに家賃部会を4回ひらき、12対1の賛否できめた。十分審議された、強行ではないという。多和田は、専門部会に当事者の居住者代表を加えず、しかも何が討議され、どういう資料が出されたのかいっさい非公開、部会で値上げ案はほとんど討議されていない。公団家賃の問題点について十分に検討し、資料も公開して世論にも問い、そのうえで家賃改定ルールを固め、値上げを提案するのは筋ではないかと反論した。委員から「自治協委員1名は数十万居住者の代表」との発言があった。

石原は、公団家賃は地価を正当に反映していないといい、居住者の負担能力について問われると「公団は福祉政策的な対応をする性質のものではない」と答える。畑中は空き家応募倍率の高さも立地補正の根拠にあげる。

多和田は、質問に答えるなかで両氏に反論をくわえつつ、公団家賃の住宅相互間、民間家賃との格差を公平性とか不均衡の問題としてとらえる前に、良質で低廉な公共住宅の絶対的な不足、高家賃を野放しにして不均衡をつくりだしている住宅政策をこそ審議するのが国会の役割ではないか、との観点から意見をのべた。

後日、家賃改定ルールと第3次値上げ案の国会審議にそなえ公団が作成した「公団家賃値上げに関する国会対策・住民対策問答集」を入手した。163項目にわたり200ページをこえる。想定問答集をなぞった発言ばかりの「学識経験者」「有識者」といわれる人たち。その正体、役割を知らされた。

120　第3部　中曽根「民活」──地価バブルのなかの公団住宅

3. 地価バブルのはじまりと住都公団「民営化」の動き

　中曽根首相は、就任するとすぐ1983年2月に建設省に建築・都市計画規制の緩和を指示し、3月には「東京の山手線の内側はすべて5階建て以上の建物が建てられるよう」容積率の緩和を言いだした。中曽根の「アーバン・ルネッサンス」（都市再生機構のURはその頭字）のかけ声とともに、まず東京都心地価の狂乱的騰貴がはじまった。

　中曽根は同年8月に新宿区西戸山の公務員宿舎用地（国有地）の売却に動きだし、かれ周辺の人物を中心に新宿西戸山開発（株）が設立された。約400戸の「老朽化した」公務員宿舎を建て替え高層化し、これによって生み出された余剰敷地を売却する計画である。国有地の処分は一般競争入札が義務づけられていたが、随意契約による払い下げという異例の措置をとった。88年3月、25階の超高層マンション3棟と付帯店舗など西戸山タワーホームズが竣工した。中曽根民活第1号である。

　84年1月に政府は、国公有地の有効活用の基本方針を決め、西戸山を皮切りに都心部の国有地払い下げがつづいた。84年に国鉄の民営化決定に先立って早々と品川駅東口貨物操車場跡地が売却され、85年は千代田区紀尾井町の司法研修所跡地、86年は港区六本木の林野庁宿舎跡地等々あいついだ。中曽根民活、国公有地の払い下げ、規制緩和や土地の高度利用政策をきっかけに、土地・建設ブームが起こり、都心部の業務地から地価上昇の火の手が上がった。1985年と88年の平均地価を東京都の基準地価格調査でみると、商業地は平米当たり約188万円が666万円に約3.5倍、住宅地は約29万円が89万円と約3倍になった。地価上昇は住宅地に広がり、加速度的に東京圏から主要地方都市へと波及していった。国有地の高値払い下げに発した地価高騰は民有地にも広がっていった。

　1985年4月にはNTT（電々公社）、日本たばこ（専売公社）が発足し、10月には国鉄の分割・民営化も本決まりになった。そのとき臨時行政改革推進審議会（第1次行革審）は、日本航空、住都公団などについても民営化も検

討をはじめていた。公団自治協は公団労組や団地サービス（日本総合住生活株式会社の前身）労組と共同で「まもれ公団住宅、ふやせ公共住宅」をかかげて住都公団「縮小・民営化」反対に立ち上がった。86年にはいって大阪、名古屋、福岡、浦和、横浜、東京、船橋と連続して地方集会をひらき、86年3月16日には東京・日比谷野外音楽堂に4,400人が参加して中央大集会を開催した。

　第1次行革審は86年6月10日の最終答申に住都公団「民営化」の明記はとりやめたものの、公団の変質をねらう重大な方針を打ちだした。①公団事業は都市再開発を重点とする、②事業区域を2大都市圏に重点化する、③既存賃貸住宅の建て替え・立体化を推進する、④建て替え推進のため法制上の整備をする、⑤都心部の賃貸住宅を廃止し民間に売却して「高度利用」を図る、⑥新規住宅供給は大幅縮減する、⑦開発事業は採算性が十分あり緊急性の高いものに限る、⑧公団職員を減らすことを、中曽根内閣に答申した。公団家賃の定期的値上げについては、住宅宅地審議会が1970年以来5年ごとの各答申で勧告し、臨調答申も進言してきた。

4. 住都公団の「建て替え」事業着手

　政財界は、第1次行革審の最終答申が端的にしめすように、公団住宅の廃止、用地の民間売却を露骨に要求し、その方向にむけての家賃くりかえし値上げ、建て替え促進をとなえた。　丸山良仁公団総裁はこの動きにあわせ、行革審答申をまたず早々と1985年10月に建て替えを今後の公団事業の柱にし、年間1万戸ぐらいのペースで進めたいと紙上インタビューで語り、86年5月に着手を正式発表した。住棟を高層化・立体化して売却敷地をつくり出すのがねらいであった。住都公団は「住宅の表看板を下ろし、入札前の国鉄用地などを整地する〈地ならし請負業〉への転身を迫られている」と新聞報道された直後の87年3月10日に、丸山総裁は経団連の常任理事会に出席して財界への土地供給を約束している。

　公団は昭和30年代に建設した賃貸住宅のうち約16万戸を対象に、原則

として年代の古いものから、概ね20年をかけて順次建て替えを実施すると発表し、目的は、①敷地の適正利用、②居住水準の向上であると説明した。建設省はすでに84年にこの方針を決定しており、85年度予算に調査費をくみ、86年度予算で建て替え制度の創設と、首都圏、関西圏各1団地の事業着手を計上していた。これにより同年5月に川崎市・小杉御殿団地（56年建設、280戸）と大阪市・臨港第2団地（56年建設、257戸）において建て替え事業の第1回居住者説明会をおこなった。

　住都公団が「建て替え」を突如いいだしたのは1985年、公団住宅の第1号は1956年建設だからまだ30年しかたっていない。その間増築や改修、団地環境再整備はありえても、建て替えなど思いもよらなかった。住宅の償却期間70年が確かな耐用年数とはいえないまでも、まだその半分も経過していない。にわかに中曽根民活の嵐が吹き荒れ、築後30年たらずの鉄筋コンクリート住宅も一瞬にして「老朽化」のレッテルが貼られ、建て替えを迫られることになった。

　昭和30年代(1956〜64年度)に管理開始された公団の賃貸住宅は約17万戸、多くは立地条件のよい市街地にあり、法定容積率にたいする現況充足率が低いことに目をつけて、政財界は土地の高度利用を名目にいっせいに建て替え促進を大合唱した。

　83年2月の臨時行政調査会「行政改革に関する第4次答申」にはじまり、85年6月の住宅宅地審議会報告「新しい住宅事情に対応する住宅・宅地政策に基本的体系について」、86年3月の閣議決定「第5期住宅建設5カ年計画」とつづき、同年6月の行革審答申「今後における行財政改革の基本方向」は、「土地の高度利用、居住水準の向上等を図る観点から既存賃貸住宅の建替え・立体化を積極的に推進する」「建替えの円滑な実施に資するため、必要な法制上の整備につき検討する」ことを打ちだした。

　家賃値上げはルールなしの強行だったが、建て替えも「必要な法制上の整備」のないままの突入だった。

5.「敷地の適正利用」と「居住水準の向上」

公団の建て替え事業が、中曽根「民活」、地価バブルと一体になってにわかに始まったことは先にみた。事業の主たる目的は「敷地の適正利用」である。敷地の適正利用とは、一般に①指定容積率にたいする現況容積の充足率を高める、②建物の高層化（＝高容積化）、立体化（＝住宅以外の用途使用）を図る、③高騰した地価に見合った収益の確保をめざすことをいう。

公団住宅は大部分が指定容積率150 ～ 200％にたいし現況は70％を下回り、敷地の高度利用が必要と、建て替え正当化の論拠とした。東京23区全体の平均は1990年現在、指定容積率252％にたいし充足率は42％であった。指定容積率をそこまで使いきったら都市空間は破滅してしまう。問題は充足率の低さにではなく、過大な指定容積率にあり、これを切り下げて（ダウンゾーニング）、成長管理の都市づくりを図るべきと当時すでに専門家のあいだでは論議されていた。

また住宅の高層化が、戸数増と建設コスト減にはたして有効かどうか、住環境と居住性、コミュニティ形成にもたらす負の問題点についても公団は十分知っていたはずである。そのころイギリスやドイツでは高層住宅は人間の居住にふさわしくないと取り壊しや減築がおこなわれていたと聞く。長い住棟を一部壊して短くしたり、高層を減築した集合住宅をわたしはベルリンで見ていた。

建て替えの利点は、周辺地価が上昇しても、用地の新たな取得を要せず低コストで新築できることだが、公団にその考えはない。公団が法務省「借地・借家法改正に関する問題点」(85年11月)にたいして提出した意見書には、「建て替え」「戻り入居」の用語はなく、「取り壊して別個の建物を築造」「敷地を建物の所有以外の目的に使用」と記している。公団にとっては、既存住宅を壊して「別個の建物」を建てるにすぎない。従前居住者の地位保全はここでは埒外であり、別に代替住宅の提供、立退料の支払いの問題として扱っているのをみれば分かる。

あくまで「新規供給」として敷地を時価で再評価して家賃を設定するから、事実3〜4倍にもハネ上がった。高家賃を払える従前居住者は戻り入居するが、その資格要件は新規入居者と変わらない。負担できない居住者は、住みなれた団地を退去せざるをえない。公団は「地価の再評価はしない」、「他の新規住宅家賃との均衡を考慮するだけ」と説明して、結局それを認めている。公団の建て替えは、地価高騰に便乗した経済効率、収益本位の事業そのものである。

建て替えのもう一つの目的にあげている「居住水準の向上」はどうか。

公団は最初の5年間に管理開始した住宅の44.8%、60〜64年度の住宅でも40.3%が最低居住水準未満ときわめて低く、公団の1980年度定期調査によるとその時点では全体の26.6%が最低水準未満であり、戸数にして164,000戸あることを強調した。居住水準は世帯人員との関係で決まることで、住宅の規模そのものを示す指標ではないが、初期の公団住宅にスペースの狭さ、設備の古さ、遮音・断熱性能等に問題があるのはいうまでもない。しかし、それは住宅の適切な改修と計画的修繕、世帯人員に応じた無理のない住み替え制度を必要としている証しではあっても、ただちに建て替えの必要性に結びつくものではない。

有効に利用すべきは土地だけでなく建物も同じである。政府の住宅統計調査（1988年）によると、公団・公社の賃貸住宅計81万戸の「腐朽破損の程度」は、「寿命が尽きた」が約300戸（0.04%）、「大修理を要す＝大規模な修理をしなければ建物の寿命に影響があると思われる」は22,000戸（2.7%）で、建て替えの必要はなく、物理的構造的にまだまだ十分に耐用年数があることを証明している。居住性能の劣化を防ぎ、社会的機能的にも耐用性を保つための維持管理こそ求められている。公団の修繕業務指針も「住宅等の機能を維持し、予定耐用年数の確保を図る」ことと明記している。

政府・公団は、大都市圏の地価狂乱に便乗して昭和30年代建設の公団住宅を一律に建て替え対象と決めこみ、スクラップアンドビルドの政策に乗り出したというしかない。貴重な社会資産として保全・改良する考えが後退することは必至で、建て替えに急傾斜する考えが強まれば、既存住宅のいっそ

うの劣化、スラム化が加速する事態も予想される。公団の建て替えがけっして「居住水準の向上」を目的とするものでないことも明白である。

6. 建て替えの法的根拠

「不当な」建て替え事業から団地居住者の住まいを守る拠りどころ、その争点は、公団住宅建て替えに法的根拠があるのか、戻り入居と定住を保障する家賃制度をどう実現するかにかかっている。

建物の老朽化がひどく倒壊のおそれがあるならともかく、「社会的に陳腐化した」という理由で賃貸借契約の更新拒絶、明け渡し請求をする正当事由はない。また、公営住宅のように建て替え事業を法律上明確にさだめた実施規定もない。公団が根拠としたのは、大臣承認による「住宅としての用途廃止」の手続き規定（公団法施行規則）と「住宅の建設、賃貸その他の管理および譲渡」の業務規定（公団法）であり、壊すことと建てることの規定が別々にあるだけで、建て替えの根拠にはならない。したがって、そこに住む居住者の地位保全にかんする規定もまったくない。公団の建て替えは任意事業であり、法的根拠はない。これが公権力を背景に「公共性」をかざして強行されるとき、犠牲となる居住者の地位はさらに不安定、深刻な不安に見舞われることになる。

借家法の正当事由は、生存権的な居住利益の保護から生まれ、居住保障と金銭による解決とは本来相容れないものであるが、1960年代以降、借家人保護の発想から当事者必要度の比較考量に判断の枠組みが移ってきたといわれる。70年代になると、立退き料の交付をもって正当事由を肯定する裁判例が増えてきた（内田貴『契約の時代』2000年刊、岩波書店）。つまり裁判所が金銭給付に正当事由のお墨付きを与える時代、カネと権利の交換を認める時代となった。公団も建て替え実施にあたり、その流れにのって、正当事由にかわる措置を居住者に提示してきた。

①移転費用の支払い、②移転先住宅の家賃の一定期限減額または一部補填、③建て替え後住宅の優先入居、④仮移転住宅のあっせん、⑤他の公団住宅へ

126　第3部　中曽根「民活」——地価バブルのなかの公団住宅

の移転あっせん。公団が「優遇的措置」というのは、⑥同じ敷地内に新たに併設する分譲住宅の優先分譲、または他の公団分譲住宅のあっせん、⑦世帯分離希望者への2戸割り当て、⑧生活保護世帯等への特別措置、⑨建て替え後家賃の一定期間減額。

　ただし、これらの措置適用は、公団が決めた建て替え説明会から2年間の移転期限内に、これまでの契約を合意解除して借家権を消滅させ、一時使用賃貸借契約に切り替えた居住者に限るとし、期限がすぎてから一時賃貸借契約に切り換えても②⑨の措置内容は縮減し、⑥⑦は適用しない、と通告してきた。

　戻り入居を希望する従前居住者にとって最大の関心は、⑨建て替え後の家賃減額措置が、③優先入居を可能にし、定住を保障する内容になるかどうかに向けられていた。

　以上、住都公団があわただしく既存住宅の建て替え着手を決めるにいたった背景とその経過、建て替え実施方針の概要をたどり、この公団事業を居住者はどう見たかを記した。公団の大方針が、実際に居住者自治会・自治協の抵抗にあい、また、やがてすぐバブル崩壊がはじまる状況変化のなかで、どのような曲折を経るかは後述する。

7. 公団は借地法・借家法「改正」に何をもとめたか？

　公団住宅居住者は、家賃のくりかえし値上げにくわえて「建て替え」で苦しめられることになる。その背景には、自民党政権の「行政改革」と「民活」・公団民営化路線があり、法制面では借地法・借家法「改正」としてあらわれた。

　公団家賃についていえば、公団法にもとづき新規家賃は原価の全額回収方式により高額に設定し、改定は公団法規を棚上げして借家法7条1項を根拠に市場家賃化をはかってきた。しかし公団は家賃裁判には手を焼いたのか、同条2項の「当事者間に協議整わざるとき」の裁判による紛争解決方式をきらって、「簡易・迅速」な値上げ手続きをもとめた。これから始める建て替え事業にも借家法1条の2の正当事由制度を障害とみて改正意見を出して

いた。

　借地法・借家法の「改正」をいち早くとなえたのは経済団体連合会であり、1982年4月に発表した「土地政策に関する意見」のなかで、宅地供給促進、土地の有効利用をはかる建て替え促進のため、「借地・借家人の権利を必要以上に保護している面」の見直しを主張した。同年7月には第2次臨時行政調査会も第3次答申で同法の「合理化」を進言し、地主・不動産業界をはじめ経済団体等が騒ぎだした。

　中曽根内閣が出現して地価高騰と土地投機がすすむなかで借地法・借家法「改正」への圧力はさらに強まり、85年7月に臨時行政改革推進審議会は借地法・借家法の再検討を答申して、法制上も都市再開発の「自由化」を迫った。同年11月には法務省は「借地・借家法改正に関する問題点」を公表し、各界の意見をつのって「改正」作業をはじめた。

　公団が提出した意見書の要点は──

　1．現行法では建て替えや大規模修繕は、賃貸借の更新を拒み、解約を申し入れる正当事由にはならない。正当事由につぎの2項目の追加をもとめた。

> ① 「賃貸人が当該建物を取り壊して別個の建物を築造し、またはその敷地を建物の所有以外の目的に使用する計画を有する場合において、これを実施することが相当であると認められるとき」
> ② 「賃貸人が賃借人または転借人にたいし相当な代替住宅の提供、移転等に要する費用の支払等相当な代替措置を講じたとき」

　その理由として「公団においては、賃貸住宅の増築、改造、建て替え等入居者の退去を求めなければならない事例が増加しつつあり、退去を求めるにあたって、②の措置を講ずることとしているが、これらの措置により更新拒絶のための正当事由が具備するかどうかについて、明文規定を欠くため、紛争を生じるおそれがある」とし、明文規定をすることでの「紛争予防の効果は大きい」をあげた。

128　第3部　中曽根「民活」——地価バブルのなかの公団住宅

　2．家賃改定にかんしては、「地域別に賃料のガイドラインを設定し、ガイドラインの範囲内の賃料改訂については、簡易に認め、ガイドラインを超えるものについては相当の主張・立証を要するというような措置を講ずるべきである」「立地、経年、仕様の要素の指標により、住宅については賃料のガイドラインを設定することは不可能ではない」

　家賃紛争の処理については、「現行の当事者主義訴訟では無理」「これらの判定のため、特別な争訟裁定機関（賃料審判所）を設けるべきである」と、家賃紛争を裁判にもちこませない方策をもとめていた。

　公団の意見には、建て替えについて民間ディベロッパーと同じ開発手法の発想ばかりが目立ち、公共住宅の特性にふさわしい具体的な措置への配慮はみられず、家賃改定についても、市場動向に自動的にスライドして値上げすることを考えても、高齢者や低所得者に過重な高家賃化への歯止め、居住者との協議・話し合いを基本に団地管理の円滑化をはかる観点がないのは、一目瞭然である。

8.「借地法・借家法改正要綱試案」に自治協意見書

　借地法・借家法「改正」の動きは、公団住宅の家賃および建て替えの行方に直接かかわっていた。1985年11月の「改正に関する問題点」提起につづき、法務省民事局参事官室が89年2月に「借地法・借家法改正要綱試案」を公表するにいたって、「改正」問題は一挙に緊迫してきた。

　全国自治協は法改悪の動きにたいし全戸署名、地方議会請願をかさね、法制審議会、国会にむけても反対の意思表示をつづけてきた。

　「要綱試案」が公表されると、89年3月に全国公団住宅居住者総決起集会をひらき、4月実施をまえにした消費税の家賃課税反対、消費税廃止を訴えるとともに、「借地・借家法改悪に反対する特別決議」を採択した。同時に「要綱試案」にかんする意見照会団体に全国自治協を加えるとこと求める要請書をまとめ法務省に提出した。数日後に法務省から全国自治協に意見照会

があった。わたしが全国自治協の意見書（約19,000字）を書いて、同年9月末に提出した。

　法務当局は、近年の地価の異常な高騰、住宅問題の量から質への転換等により、現行の借地法・借家法と「現実の要請」との間にずれが生じてきており、大きく変化した情勢のもとで当事者双方の公平な利害の調整のあり方はどうあるべきかの見地から「要綱試案」を公表したという。これにたいし自治協意見書はまず、「異常な現状」をひきおこしたのは法ではなく、政府の責任であることを確認すべきであり、「現実」を追認してその要請に対応しようとする法改正のあり方に異議を申し立てた。こうした法改正は、現実の要請を規制するどころか、事態の進行を合法化し、いっそう異常ならしめる。

　「要綱試案」ねらいは、一言でいって、貸し主の権利強化であった。これまで借り手の生存権保護を目的に、貸し主の自由に一定の制限を加え、両者を対等に近づける工夫をしてきたのにたいし、それに逆行するものであった。借地法・借家法の核心は、「存続期間」「正当事由」「地代・家賃の値上げ理由・手続き」にあるが、「試案」は、借地契約の最初の存続期間、更新後も大幅に短縮し、正当事由は借地・借家とも考慮すべき事項を多様化したうえで、金銭給付もそれに加え、要件を大幅に緩和している。さらに正当事由を要しない定期借地・借家契約の新設を提起した。地代・家賃の値上げにかんしては「比隣の土地・建物の賃料の高低、利用状況の変更その他の事情の変更」をも正当事由に組みいれ、紛争解決の手続きは、訴訟の前には必ず裁判所による調停に付すこととして非訟事件化をはかった。調停には不動産鑑定士等の助力を得ると説明していることからも、契約の個別性を無視して賃料の市場化、引き上げの「簡易・迅速化」をめざしたといえる。

　全国自治協の意見書は、はじめに、公団の高家賃化および建て替え実施の問題点と居住者の生活の実態を指摘して意見書提出の理由をあげ、総括的意見として「改正に反対」を表明し、「改正作業の中止」を求めた。そのうえで、「試案」の各論については、正当事由および公団家賃改定に関連して意見をのべた。

　正当事由については、①裁判実務上すでに明確であり、明文化の必要はない、②正当事由の緩和は借り手の権利を弱める、③収益本位の建て替えが居

住者を追い出す、と3つの視点から公団住宅建て替えの問題点に言及した。

　正当事由の判断にさいし、従来一般条項として賃貸人が「自ラ使用スル必要性」を基本に居住と生業の権利保護をしてきたのにたいし、「自ラ」を取り去って「当事者双方が土地・建物の使用を必要とする事情」のほか「利用状況」「地域の状況」「その他いっさいの事情」など考慮すべき事項を拡大することによって、借り手の立場はますます弱められる。さらに正当事由の金銭的処理の明文化は、制度の消滅、借家権の骨抜き、つまり「地上げ」の合法化につながる。

　さきの85年「改正に関する問題点」は、建物の大規模修繕、建て替えの必要性をそれ自体として正当事由に加えることを示唆したが、これを避けて「建物の現況」等におきかえた。「試案」の説明では、建て替えの必要性の検討は「建物が老朽化しているかどうかはもとより、社会的・経済的効用を失っているかどうかとの観点からもおこなわれうるものであろう。第2に、建物が敷地の利用関係上から存立を続けられなくなるとの事情も、この考慮のなかに含まれるといってよいであろう」と言いきり、立退き料等の金銭給付を正当事由に加えることで、法の目的の生存権保護から営業的利益保護への傾斜を明らかにした。

　家賃改定については、①家賃値上げ要件の緩和は公団家賃の市場化に拍車をかける、②値上げの判断基準をふやし明文化することは社会的混乱をまねく、③値上げ特約の容認は、公団家賃の自動的値上げに道をひらく、④家賃改定の手続きは当事者間の協議・話し合いを原則にすべきである、の4視点から意見をのべた。

9. 消費税導入に反対 ― 家賃課税を撤回させる

　全国自治協は団地居住者の暮らしを守る立場から大型間接税の導入に反対してきており、1986年に中曽根内閣が「売上税」導入と「マル優」廃止を提案したときも反対運動を展開し、230団地50万人をこえる署名を集めた。国民的な反対運動が盛りあがり、売上税を廃案に追い込んだが、議長あっせ

んは「税制の直間比率見直し」を条件にした。

案の定、早くも88年7月19日には、リクルート疑惑が広がり、国民の政治不信が深まるなかで、消費税導入を柱とする税制改革関連6法案が国会に上程された。全国自治協は同7月9〜10日の第15回定期総会で決め、消費税反対の請願署名にとりくんだ。

自民党は11月に法案を単独強行採決し、12月24日の参議院本会議で、野党の牛歩戦術による抵抗をうけて成立した。年があけ89年1月5日に建設省は他に先がけて「公団家賃にも課税し、4月1日から一律3%家賃を値上げする」と発表。10月に東京多摩地区では軒並み7,000円から1万円の家賃値上げをしたばかりの公団が、6か月後に消費税課税を通告してくる態度にはあきれ果てた。

課税撤回を求める運動が広がったのはいうまでもない。2月10日には緊急に団地自治会代表者集会をもち、3月23日には東京・九段会館で「公団家賃等への課税に反対、消費税廃止を求める全国公団住宅居住者総決起集会」を開催した。当日全国から243団地558,867人の国会要請署名が集まった。わたしが報告に立ち、消費税を導入している国は数多くあるが、家賃に消費税をかけている国がどこにあるか、ただちに撤回せよと訴え、マスコミの反響は大きかった。

4月1日に消費税がスタートしたあと、9月26日に大蔵省がその施行についてのヒアリングをおこなったさい、当時全国消費者団体連絡会代表幹事をしていたわたしがこれに出席し、家賃への消費税課税の問題にしぼり、とくに世界に例のないことを強調し、当局もそれを認めた経緯がある。その後のねばり強い公団自治協の運動はやがて実をむすび、91年10月の消費税見直し措置により、公共・民間すべての住宅家賃を非課税にさせた。公団住宅に場合、すでに徴収した課税分を全額返済させた。

IX 建て替えにたいする居住者の困惑と抵抗

1. 建て替えへの期待と不安

　建物は、どんなに堅固なつくりでも、年代をへれば自然に老朽化する。耐用年数は建物の平常の保全管理しだいで長短はあろうが、建て替えが必要になるときはいつかくる。耐震性能など考えると早めの建て替えもありえよう。公団住宅に住む居住者は自治会活動として、住宅の修繕、設備の改善とともに狭さの解消、居住水準の向上を求めてきた。もっとも住宅の狭さの問題は、家賃の額との見合いだから、要求はしながらもあきらめてきた面がある。

　住都公団が「居住水準の向上」をかかげて「建て替え」をいいだしたとき、居住者に一定の期待が広まったのは自然であった。建て替えになれば多少家賃は上がろうが、それでも居住の現状は建て替えを期待させるほどの、公団がその理由にあげたように低い水準にあったことも事実である。

　建て替えにはもう一つの期待があった。賃貸住宅は既にある住宅に入居するしかないが、建て替えは居住者が当事者の一方として、新たな住居づくりに計画段階から少しは参加できそうに思えた。

　地価バブルに便乗して急きょ始まった公団の「建て替え」事業の背景と経過、その本質について、私見をふくめてさきに述べ、自治協としてもほぼその認識に立っていたが、居住者一般が公団の発表にはじめて接し、どう受けとめたかは別の問題である。建て替え対象になりそうな団地とそうでない団地の居住者では受けとめ方が違っただろうし、同じ建て替え団地の居住者の間でもさまざまであるのは、むしろ当然である。大賛成はなかったにしろ家賃などの条件つきで賛成する人、賛成だが自分の年齢、引越しの苦労等を考えて

IX　建て替えにたいする居住者の困惑と抵抗　133

現状でよしとする人、断固反対の人、様子眺めの日和見派、いろいろである。

　建て替え対象に指定された団地の居住者にとっては寝耳に水の一大事、賛成・反対、その他さまざまな意見や疑問が沸騰して、自治会として一本にまとめることなど及びもつかない。ただちに賛成とか反対にまとめることはできないし、無理にそうすること自体まちがいである。とりあえず居住者が最低限確認したのは、①すべて居住者が住みつづけられること、②公団が一方的に進めるのではなく居住者と十分話し合うことだった。こうした状況のもとで、また事業の内容、性格上、居住者の対応に混乱や立ちおくれがあったことは事実だし、それは不可避というほかなく、事態の進行のなかで認識が深まり要求の統一をみ、自治会として対処する方針と目標が確立されていった。

　これにたいし公団は、権力を背景に「国策」をかかげ、公団も無理を予想しての初事業だから、現地の担当には選りすぐった「つわもの」職員を配置していた。事業実施の手順や態勢もそれなりに整えての攻勢だったから、居住者は何年かは押し切られ、劣勢のなかでも具体的な要求実現をめざして多彩な活動が展開した。建て替えへの素朴な期待はまたたく間に怒りに変わった。家賃は 3 ～ 4 倍にハネ上がる、それが払えなければこの団地から出ていくより外ないとの公団の説明に居住者はおびえ当惑した。

　丸山総裁は、公団がいかに強引に建て替え事業を進めたか、やがてすぐ行きづまりが見えたか、こう語っている。

　　　私は国会でお前は地上げ屋だとまでいわれましたが、丸 2 年かけて夜討ち朝駆けで説得しました。それで、昭和 61、62 年に話し合いをはじめたものは 100％の合意、63 年にはじめた 5,100 戸については 7 戸が残るだけで 99％合意に達しました。

　　　昨年（1989 年）は建て替えを 1 万戸やろうとしたができなかった。原因をただすと、折衝のエキスパートが足りないという問題のほかに、地価が上昇して中堅勤労者が持ち家をもてなくなったので、公団の賃貸住宅の退去が少なくなっています。そのため空き家が不足して、建

134　第 3 部　中曽根「民活」——地価バブルのなかの公団住宅

て替えのために一時空き家に移ってもらうことができなくなったわけ
です。(「野田経済」1990 年 11 月号)

2.　建て替え事業の概要と自治協の見直し要求

　建て替え団地に指定されて居住者、自治会はどのように対応し、戦ったか
を述べるまえに、公団が事業着手にあたって提示した事業のすすめ方等は各
団地共通であるから、はじめに概略を紹介しておく。

　まず「居住者説明会」が事業開始の基準日となる。説明会で公団は、事業
の進め方、建て替え計画の概要、間取りと概算家賃、移転の条件、当面の手
続き等について 1 時間 30 分程度、計画は確定したものとして一方的に説明し、
30 分程度質疑応答をしたら強引に打ち切って閉会にする。説明会は公団に
とって事業開始の儀式でしかない。

　事業の進め方はつぎのとおり——説明会の日から 2 年後を移転期限とし、
居住者に一時使用賃貸借契約への切り替えと建て替え同意の覚書締結をもと
める。住宅希望調査をして建設計画を確定、団地内に仮移転先確保のため工
事を前後に分ける工区を設定し、期限内に本移転者は他団地等へ、戻り入
居予定者は後工区の空き家または他団地へ仮移転する。2 年間の移転期限が
すぎ、1 年半から 2 年をかけて先工区の除却・建設工事をおこない、建て替
え後住宅が完成、戻り入居希望者が入居する。後工区はすべて空き家となり、
除却・建設工事がはじまる。後工区の建て替え後住宅が完成すると入居者の
一般公募をおこなう。

　この工区制のほかに、団地の規模や立地条件などによって、期別制、ブロッ
ク制、期別・ブロック制等の実施方法がとられている。

　従前居住者にたいしてはつぎの措置をとる (措置は 1998 年度までに若干改
正された)。

①　建て替え後賃貸住宅への戻り入居
②　戻り入居住宅の家賃減額措置 (公募家賃から 7 年間減額)

③　仮移転が必要な場合の仮移転住宅あっせん

④　他の公団住宅の優先あっせん

⑤　本移転先公団住宅の家賃減額措置（2万円を上限に移転先家賃を40％、5年間減額）

⑥　減額措置に見合う額の支払い（他の公団賃貸以外への本移転に100万円）

⑦　移転にともなう費用の支払い

⑧　退去時補修費用の免除

⑨　世帯分離を希望する者にたいする2戸割り当て

⑩　建て替え後分譲住宅の優先入居権付与

　全国自治協は、1986年5月に建て替え着手第1号に指定された神奈川・小杉御殿団地の事業の進め方とその内容を検討して、ただちに「建て替えの抜本的見直しを求める7項目要求」を提起した。

①　居住者にとって居住性の向上となる真の建て替えにすること

②　建て替え後も現行家賃に準じたものにすること

③　団地全体を画一的に建て替えるのではなく、実施に柔軟性をもたせ、居住者に考慮と選択の余地を保障すること

④　公共賃貸住宅として建て替えること

⑤　高齢者・身障者世帯等に配慮した家賃、住宅設備にすること

⑥　「国の施策」として補助金等の特別措置を講ずること

⑦　計画の検討段階から自治会・自治協と十分に話し合い、一方的な押し付けをしないこと

　事業の進行状況について具体的に、東京都内で建て替え第1号となった蓮根団地（816戸、板橋区）と東京多摩地区第1号の柳沢団地（512戸、保谷市、いま西東京市）、公団が明渡し請求訴訟を起こした金町団地（226戸、葛飾区）での特徴点をみておこう。

136　第3部　中曽根「民活」──地価バブルのなかの公団住宅

3.　建て替え団地の苦闘

蓮根団地

　公団は蓮根団地の全戸に27ページの事業概要を配布し、居住者説明会は1987年6月12日にはじめた。86年10月以降それまでに自治会が要求して公団東京支社とは7回正式交渉をもった。その間、住民集会、対策委員会設置、公団への要望書提出をおこない、説明会後は、計画内容にかんする全戸アンケート調査を実施し、9月に板橋区議会あて「建て替え事業の抜本的見直しを求める請願」署名にとりくみ、11月区議会は請願を全会派一致で採択した。

　公団は事前交渉での自治会の意見を計画に一部反映させたほかは、とくに家賃についてはきわめて強硬であった。「交渉」とはいえ、家賃、建設計画はもちろん、あれこれの要望についても聞く耳をもたなかったといえる。平米あたりの単価が相対的に低い3DK住宅でみると説明会時点で557円の家賃にたいし建て替え後最終家賃2,015円を提示してきた。3.62倍の高さである。既存816戸の賃貸住宅にかわって賃貸840戸、分譲120戸の計画である。賃貸を建て替えて分譲を新設するこの計画は、事業のねらい、性格をしめしており、自治協は要求第4項でそれには反対した。分譲新設は居住者分断策ともなった。

　「戻り入居でき住みつづけられる家賃」を要求の柱に1年近く話し合いを重ねたが決裂、自治会は「一時使用賃貸借契約と覚書を締結しない」方針をだした。公団のおどしともとれる説得工作が強まると、居住者間に不安と動揺が顕われはじめ、分譲入居希望者を中心に「建て替え促進」の動きも起こった。

　89年12月8日の参院建設委員会では上田耕一郎議員が、蓮根団地の「きのうの交渉で、反対する者は裁判に訴えるぞと公団は言っている、話し合いで解決するのではなく」とただし、これにたいし丸山公団総裁は「すでに70％の方の同意を得ている。これらの方々の生活設計に30％の方のために不便が生じては公団としても責任がある。やむをえない場合は法的措置を講

ざるをえない」と答えた。この態度が現地でもまかり通っているのだろうと察せられる。このころ衆参両院建設委員会では、自治会・自治協の波状的な国会要請が反映して、公団住宅建て替え問題が頻繁にとりあげられていた。

公団は、賃貸借契約の切り替えを急がすため戸別訪問を本格化させ、89年1月下旬になると期限日までに切り替えに応じないと条件面で大幅な差別をすると居住者各個に通告してきた。自治会の抗議にたいし公団は「期限日とはそういうものだ」と開きなおった。

自治会は2月以降も要求実現に全力をつくし、運動のすすめ方を模索したことはいうまでもない。その結果「自治会は居住者全体の組織であり、全体の要求実現をめざす」「建て替えは蓮根だけの問題ではなく、全団地の自治会とともに取り組み、前進させる」との原点を再確認しつつ、彼我の力関係をふまえ、「不利益をうける居住者を一人も出さない」ために、期限日までに全世帯が一時使用賃貸借契約に切り換えるよう呼びかけ、全戸がこれを締結した。4割の居住者が本移転を余儀なくされ、住みなれた団地を離れた。

この2年にわたる蓮根団地自治会の運動が、先行の小杉御殿団地自治会があげた成果をさらに前進させた。

① 家賃が5,000〜7,500円安くなる2DK、3DKのコンパクト（やや狭い）住宅タイプを追加させた。

② 既定の家賃減額7年間7階段方式にあらたに追加させた10年7階段、10年定額方式を定着させ、高齢者への一定の対応ができた。

③ 一定の要件の世帯が公営住宅に優先的に住宅変更できるための制度づくりをさせた。

④ 移転のさい希望の住宅へ移転できるようにさせた。

⑤ 移転料を引き上げさせた。

⑥ その他、とくに高齢者世帯の本移転、戻り入居についての措置改善を図った。

柳沢団地

　柳沢団地の場合の特徴の一つは、市長が保谷市内の東伏見、ひばりが丘を加えた3団地全体の計画提出を公団に求め、その間に市と自治会が話し合い、市が居住者の意向を汲みとるなど、建て替えについて早い段階から市との関係がつくられていた点である。

　1988年7月に公団から自治会に申し入れがあり、9月の居住者説明会開催までに6回の交渉をもった。事前交渉のさいも説明会後も最大の難問は建て替え後家賃の高さであり、3DK住宅の平米単価で説明会当時の636円が1,954円と3.08倍にはね上がる。それだけでなく公団のあこぎさは、いまの住宅を取り壊し、建て替えて家賃を3倍にもすると9月に発表しながら、取り壊す住宅の家賃を10月から第3次家賃いっせい値上げにあわせ5,000円値上げすると通告してくる、そのやり口にも見られた。この二重の不当に抗議をして10月からの値上げは2年間猶予させた経過がある。

　第1期工事の建て替え後家賃が2DKで101,000円、第2期の94年公募家賃は146,500円となる。戻り入居初年度65％の減額があるとはいえ毎年約1万円ずつ上がって8年目には公募家賃と同額になる。そのまえに払えなくなり、再退去をよぎなくされるとの不安は消えない。そのときはもう公団の措置はない。低所得高齢者世帯への特別措置は5年で打ち切られる。

　公団の計画戸数と居住者の規模別希望戸数に、公団の思惑と居住者の願いの違いがくっきりと表れている。1DK192戸と2DK320戸の団地を建て替えて、1DK、2DKをそれぞれ20戸、110戸に縮小、3DK、3LDKを220戸、200戸建設する計画にたいし、説明会から1年たった時点での申し込み世帯数は、1DKには2倍の40戸、2DKは計画に近い106戸、3DK、3LDKは31戸、48戸と計画の2割に充たない。たとえ狭くても、住みなれた地の、長年培ってきた隣人関係のなかに戻りたいとの願いが痛切に感じられる。従前居住者が戻り入居できない高家賃の住戸を公団は建てる。緑をけずり高層化してつくりだした敷地に手っ取り早い資金回収目当ての分譲住宅を110戸もつくる。賃貸に戻るより分譲に希望者が多い理由の一つは、賃貸住宅の家賃のあまりの高さにあるだろう。

去るも地獄、戻るも地獄。他団地への本移転希望者の移転先は多摩でも家賃値上げ時につねに最高額となる団地が多く、移転先でもやがて家賃が上がる不安があった。

思いもかけず公団から迫られた生涯の一大事をまえに右往左往しているうちに1年がたち、公団の「分室だより」は、期限内に一時賃貸借契約と覚書を取り交わさないと、本移転・仮移転先住宅のあっせん、家賃の減額措置、移転費用の支払い等が受けられないことを書き立てる。団地自治会は役員の引き受け手がしだいに減り、運動が思うにまかせないことを居住者に率直に訴えながら、歯を食いしばって全力をつくしている役員たちの姿が痛ましくもあった。

金町団地

金町団地は、移転期限とされた1994年9月30日までに一時賃貸借契約に調印しなかった15名(世帯)にたいし、公団が95年5月(先工区)、9月(後工区)に明渡し請求訴訟を東京地方裁判所におこし、99年3月31日の解決協定による取り下げまでの4年にわたって裁判闘争が戦われたことを記録にとどめたい。

居住者説明会は92年7月と9月におこなわれ、テラス型2階建て31棟226戸をすべて取り壊し、敷地に11階建ての高層住宅8棟を建設する計画であった。提示された概算家賃は165,000～183,000円、「傾斜家賃」で激変緩和というが毎年2万円ずつ上がっては到底負担できない異常な高さである。勤労者世帯では公営住宅入居の基準を充たさず、かといって16～18万円の家賃は払えない。しかも全戸建て替えとなれば、結局、金町の公団住宅からの追い出しに等しく、人権問題でもある。

周辺は都内有数の自然環境をたもつ水元公園に近く、近隣に6階を超える高層住宅はまったくなく、都にも区にも高層化の計画はない。先行した都営住宅の建て替えは5階建てだった。公団の11階建て8棟の林立が環境を破壊し、地域社会に深刻な影響をあたえることは目に見えている。公団が都や区とも、まして地元町会等と協議・調整した形跡もない。「東京都住宅マスター

プラン」や「葛飾区住宅基本計画」とも整合していない。公団の独断専行にたいし地域住民から町会ぐるみの反対運動がおこり、区議会は「建て替え見直し」の意見書を2度にわたり超党派で採択した。孤立していたのは住都公団である。

　211名の居住者のうち196名が建て替えに同意した。同意しない15名には無条件で住居を明け渡せと公団は提訴してきた。この状況で裁判運動を自治会として進めることには無理があり、被告とされた人たちは「居住権を守る会」を結成し、被告団として独自活動をしつつ自治会活動との統一をはかるという組織体制をとった。「守る会」は区内の労働組合や諸団体に支援を申し入れ、個人加盟の「支援する会」を広げ、この運動は月300円の会費で支えられた。

　公団の訴状は、明渡し請求の根拠と必要性を、もっぱら「国策」に求めている。建て替え理由であるはずの「建物の老朽化」や「地域の状況」を具体的に金町団地に即しては問題にしていない。問題にできなかったのだろう。訴状をこんなふうに結んでいる。「本件住宅の明渡しが遅延したために事業の進行が阻害されることとなれば……原告の設立目的そのものを危うくすることともなりかねない。……全国において広く国民の住宅需要に応えることを目標とした国の住宅政策の推進・実現が妨げられ、右施策にとって極めて深刻かつ重大な事態となることにより、良質な住宅の供給を切望する国民に日々及ぼす損害は、甚大なものとなるのである」と。大家と店子の争いに「国策」を大上段にかまえる滑稽さ。笑えないのは、公団住宅がこのように「国策」に振りまわされ、居住者が苦しめられてきているからである。

　しかし金町団地の戦いは、裁判で勝負をつけることではなかった。「裁判所に公団の主張を裏打ちする判決を書かせない」、とりわけ「係争中に居住者を追放する明渡し断行の仮処分を絶対に出させない」ことにあった。現在の司法の状況のもとで国策追従の判決を書かせることの危険は明らかである。判決を書かせずに「話し合いで解決を、裁判所もそれを期待する」方向にみちびき、公団を解決にふみきらせ、訴訟を取り下げさせる。これを成し遂げた成果は大きい。

公団の訴訟取り下げとともに 99 年 3 月 31 日、自治会・居住者と公団は、次のような内容の解決協定に調印した。

① 一部の棟について 10 年間建て替えを延期する（残す棟を「既存棟」という）。
② 金町団地の居住者は、希望する全員が既存棟に入居できる。
③ 既存棟入居者が 10 年後の既存棟建て替えによる新設棟に戻り入居するとき、現在と同質の傾斜家賃（激変緩和措置）を保障する。
④ 既存棟・新設棟への移転、外部への転出等の場合には、現行制度に準じた移転補償等をおこなう。

　金町団地居住者が勝ちとったこの解決協定の最大の意義は、一律の全面建て替えの方針を退け、建て替えをするにしても「元のまま住みつづけたい」という選択肢も残すことを公団に認めさせたことにある。かりに建て替えるにしても、全戸を一時におこなう必要はなく、「建て替える」ことと「もとの住宅に住みつづける」ことの共存は十分に可能であることを、自治会と居住者が要求し、7 年間の苦闘をつうじて公団に認めさせた（金町団地にかんしては、田中隆弁護士の論文「金町団地闘争の対決点と解決」を参考にした）。

　公団住宅の建て替え事業が 1986 年度にはじまり、92 年度までの 7 年間に全国 80 団地、36,516 戸（予算戸数は 43,537 戸）に着手し、このうち建て替えが全部または一部完成したのは 22 団地、6,532 戸であった。
　団地にはおのおの歴史があり特徴がある。そこに住む人びとにも集団としての個性のようなものがあらわれ、自治会に積極的にかかわる人たちによって公団等への対応の仕方に違いがみられる。団地の経年や立地によっても違いは大きい。建て替えを指定された東京の 3 団地について、以上その経過の特徴点にふれたが、全体のごく一部でしかない。家賃いっせい値上げにたいする居住者・自治会の対応とちがって、建て替えにたいしては実に多様、複雑な様相がみられ、書きつくせるものではない。各団地で居住者一人ひとり

142 第3部 中曽根「民活」——地価バブルのなかの公団住宅

が、また、それをまとめて自治会が、公団の仕打ちのどう立ち向かっているかは、上記3団地のケースを一例に、あとは各自の想像力にゆだねたい。

4. 建て替え事業の変遷と制度の手直し

『住宅・都市整備公団史』（2000年刊）は、住都公団期における建て替え事業の進捗状況をつぎの3期に分けて述べている。1. 順調な事業進捗（1986〜89年度）、2. 転換期（1990〜95年度）、3. 新公団への橋渡し（1996〜99年度）

　第1期は1987年度の2団地537戸の着手にはじまり、89年度は予算上10,000戸が認められ、18団地8,144戸に着手するなど順調に推移した。この期間の戻り入居率は59.3%、そのうちの建て替え後分譲住宅への入居率も16.0%と高かったという。なお、98年度までに戻り入居が完了した団地の合計では、戻り入居率55.1%、建て替え後分譲住宅入居率8.4%となっている。

　公団はこの期の特徴に、戻り入居希望者が「予想」以上に多く、団地内で仮移転のための受け皿住宅が不足となり、対策としてブロック方式をとったことをあげている。この方式は88年度着手の青戸団地（東京・葛飾区）で初めて採用した。

　建て替えにかけた公団の思惑は、この「予想はずれ」に早くも露呈したといえる。さきの上田耕一郎議員の87年7月30日の委員会質問に、渡辺尚公団理事は小杉御殿団地（川崎市）での希望調査では「戻りたいという方は40%」と答えている。そのさい戻り入居者への7年間の減額分は「公募家賃の33か月分」と明かした。公団は建て替えで60%の世帯が退去すると見込んで計画を立てていたのであろう。しかし60%が戻るとなれば、一時的とはいえ家賃減額等の措置を要する入居者が増え、公募家賃分の収入が減って採算見込みに狂いがでるということのようだ。

　また上田議員は、武蔵野緑町団地（東京都武蔵野市）について公団の試算

例をしめし、原価が戸当たり 77,314 円を 2 万円高く約 96,200 円の家賃で貸し、分譲住宅は原価約 2,390 万円を 3,980 万円で売って儲けようとしていると質した。こんどは「戻り率 95％」として高く計算し、実際には 50％ ぐらいの戻りで家賃減額は少なくてすみ、当初から半数は公募家賃が入るから、その席で丸山総裁がいった「ある程度儲かる」どころではなく、もっと大儲けになる。家賃計算の資料をだすよう求めても、総裁は「個々の団地についてお出しすることはできません」と逃げた。建て替え後の家賃を払えない世帯を追い出して高層にし、空地をつくって新たに分譲住宅をたてて売り出す。「順調な」すべり出しとはいえ、居住者にとっては非情な仕打ち、金儲け丸出しの正体を見せた。

　もう一つ「戻り入居」に問題があるのは、住みなれた団地に戻ったものの、7 年とか 10 年間毎年 1 万円単位で上がっていく。それが終わると次は 3 年ごとのいっせい改定で値上げされ高家賃に耐えられず、またその団地からの再退去をよぎなくされるケースがけっして少なくないことである。当初 55％ あった戻り入居が、結局 5 年後に、たとえば 30％、10 年後には 10％ ということもありうる。公団の「建て替え」事業の目的からすれば、当然の結果なのだろう。

　第 2 期は、まさに「転換期」、1990 年にバブル崩壊がはじまった。90 年度になって建て替え着手の実績ははじめて前年度を下回った。初年度の 86 年 537 戸についで、2,410 戸、5,135 戸、8,144 戸と飛躍的に伸びた実績も、90 年度には 7,503 戸に落ち、それ以後ずっと減少傾向をみせている。戻り入居者が公団の予想をこえて多く、団地内の仮移転先住宅の確保に困難をきたしたことと、建て替え対象がしだいに大規模団地となり計画策定に時間を要したことが主な原因と『住都公団史』は書く。このため予算上の着手計画戸数は 89 年度、90 年度の各 1 万戸から 91 年度には 8,000 戸に減少、それ以来、住都公団期の 99 年度までは 8,000 戸としている。

　建て替えの建設戸数のピークは 93 年度、5,901 戸に達した。その後の実績は 99 年まで、着手で各年度平均概ね 6,500 戸、建設・供給戸数は 4,000

～ 5,000 戸台で推移する。

　公団の住宅建設および供給戸数は、年度により若干の増減がみられ、全体としては伸び悩む（分譲建設戸数の減少、とくに95年度以降激減）なかで、建て替えが公団全体の住宅建設全体のなかで占める割合は着実に大きくなっていた。93年度の5,901戸は賃貸住宅建設の55.6％を占め、公団全体では38.4％の事業量である。第2期終わりの95年度は、分譲建設の激減がはじまった年度でもあるが、供給戸数でみると賃貸建て替えが5,031戸で43.6％、全体でも35.1％を占める。

　『住都公団史』は第2期の特徴に「建て替え反対の動き」をくわえている。建て替えの抜本的見直しをもとめて自治協は、事業開始とともに立ち上がり、多様なかたちをとって運動を展開した。ここで公団がいう「反対の動き」とは、主として裁判となって現われた事例をさすのであろう。自治協は建て替えについては、あくまで公団との話し合いによる解決、合意にもとづく事業の推進を基本方針にしており、公団にたいし明渡し請求訴訟には強く反対を申し入れてきた。

　建て替え第2期の自治協運動の特徴としては、各団地自治会・自治協が「建て替えの抜本的見直しを求める7項目」（1986年）を中心にねばり強く要求し、国会・地方議会にも働きかけてきた運動の成果が制度の創設、措置の改善として実りはじめたことがあげられる。建て替え事業が制度の一定の手直しなしには従前居住者の抵抗も強まり進まなくなってきていた。居住者の切実な要求と建て替え反対の運動をまえに、政府もこれを無視しえず、さらに事業を推進するため92年6月に「公共賃貸住宅建替10ヵ年戦略」を定めた。

　第3期は、「新公団への橋渡し」期と位置づけているように、住宅・都市整備公団を廃止して新たに都市基盤整備公団が設立されるまでの期間である。

　このころ公団住宅は、家賃も分譲価格も高く未入居住宅や空き家が増えていた。公団全体として建設戸数の減少はやむなく、とくに分譲建設は激減せざるをえない情勢にあった。建て替えの着手実績も減少傾向にあったが、建設では5,000戸台が98年度までつづき、公団全体にとって建て替え事業の

IX　建て替えにたいする居住者の困惑と抵抗　145

貢献度は大きかった。

　この期の特徴としてほかに、従前居住者にたいする家賃減額措置の改正が
あげられる。建て替えは完成したが未入居住宅が増えはじめていた。従前居
住者の戻り入居の確保も、建て替え事業の行きづまりを打開するうえで見直
すべき方策であった。

　従来は当初の7年間7階段減額方式に加えて、10年間7階段減額、10年
間定額減額の3方式であった。これを97年度に若干の手直しをし、98年度
以降に事業着手する団地の従前居住者を対象とすることにした。公団は「よ
り長期的かつ安定的な家賃負担とするよう配慮した改正」と説明しているが
効果はなく、あまりの高家賃のため戻り入居者の退去、空き家の増大はつづ
いている。

　住都公団の全期間（1985〜99年度）をつうじての建て替え事業実績は、
着手152団地73,533戸、用途廃止47,700戸、建設は賃貸43,987戸、分譲4,486

表IX –1　建替事業の実施状況

事業年度	着手戸数		用途廃止	建設戸数			管理開始戸数		
	地区数	戸数	戸数	賃貸	分譲	計	賃貸	分譲	計
昭和61年	2	537	144	95	-	95	-	-	0
昭和62年	8	2,410	32	107	-	107	-	-	0
昭和63年	10	5,135	525	573	86	659	95	-	95
平成元年	18	8,144	1,500	1,274	561	1,835	615	86	701
平成2年	12	7,503	2,327	2,425	1,005	3,430	846	169	1,015
平成3年	19	7,402	4,316	3,839	1,161	5,000	632	392	1,024
平成4年	11	5,385	4,120	4,150	593	4,743	2,485	1,212	3,697
平成5年	16	7,000	5,770	5,901	471	6,372	4,021	955	4,976
平成6年	8	5,607	3,974	4,070	361	4,431	3,601	520	4,121
平成7年	17	6,606	5,221	5,170	73	5,243	5,031	401	5,432
平成8年	14	6,376	4,956	5,011	121	5,132	5,356	82	5,438
平成9年	4	2,204	5,819	4,739	32	4,771	3,653	73	3,732
平成10年	13	9,224	6,911	5,319	22	5,341	5,978	125	6,103
平成11年	11	5,615	4,115	5,309	0	5,309	4,862	32	4,898
平成12年	10	5,639	7,357	5,231	0	5,231	5,986	22	6,008
平成13年	7	6,555	4,322	5,601	0	5,601	5,483	0	5,483
平成14年	9	6,786	4,375	4,861	0	4,861	5,283	0	5,283
平成15年	6	5,139	7,927	3,912	0	3,912	6,133	0	6,133
平成16年	0	0	232	159	0	159	323	0	323
計	195	103,267	73,942	67,741	4,486	72,232	60,389	4,069	64,458

出典）都市基盤整備公団史

146　第3部　中曽根「民活」——地価バブルのなかの公団住宅

戸（計48,473戸）、管理開始は賃貸34,168戸、分譲4,015戸（計38,183戸）である。公団は「高家賃化にともなう未入居住宅の増加」を認めている。賃貸住宅の建設と管理開始の戸数の大きな開きは、建設しても入居募集できない、募集しても入居者がないことを意味しているのだろう。高齢になって住みなれた団地を追い出された人たちの思いははかり知れない。

5.　昭和40年代団地をねらう「公共賃貸住宅建替10ヵ年戦略」

　公団の建て替え事業は、事業そのものの矛盾と居住者・自治協の抵抗、要求運動によって行きづまりをみせ、制度の手直しをよぎなくされていた。公営住宅への優先入居制度（1989年）や敷地の一部を地方自治体に譲渡して公営住宅を併設する制度（92年）がつくられた。92年6月に建設省は「公共賃貸住宅建替10ヵ年戦略」をさだめ、公団の建て替え後住宅を地方自治体が借り上げ、準公営住宅として供給する制度（94年）もはじめた。

　しかし、これらの制度はいずれも、国がすべき負担を自らはせず、地方自治体にしわ寄せするものである。考えてみれば、公団住宅は基本的には入居者の家賃支払いによって形成された社会資産であり、その建て替えは国の責任において実施すべきである。建て替えもまた入居者の負担と犠牲によって実施しようとする方式が行きづまりをみせるや、そのしわ寄せを地方自治体に押しつける。地方財政が長びく窮状にあるとき、国は公営住宅にたいする建設費の国庫補助を廃止して交付金制度にかえ、公営住宅は新規建設の停滞どころか、縮小をよぎなくされているのが現状である。地方自治体が、公団住宅の建て替え推進に協力する余地のないことは自明である。まして、税収増ではなく支出増をまねく所得階層の定住にあえて寄与しようとする自治体は、あっても例外的といえよう。公団自体が敷地分譲の「適正」価に固執して制度実現に積極的ではなかったとも聞く。それでも制度創設当初は、東京多摩地区でいえば久米川（200戸）、府中（121戸）、武蔵野緑町（240戸）で都営住宅併設、桜堤で市営24戸の敷地分譲、小金井で特定目的借上げ公営住宅110戸の実現をみた。他府県でも若干は進んだが、2000年代にはいっ

て新たな協定成立は知らない。

　以上みたように、居住者を犠牲にし、地方自治体にしわ寄せして国が公共賃貸住宅の建て替え促進に求めたものは何か。「建替10ヵ年戦略」資料の結びには「なお、本戦略の策定においては緊急経済対策においても住宅投資の促進策の一環として位置づけられているところである」と記し、公共住宅の建て替え事業が内需拡大による景気浮揚策であることを明らかにしている。

　バブル崩壊後の経済状況下にあって、公営、公社、公団賃貸住宅それぞれの従来の建て替え手法・施策が行きづまりをみせるなかで、経済界は新たな景気対策として注目しており、政府がこの要請にこたえて策定したものであった。

　公団住宅建て替えの行きづまりを前にしながらも、「戦略」がつぎに狙ったのは、昭和40年代以降の団地である。公団は「昭和30年代に建設した団地を原則として古い順に建て替える」と説明してきたが、戦略はその枠を拡大して「応募倍率等から公団賃貸住宅への需要が高いと判断される地域に存し、かつ建て替え後の住宅の戸数が従前の概ね1.2倍となる団地」をターゲットにした。建て替えの要件は住宅の老朽度ではなく、儲かるかどうかであるとし、40年代以降の団地をも射程距離にいれた。

148　第 3 部　中曽根「民活」——地価バブルのなかの公団住宅

X　地価バブルのなかの団地「改良」—国立富士見台団地の場合

1. 分譲住宅の建て替え計画

　賃貸住宅の建て替えについては先にのべた。公団は分譲住宅の建て替えも
進めていた。

　わたしのファイルに国立富士見台「汚水処理場跡地住宅建設計画概要」「分
譲住宅建替事業計画書」が残っている。日付はいずれも 1990 年 5 月、前者
は住都公団名、後者は団地建替研究会、公団、住友不動産株式会社の 3 社の
連名である。

　団地の汚水処理場は第 1 団地さくら通り北側東端の、いま 7 階建て賃貸
36 号棟が建っている区画にあった。公団が設置し、89 年に北多摩 2 号幹線
流域下水道の終末処理場が完成したので撤去した。跡地を公園に、一部に駐
車場を新設するよう自治会は公団に要請していたが、公団はそこに 9 階建て
の賃貸住宅を建設し、隣接する分譲住宅 298 戸の建て替えに必要な仮移転
先としてまずは利用する計画だと 90 年 1 月に言ってきた。

　分譲の管理組合が建て替えの検討をはじめたのは 87 年半ばであり、88 年
には計画案をしめし組合員に説明会をひらき、89 年に民間ディベロッパー
と接触しているから、公団がオファーしたとか当初から関わったわけではな
さそうである。しかし公団は建物の建築主であり、すでに分譲住宅建て替え
の実績もあり、働きかけはしたのだろう。「実績も信用もある」公団が、し
かも頭の痛い仮移転先まで隣りに新築してくれるというのだから、建て替え
推進派には「渡りに大船」だったにちがいない。90 年 5 月には公団がくわわっ
て建て替え計画書ができあがり、6 月の総会に建て替え推進決議が提案され、

263世帯（88.3％）の賛成をえた。

　計画書（案）によると、敷地面積は 27,371㎡、現況戸数 298 戸、専有床面積平均約 52㎡/戸、5 階建て、容積率約 62％、駐車場 73 台を建て替えて、それぞれ 470 戸、平均 75㎡/戸、4 〜 13 階建て、約 150％、470 台にする計画であった。等価交換方式だから「組合員は新たに取得する住宅の建設費を用意する必要はない」という。

　国立富士見台の地価は、団地建設当時にくらべ百倍単位の高騰をしていただろうから、各戸が共有する敷地の一部をディベロッパーに売却すれば、その価格に見合う床面積が無償で取得できる、平均 75㎡の広い新居に入れるというわけである。事業費は、業者が組合員取得以外の住宅を一般に売却して回収することになる。

　分譲管理組合の当初のスケジュールによると、91 年に全戸の同意を得て建て替え決議をし、92 年春に引越し、94 年には新居に戻る予定であった。

　汚水処理場跡地の賃貸 36 号棟の新設は、この予定に合わせたものであり、95 年秋に完成をみた。敷地面積約 5,000㎡、建設戸数 110 戸（最終 91 戸）、9 階（最終 7 階）建て 1 棟、平均約 56㎡/戸、エレベーター 1 基、集会所約 88㎡、駐車場 100 台（機械 2 段式をふくむ）、ほか駐輪場。家賃は 10 〜 19 万円でスタートした。既存賃貸の居住者は、建て替えになると新規建設並みに家賃が 3 倍にも 4 倍にもなる恐ろしさを身近に実感した。

　わが自治会は、公団の分譲住宅とはいえ、すでに私的財産であり、公共賃貸住宅を新設しそれを真っ先に私的事業に利用する計画には賛成できなかった。仮移転先として利用するならば、近くの同じ公団賃貸の、受け皿がなくて難渋している建て替え着手団地、府中団地などへの協力を優先させるべきではないかと意見をのべ、新設住棟の家賃設定のあり方、管理等についても話し合い、覚え書をかわした。

　分譲建て替えの進捗状況については、その後 2 年ほどして、権利の持分について合意が得られなかった、新たな負担ゼロから何十万か何百万円の追加負担が必要になるらしい、推進派の役員が転居した、等々の話が伝わってきた。築後 25 年、大型修繕の必要にせまられながら、建て替え計画が浮上したため、

修繕か建て替えかでも意見の対立があったようだ。

東京圏でバブル崩壊がはじまったのは 92 年、93 年以降地価は下落し、マンション販売戸数の低迷がつづいた。分譲の建て替え計画が頓挫した事情は部外者に知る由もないが、客観的な背景として地価バブルの崩壊があった。小林一輔ほか『マンション』(2000 年刊、岩波新書) も、「この時期にもちあがった建替え計画は、高騰した地価に支えられたものである。バブル期の終焉とともに建替え計画の修正を迫られるのは、なにも国立富士見台団地にかぎらない」という。

着工のまえに頓挫してよかったのかもしれない。それが団地再生へのきっかけになり、「見違えるように蘇生した」経過を同書はくわしく書いている。しかし、それまでに使った費用のツケは軽くはあるまい。区分所有する敷地の一部を売却して支払いにあてられたのだろうか。

分譲住宅建て替えの決断は、もちろん所有主たちの責任にはちがいないが、住都公団がバブル便乗型の事業パートナーとして加わり推進したことに責任はないのか。公団は 88 年から 98 年までに分譲住宅の建て替えを 4,000 戸余おこなっているが、そのうち約 3,000 戸はバブル崩壊直後の 92 年から 95 年にかけて完成している。

2. 一室増築

わが団地で 1 部屋増築の話が公団からあったのは 1985 年だった。

1965 年に団地ができ、入居して数年後には子どもたちが成長して、もう 1 部屋あればと思う家庭は多かった。しかし 20 年もたつと、当初入居の家庭では息子・娘たちは巣立ちはじめ、親たちだけの生活になるのもそう遠い先ではなく、いままで狭さに辛抱してきたのだし、当初から家賃が 3 倍になったうえ増築分が加算されるのだから、増築はもういいとする家庭も少なくなかった。それでも若い世帯には、これから大きくなる子どもがいて、また「子ども部屋」が当たり前の風潮になり、増築を望む声も切実だった。

言わずもがなのことながら、公団は、狭さの解消をもとめる居住者の要望

にこたえる形で収益増をもくろんだ。増築分の家賃は、その用地を新たに取得したとして何百倍にもなった時価と、建設原価から算出するので、増築完成はバブル盛期の88～89年、月に2万2～5千円の家賃加算になる。住人にとっては、ベランダが狭くなり、増築部分の北側の部屋は昼間も薄暗い行灯部屋になるのはあきらめるにしても、家賃が5～6万円から一挙に7～8万円にはね上がるから考えこんだ。

　棟単位でイエスかノーを決め、イエスと決まった棟でノーの世帯はその棟を出なければならなかった。その棟を出た戸数だけ、ノーと決めた棟から増築希望者が転居できた。

　自治会では85年6月から86年末まで時間をかけきめ細かく説明会や棟ごとの話し合いをもった。わたしは役員として、イエスでもノーでもない立場であちこちの棟に出向き、みんなの意見を聞き、助言もしてきた。隣り近所の者どうしが家庭の内情までさらけ出してあんなに本音で話し合ったことはかつてなかった。夫婦同席して、亭主は狭くてもいいから飲みたい、女房はぜひもう1部屋ほしい、飲むのをひかえてと争う場面などもあった。

　わたしが住む棟の増築が完成したのは88年4月、娘たちはもう家を出ていて夫婦ふたりだったが、いまさら別の棟に移る気にはどうしてもなれなかった。

　増築がまとまった棟は、対象52棟のうち9棟と予想より少なかった。新築としての加算額がそのままつづき家賃が割高なせいか、いま増築棟には空き家が目立って多い。

---

3. 住戸内設備の改善（ライフアップ事業）

　公団住宅の賃貸借契約書には、畳表、ふすま紙の張り替えだけでなく畳床、建具も、浴槽と風呂釜の修繕、取り替え等は賃借人負担と明記してある。契約書に押印していることだし、何年かは問題も起きないから気にしていなかった。それが家賃裁判で公団側は、公団家賃といえども「使用の対価」と言いだした。それを言うなら、民法606条は「賃貸人は、賃貸物の使用

および収益に必要な修繕をする義務を負う」とあるし、国土交通省住宅局が
しめす「賃貸住宅標準契約書」も貸主の修繕義務をさだめており、畳床やふ
すまの建具まで賃借人負担とは不当である。家賃を法的にも市場家賃にして
以後も、民間並みの修繕義務は回避したままで、契約書上の特約条項を現在
も改めようとはしてない。50年以上住んで、わたしの家の畳床はぼこぼこ、
表はぼろぼろ、じゅうたんでぼろ隠しをしている。ふすまの建て付けもガタ
がきており、開け閉めが容易でない。これでは住宅「使用」の名に値する状
況とはとてもいえない。公団は、室内設備の修繕をいっさい居住者負担を決
めこみ、老朽劣化には見向きもしない。

　そのうえ居住者が模様替えをしようとするとあれこれ制約を設けていて、
どの家も古びたままが多かった。そこへ「ライフアップ作戦」と称して新式
の室内設備を売り込み、家賃をさらにかさ上げをしようというのである。昭
和30年代建設の団地を建て替えの対象にすると、40年代団地にはライフアッ
プ事業に乗り出した。

　1988年から、①シャワー付き風呂釜（1,000円）、②大型浴槽（2,900円）、
③「キッチンシステム」（1,000円）、④天井付き収納ユニット（400円）、⑤レ
ンジフード型給湯器（2,000円）を宣伝しはじめた。設置をすると、（　）内
の月額が家賃加算され、その3か月分にあたる敷金も徴収されるが、希望者
がでる素地はできていた。10年間にキッチンシステム約19万戸、その他に
も10数万戸の申し込みがあったという。

　自治会は、社会と生活の変化に見合った住戸内修繕、設備の改善を要求し
てきたし、88年の第3次家賃値上げにさいして国会も「値上げ増収分は極
力修繕に使用」「住戸内修繕をふくめ促進」を決議したが、公団は家主とし
ての修繕義務を果たさず、住戸改善をも新たな収益事業にしていった。

4. 総合的団地環境整備事業

　団地ができて20年もすると、植栽や道路の補修、自転車置場の増設など
住環境、付帯設備の改善要望はつよまり、駐車場の設置も切実な問題になっ

ていた。これにたいし公団は、個別に対応する従来の方式をあらため、昭和40年代団地にたいしては83年から「総合的団地環境整備事業」(総合団環)を実施した。駐車場、自転車置き場、多目的広場などの新増設、通路等の段差解消、玄関まわりの整備を総合的に団地全体の整備計画として進めるというのである。しかしなんといっても、その主なねらいは、団地内の芝生をけずり樹木を伐採して住棟間に有料駐車場をつくることにあった。団地の敷地を子会社に市価で貸して経営させた(現在は都市機構の直営)。料金は団地内とはいえ近傍の民間駐車場並みである。

　公団は1989年8月、自治会の11項目にわたる要望事項にたいしすべて総合団環で対応すると回答してきた。そのころ自治会は自動車の保有実態調査をすすめていた。自動車ばかりでなく、自転車はもちろんミニバイクやオートバイも多かった。公団はすぐさま、自治会の調査結果とほぼ同じ台数(戸数の約40%)が駐車可能な計画案をしめした。駐車場が自宅の近くになると保有者たちは期待した。

　しかし同時に、団地中に700台分以上もの駐車場ができる図面をみせられると、保有者もふくめ問題視する意見が広がった。総合団環受け入れの決定をするまえに全世帯を対象に賛否のアンケートをおこなったが賛成にはいたらなかった。公団はこの機会をのがすと駐車場設置は今後不可能、個別の補修、整備要求も後回しになるといい、自治会の推進派が宣伝につとめ、1990年と93年に2度アンケートをとったが、反対が賛成を上回った。

　93年になるとマイカー熱はすでに下火になり、団地に駐車場のないことが保有の増加を抑えていたようにも思う。他方で緑豊かなオープンスペースの大切さの認識も高まっていった。団地人口高齢化の兆しが見えはじめ、わたし自身は自治会役員として住棟間設置に反対の立場をとってきた。時代遅れが案外、時代の先取りになりうる。

　全国に昭和40年代建設は377団地あり、住都公団が終わる1999年までに167団地で実施された。わが団地のように公団の計画にもかかわらず、住棟間に駐車場をつくらせなかった団地は数少ない。それが良かったか否か、判断はいろいろだろう。いまはもう設置をのぞむ声は聞かれない。2006年

に自治会は団地外周沿いの空地の一部に来客用および居住者用の駐車場設置を公団に要望して実現し、来客用は自治会が管理をしている。

団地の周辺のあちこちで農地をつぶし駐車場にして農協が経営しているが、空きが目立ってきている。公団、いま都市機構の団地でも車の保有は減少傾向にあり、総合団環でつくった駐車場をつぶし、「クライン・ガルテン」とドイツでの呼び名だけ真似て貸し菜園にした団地もある。

XI　転換きざす住宅政策と公団の変質──90年代の居住者実態

1. 行きづまりをみせた臨調・中曽根路線

　臨調「行革」政治がはじまって10年、中曽根「民活」旋風にあおられた住宅政策は1990年代にはいるや行きづまりをみせた。

　臨時行政改革推進審議会（第2次行革審）は90年4月の最終答申で行革の9年間をふりかえり、「土地・住宅問題の広がりは社会の安定と活力の維持にとっても大きな問題を投げかけている」と記し、社会不安を引き起こしかねない深刻な状況にいたっていることを認めざるをえなかった。

　つづいて同年6月に住宅宅地審議会は、第6次住宅建設5ヵ年計画（1991～95年度）の策定に先だち、答申「経済社会の発展に対応したゆとりある住生活を実現するための住宅・宅地政策について」をだした。この答申も、とりわけ大都市地域における住宅事情の深刻さに言及して、「中堅層にまで広く拡大した良質な住宅の取得難や資産格差の拡大等による社会活力の低下、都心地域の人口空洞化等による良好な都市空間や都市コミュニティの崩壊等が危惧され」、もはや「社会的な問題」であるとまで事態の重大性を警告する。わが国が「世界有数の経済大国」になったものの、「住宅および住環境の整備水準という点ではまだまだ欧米諸国の整備水準に及ばず、これが国民がその経済力にふさわしい豊かさを実感できない原因の一つとなっている」「良質の住宅ストックおよび良好な住環境の形成は、わが国の最も緊急かつ重要な政策課題となっている」という。

　ときは、中曽根政権が終わり（87年11月）、竹下登、宇野宗佑、海部俊樹、宮沢喜一内閣へとつづく時期である。宮沢首相の施政方針「生活大国」の演

156　第3部　中曽根「民活」——地価バブルのなかの公団住宅

説は92年1月であった。ちなみに、このあと1995年まで細川護熙、羽田孜、村山富市内閣とめまぐるしく政権が変わった。

　行革審と住宅審の両答申は共通して、住宅政策の潮目の変化を色濃く感じさせる。臨調行革10年後の住宅事情の現実とポスト中曽根の政権のゆらぎと迷走を考え合わせると、これらの文書にあらわれた変調は、臨調・中曽根路線の行きづまり、破綻の表白ともいえる。答申の執筆者たちはこれまでの路線に何らかの手直しが必要と思ったにちがいない。しかし、こうした事態をもたらした原因の分析、責任の所在の究明、まして失政の反省はみられない。逆にこれをテコに、公共住宅政策を「高齢者対応」「真に公的援助を必要とする世帯」への救貧措置に矮小化する一方で、住宅政策から「公共性」をはぎ取り、基盤を市場原理におきかえる転機にしたにすぎなかった。

2. 第6期住宅建設5ヵ年計画にみる住宅政策の推移と転換

　住宅審答申をうけ策定された第6期5ヵ年計画（1991〜95年度）の中身をみるまえに、住宅建設計画の推移をみておこう。

　第1〜2期（1966〜75年度）では住宅難の解消、住宅の量的充足に政策の目標をおき、第3〜4期（1976〜85年度）は「量から質へ」と重点を移し、最低および平均居住水準を設定した。最低居住水準未満については第4期中の解消を目標にかかげたが、解消のめどは立たず、京浜大都市圏では公共借家の30.8％、民間借家の25.8％が最低居住水準未満にあった。

　1986年度にはじまる第5期計画は、最低水準未満居住については年度をきっての解消を目標からはずし「ひきつづき解消に努める」にとどめ、新たに誘導居住水準を設けて、半数の世帯が2000年を目途に確保できることに目標を据えかえた。「誘導居住水準をガイドラインにしつつ住宅建設を促進し、あわせて内需拡大の要請に応える」方向に転じた。

　第5期までの、公的資金による住宅建設の計画戸数の推移をたどると、公営住宅はピークの第2期5年間の67.8万戸から第5期28万戸へ激減、しかも達成率は70％台にとどまり、公団住宅は第2期46万戸から31万戸、20

万戸へ減少、達成率は50%台と低く、第5期はさらに削減して13万戸、達成率82%におわり、実績では第1期の33.5万戸から第5期の10.7万戸へと減少しつづけた。これにたいし公庫住宅は、持ち家政策を推進し、計画戸数を第1期108万戸から第6期244万戸まで増大させ、達成率は110〜130%台を示した。

第6期5ヵ年計画は、「公共賃貸住宅の供給強化」を特記しながら計画戸数は公営および公団住宅それぞれ5ヵ年で1万戸を上積みしたにすぎない。しかも公共賃貸住宅を「民間供給の不足分の補完」と位置づけ、住宅供給を促進する方策も、需要要因より供給要因の改善に主力をおいた。需要者層にたいする補助等の優遇措置は住宅価格、家賃の相対的上昇をまねくだけとし、供給者の住宅供給意欲を高めるインセンティブ、課税上の措置の実施等を中心的な政策とすべきと結論づける。第6期5ヵ年計画にいたって、公的主体が良質・低廉な住宅を直接供給する政策から後退して、住宅供給を自助努力と市場メカニズムにゆだね、政府の関与は間接的なものとし、「民間活力による住宅供給の的確な誘導・助成」にとどめる方向への転換を明確にした。

ここに1991年度予算について、公営、公団、公庫への実質補助額が階層別1世帯あたりにたいしどのように配分されているかを分析した論文から引用しておこう（玉置伸悟「公営住宅の評価と現代的意義」、住宅1991年10月号）。

　「国民1世帯あたりどの程度の補助が行われているかを計算した。各階層1世帯あたりにたいしては、公営階層3.5万円、公団階層1.1万円、公庫階層10.8万円となる。

　平均では1世帯あたり5万円となり、国民全体では1兆7千億円が補助されていることになる。このうち8,300億円が一般会計による直接的国庫補助であるから、それにほぼ等しい額が低利資金融資等から間接的に補助されていることになる。

　そのなかで最も恩恵に浴しているのが公庫階層である。公営つまり低所得階層の約3倍、公団つまり中間所得階層の10倍にも及ぶことになる。さらに、持ち家建設者にたいしては住宅財形やローンにたいする税控除な

158　第3部　中曽根「民活」──地価バブルのなかの公団住宅

ど、さまざまな税制上の優遇措置があるから、実際はこの試算値をはるか
に超える持ち家階層への支援があるとみなければならない。

　以上のように、公営階層よりも、むしろ持ち家階層に手厚い援助が行わ
れていること。第二は、ここで公団層と想定した中間所得階層が最も不利
な状況におかれていることが指摘される。

　政策の重要な機能の一つに所得の再配分効果があげられるが、住宅政
策はその機能に逆行しているといわなければならない」

　ついでにいえば、第5期計画2年目の1987年は「国際居住年」(IYSH：
International Year of the Shelter for the Homeless) にあたった。第37回国連総会は、
2000年までを展望して世界各国、とくに開発途上国が、それぞれ当面する
劣悪な住居および居住環境の改善を進めることをめざし国際居住年を定め
た。国連は居住の要件として最小限の広さ、安全な衛生環境、学校や医療施設に
通える立地、立退きを強制されない権利、負担できる家賃等をあげ、その要
件を一つでも欠けば「ホームレス」と規定していた。わが国でも最低居住水
準未満の解消にこそ力を注ぐべきところ、政府はこの目的を投げすて、逆に
「民活型」政策への転換をはかっていた。公団自治協は住宅運動団体と共同し、
東京と大阪でシンポジウムや集会をひらき、また「土地と住まいに関する請
願署名」を233団地で522,810人集約し、大きな役割をはたした。

3. 住都公団「民営化」への先導

　1990年8月には、政府所管の総合研究開発機構（NIRA）が『公社・公団
等の民営化の研究』を刊行している。NIRAは国民経済研究協会に委託し、
郵便貯金、住都公団、道路公団、国立病院・診療所の民営化にむけて88年
1月に研究をスタートさせていた。NIRA報告書が公団賃貸住宅にかんして
提起した3つの論点だけ紹介しておく。

　まず、公団の「歴史的役割は終わった」という。その背景として住宅産業
の発展をあげる。1968年は「住宅産業元年」、住宅ストック総数は総世帯数

を上回り、1世帯あたり1.01戸と量の充足は達成され、同時に年間の新設住宅着工戸数が100万戸の大台をこえ、民間の供給力は強まった。曲がりなりにも大きな住宅市場が成立し、住宅需要も急速に高まり、いまや住宅産業は自動車や家電製品、宇宙機器などにつづく経済成長の新しい主役、内需主導型経済発展の主要な担い手となりつつある。公団が存在し幅を利かせつづけると民間活力を損なうおそれがあると、公団たたきをはじめる。

　公団改革の第1の方向に、住宅リース業としての確立、既存の賃貸住宅のリニューアル、建て替えをあげる。第2は、蓄積されたノウハウを生かして高レベルの賃貸住宅の新たな供給、第3は、大都市の最優良地にある団地の土地をオフィス・ビルに転用する方向を示唆する。

　民営化は、公的主体による直接供給がもたらす「問題」を解消するためにも必要だという。第1に入居できた者とそうでない者との大きな不平等、第2に入居者の既得権化、第3に原価家賃主義による入居者間の不平等、第4に直接供給による立地条件の悪化、第5に変化するニーズとのミスマッチ等々をならべる。

　財界団体が主導して公団住宅民営化・廃止への論点と工程づくりは、90年代早々には出揃っていた。

4. 地価バブル便乗をつづける第4次家賃値上げ

　以上のべた住宅政策の変質をまえにして、全国自治協は1990年6月の第17回定期総会で「90年代にむけての活動目標」をさだめ、活動課題として、①家賃くりかえし値上げ反対、②建て替え事業の抜本的見直し要求、③借地・借家法改悪反対、④消費税の家賃非課税実施、⑤修繕促進、住環境改善、団地管理向上等をかかげた。

　1991年は、全国で固定資産税評価額の評価替えがおこなわれる年、3年ごとの家賃値上げの年にあたり、家賃の大幅値上げが予想された。全国自治協は90年11月、公団総裁にたいし「家賃改定ルールの再検討を求める要望書」を提出し、地価高騰を家賃に反映させない制度改善、年金生活者等へ

の実効ある家賃減額措置等の緊急提言をおこなった。具体的には、建設用地の国庫による取得、新規家賃の構成費目からの地代相当額の削減、家賃改定の際の地代相当額削減または凍結、空き家割増し家賃の廃止を求めた。異常な地価高騰を反映させ供給サイドの市場原理にもとづく家賃設定は、この時期もはや成り立たず、まして「公共住宅」において破綻は明らかであった。居住者は需要サイドの論理を組み入れての家賃ルールの再検討を公団に要求した。

　これにたいし公団は「1991年度の家賃改定について」回答してきた。

1. 家賃改定ルールは見直さない。近年地価および建設費の高騰がみられるが、現行ルール自体を見直さなければならないような特段の社会経済事情の変化はないと考える。
2. 現行ルールにもとづいて1991年度の値上げをする。継続家賃の値上げ（第4次）期日は10月1日、約36万戸を対象とする。引き上げ限度額は、3居住室以上10,800円、2居住室9,800円、1居住室8,800円。敷金は値上げ後家賃の3ヵ月相当額に変更して差額徴収する。
3. 空き家家賃の第6次値上げを実施する。

　自治協が公団のこの値上げ案、やり方に反対し、運動を展開したことはいうまでもない。運動のもりあがりを背景に、公団に一定の後退をよぎなくさせ、引き上げ限度額を各1,800円下げさせた。公団が91年3月、建設大臣に値上げ承認申請を提出するや、自治協は国会にたいし衆参両院建設委員会での集中審議を要請、4月25、26両日に実現した。自治協代表は両委員会で参考人発言の機会を得た。国会審議をもとめ1ヵ月足らずのあいだに231団地自治会、50万人近い緊急署名をあつめたのは、自治協の運動史上でも画期的な成果であった。

　審議をつうじ91年10月1日実施の家賃値上げは、①上限額のさらに各500円の引き下げ、②特別措置対象に父子世帯追加、③敷金追徴の中止が決まった。

1988年をピークに東京圏では地価が異常高騰し、全国に波及して大都市の住宅事情はますます深刻になっていた。地方自治体では「住宅条例」づくりが進められ、市民の居住保障のため独自の緊急措置をとる動きがみられた。この状況のなかで公団は、家賃改定ルールは「安定的な手法」と強弁し、88年、91年、94年と連続して上限1万円をこえる値上げ案を提示した。このころ公団は、東京や横浜に20万円台、30万円以上の高家賃住宅を建て、大阪では1億円マンションを売り出していた。公団住宅の公共性など眼中になく、1万円ものくりかえし家賃値上げを異常とも思わない体質になっていた。

5. 公団の変質をあらわにした第5次家賃値上げ

1991年の第4次家賃値上げは、周期を5年から3年に早めた最初の値上げであり、93年7月には、もう94年度の第5次改定を表明した。91年4月の国会審議で、公団家賃の改定ルールの破たん、再検討の必要を公団自身も認め、公団職員出身の大塚雄司建設大臣は住宅政策を全般的に見直す方向、とくに高齢者等にたいする施策の改善を約束したが、その結果がこれである。家賃改定ルールも特別措置もまったく検討せず、開き直ってさえいる。政府・公団の自治協要求はもとより国会無視もはなはだしい。

つづく第5次値上げにあたって公団は、新たな理由づけをおこなった。第1に、公共住宅家賃についても住宅および敷地の「使用の対価」、商品価格と同じと強調したうえで、第2に、これまでの「経済事情」に「立地、便益等の変化」をくわえ、それに即して見直し、「適正な家賃」つまり市場家賃との差をなくしていく、と切りだす。周辺地価の高騰を家賃に反映させる改定方式を見直すどころか、逆に市場原理への傾斜をいっそう鮮明にした。第3に、居住者の負担能力への配慮はいっさい示さず、値上げの「妥当性」の証しとして、90年代初めの公団の新規および空き家住宅の応募倍率（全国平均ともに約16倍）を引き合いにだす。第4に、低所得高齢者世帯等への特別措置要求にたいしては「公営住宅等に入居するか、公の福祉制度のなかで措置を」と切り捨て、公団に期待される福祉的な役割をこばみ、住都公団の変

162　第3部　中曽根「民活」──地価バブルのなかの公団住宅

質を露わにした。

　全国自治協は93年9〜10月に全世帯対象の第3回「団地の生活と住まいのアンケート調査」をおこない、10〜12月には「第5次家賃値上げ反対」「定住を保障する家賃制度に」等を合い言葉に全国統一行動を展開した。全国252自治会参加、約18.6万世帯、53.7万人の署名、6,245万円の運動資金カンパがよせられ、12月1日の総決起集会後、建設大臣と公団総裁に署名を提出した。

　この年8月に自民党宮沢内閣から非自民6党連立の細川護煕内閣にかわった。全国自治協代表は10月26日、五十嵐広三建設大臣に面会し、94年度の家賃値上げとりやめ、家賃改定ルールの再検討を要請した。全国の団地自治会、自治協が政府・国会にたいし精力的に家賃値上げ反対の要請活動を展開していたとき、政局は激変・混迷をきわめていた。

6. 政局混迷のなかの家賃値上げ大臣承認

　1993年8月発足した細川内閣は、9月に衆議院の小選挙区比例代表並立制導入、政党助成など政治改革関連4法案を成立させたあと、佐川急便疑惑にからんで国会は空転、94年度の予算審議は大幅に遅れていた。また94年1月の郵便料金値上げにはじまり、この時期、各種公共料金、国内電話料金、高速道路料金、タクシー運賃、火災保険料などの値上げ申請があいついだ。公共料金の一つであった公団家賃も、公団は3月30日に建設大臣に値上げの承認申請をおこなった（94年10月1日実施、上限額1居住室7,000円、2居住室8,000円、3居住室9,000円、その他）。細川首相は4月8日に辞意を表明した。全国自治協は4月12日、新内閣にむけて国会要請集会をひらいた。

　つづく羽田孜内閣は、5月に公共料金引き上げの年内凍結を決めた。しかし翌6月には社会党の連立離脱で2ヵ月の短命におわり、6月30日に自民・社会・さきがけ3党連立の村山富市内閣が成立した。

　第5次家賃値上げに反対する公団住宅居住者の運動は、93年7月から94年6月までの1年間に4内閣も転変するなかで進められた。公団の値上げ

申請にかんして国会で十分な審議がおこなわれる状況にはなかった。それでも自治協は、5月19日にも国会集会をひらくなど、ねばり強い働きかけで、6月3日には衆院建設委員会で公団家賃問題がとりあげられ、居住者の要求を政府決定に反映させ、一定の成果をおさめることができた。公団の値上げ申請案は村山内閣の12月27日にいたって承認された。そのさい公団申請案に変更がくわえられた。①実施時期の6ヵ月延期、②引き上げ上限額の各1,000円減額、③敷金の追徴中止、④特別措置の適用年齢70歳以上を65歳以上に引き下げ。

村山内閣は公共料金の値上げ凍結解除にあたって、値上げはやむをえないものに限る、理由や根拠を明らかにする、情報公開、厳正な検討をもとめる等の閣議決定をしたが、政府、国会とも十分な審議をしないままの値上げ承認を決定するにいたった。

第5次値上げ対象は全国376,100戸、値上げ前平均家賃37,700円、値上げ額3,300円、引上げ率8.6%。東京支社管内でいえば、144,300戸、42,900円＋3,900円、9.8%であった。

7. 1993年アンケート結果にみる居住者の生活実態

全国自治協は3年ごとの家賃値上げの前の年に、加盟自治会の全団地居住者を対象に「団地の生活と住まいのアンケート調査」を実施してきた。1987年、1990年につづき、1993年は3回目である。調査結果は居住者の生活実態と住宅修繕等への要求を明らかにし、自治会活動の基礎データ、政府・公団、国会、地方自治体などに働きかけるための貴重な資料となった。

設問ははじめに、入居の時期、居住年数、家賃額（共益費をふくめ）、住宅型式の記入をもとめたうえで、①世帯主と家族構成、②世帯収入と収入源、③家賃負担と今後の住まい、④住宅修繕や高齢化対策等の要望、⑤消費税についての意見にかんする項目は毎回の基本に、その他、駐車場や高齢者住宅等の項目を設けてきた。

アンケート結果は、団地ごと、地方自治協ごとにまとめ、全国で集計した

もので、93 年 9 〜 10 月に実施した第 3 回アンケート調査は、238 団地が参加、対象 245,083 世帯にたいし回答は 116,754 世帯、回収率は 47.6％であった。団地により、地方によって、また団地の管理開始年代によっても回収率にばらつきがあったのはいうまでもない。

　以下に集計結果の主な特徴点をみていく。

1）家賃 3 〜 4 万円台が最多

　1993 年時点の全国平均家賃は 3 万円台が 42.7％、4 万円台は 26.8％を占め、これに 2 万円台、5 万円台のそれぞれ約 10％がくわわる。これを東京 23 区でみると、5 万円台 34.2％、4 〜 7 万円台で 84.7％、東京多摩では 4 万円台 48.2％、3 〜 5 万円台で 89.0％を占める。関西では 3 万円台 45.3％、4 万円台 29.6％となっている。

2）住宅の広さ、2DK・3K 住宅が 67.2％

　全国平均は 2DK35.8％、3K31.4％、3DK21.0％。とくに 2DK が 67.2％を占める東京 23 区、56.5％の北九州の団地の狭さが目立つ。

3）世帯主の高齢化の進行

　世帯主は、性別では男性 85％、女性 15％、年齢では 60 歳以上が 24.7％（87 年調査、12.6％）を占める。これを地域別にみると東京 23 区 29.7％、東京多摩 31.0％、関西 25.5％、管理開始年代別には、建て替え対象の昭和 30 年代団地の全国平均は 36.2％、40 年代団地は 20.2％をしめす。さらに 30 年代団地について東京 23 区をみると 46.4％、東京多摩では 45.8％、神奈川 37.6％、関西 34.1％の世帯主が 60 歳以上の高齢者である。逆に 40 歳未満の世帯主の減少は著しく、87 年調査で 20 歳代 9.4％、30 歳代 31.1％が、わずか 6 年後の 93 年には 6.3％、18.8％に変じている。

4）家族は平均 3 人、団地人口の構成

　家族は 2 人が 27.6％、3 人 24.5％、4 人 29.6％が中心、平均人数は 2.98

人となっている。団地人口の構成は、20〜50歳の各年代とも概ね15%、幼児、小学生が各7%、中高生10%、20歳未満の25.8%にたいし、60歳以上が13.9%を占める。前2回の調査と対比すると、幼児から中学生までの少子化と、50歳以上の人口の高齢化が早くも顕著にみられる。

5) 世帯収入の衝撃的な低下、73%の世帯が第1〜2分位

収入にかんする設問は、総務庁貯蓄動向調査の1992年勤労者世帯年間収入（税込み）の所得5分位区分にもとづき、第1分位についてはさらに3区分した。

わが国の公共住宅政策は所得階層別の施策をとり、所得5分位の区分でいえば、公営住宅は第1〜2分位層、公団賃貸住宅は第3分位層（家賃設定の基準は第3分位中位におく）、住宅公庫融資は第3分位以上の所得階層を対象としてきた。

この施策のもとで公団住宅居住者の収入実態は、93年時点で、第1分位層が45.6%、第2分位層は27.4%を占めている。87年調査の32.8%、28.6%にてらして、とくに第1分位層への流入、増加が著しく、まもなく居住者の半数をこえる。高家賃化を強いる建て替え対象の昭和30年代団地では、世帯主の高齢化にくわえ収入低下が顕著であり、第1分位層だけで52.4%を占める。第3分位層についていえば21.3%から14.9%へ、第4〜第5分位層も12%から1ケタ台への減少をみせた。

93年調査は、給与所得者、年金受給者の別については設問せず、年金受給者にその種類をたずねた。回答者数から察して、年金生活者は全世帯の25%程度だろうか。その百分比は厚生年金57.1%、共済年金9.0%、国民年金20.6%、企業年金の受給者は3.9%となっている。給与所得者は当時おそらく55%程度であったろう。主婦の常勤は16.4%、36.4%がパート・アルバイトをしている。

6) 家賃負担「重い」が半数

全国的には、「たいへん重い」が15.1%、「やや重い」31.6%、「普通」

49.6％、「重くない」3.8％の回答である。東京23区では「重い」が62.2％、東京多摩54.9％、関西51.5％と半数をこえる。「普通」と答えた人も「暮らしのなかで気がかりなこと」の問いに「住宅問題（家賃、建て替え問題等」をあげている。

7）大多数が公団住宅に永住を希望

家賃値上げや建て替え等にたいする不安はあっても「公団賃貸住宅に永住」を86.1％の世帯が希望している。公営住宅への住み替え希望は5.9％、90年調査より1.5倍にふえ、増勢がみられる。持ち家希望は4.9％と低く、10％をこえた時期、地方はない。

8）消費税率引上げ「ノー」96％、廃止要求44％

消費税導入で家賃に課税した経過があり、消費税についてはたえず設問してきた。93年当時、税率引き上げの動きがあり（96年6月、5％に引き上げ決定、97年4月施行）、それへの意見を質した。「廃止」要求は43.8％、「食料品、教育費など非課税」42.6％のほか、「現状のまま」9.6％、「税率引き上げもやむをえない」4.0％の回答をえた。

9）たたみ床、ふすまの取り替えに強い要望

住宅修繕の促進は自治会活動の大きな柱であり、毎回のアンケートに細かく具体的に項目をかかげ、集約結果をもとに公団交渉を重ね、居住者要望の強い項目から順次実現してきた。

たたみ床、ふすまの取り替えは各年代に共通して要望が強く、1位、2位を占めてきた。しかし、これらの項目は賃貸借契約書12条で居住者負担とされている。高齢化対策として、浴室・階段に手すり設置、室内・通路の段差解消、流し台、水道・ガスコックの改良、階下への転居などの要望が多く、アンケート結果は、要望事項の計画的実現に大きな力となった。

10）マイカー所有、3分の2の世帯

　93年アンケート調査は、車と駐車場について設問した。団地内の不法駐車、駐車場料金の高騰が問題になっていた。

　車を所有する世帯は66.8％、うち2台以上の保有世帯は10.6％である。東京23区の「持っていない」56％は、交通が便利、駐車場料金の高さが理由であろう。団地内駐車場の利用は47.6％、周辺駐車場が47.9％、その他7.8％。料金は団地内で5〜7千円台が76.6％だが、東京23区では1万円以上が62.9％、23区内の昭和50年代以降の団地では1.5万円以上が53.1％にのぼっている。

XII 住宅政策大転換のはじまり―都市基盤整備公団へ再編

1. 住宅審答申「21世紀に向けた住宅・宅地政策の基本的体系」

　公団組織の変遷、公団住宅の家賃のくりかえし値上げ、住民追いだしの建て替えが、1980年代にはいり臨調、行革審、これに従う住宅審の答申、提言に端を発していることをみてきた。審議会の主要メンバーをみれば、いうまでもなく財界からの要求、圧力である。「行革」「民活」路線は当然に国民生活との矛盾をふかめ、行きづまりをきたす。その打開の道を、自民党が久しぶりに首相をとりもどした橋本龍太郎内閣はさらなる「火だるま行革」にもとめ、かつてなく内閣が口火を切って「公団つぶし」をぶちあげた。住宅・都市整備公団の廃止、都市基盤整備公団への再編は、21世紀を境にしてわが国の住宅政策が大転換をとげるその先触れであった。

　1994年6月30日に自民・社会・さきがけ3党連立の村山富市内閣が成立するや、消費税率5％への引き上げをかかげ、規制緩和、特殊法人の見直しなどに乗りだした。住都公団を見直しの目玉にし、さきがけは「住都公団民営化は97年4月から」の案までだした。自治協はただちに大運動を展開し、この案はとりあえず取り消させた。

　一方、同年9月に住宅宅地審議会（亀井正夫会長）住宅部会は、「21世紀に向けた住宅政策の基本的体系」についての中間報告を発表し、95年6月にだす本答申と、第7期住宅建設5ヵ年計画の方向を先導した。中間報告は、「新たな政策体系の考え方」と「住宅政策体系再編の必要性」を前面にかかげ、政策理念の「再確認」をもとめ、ねらいは主要3制度（公庫融資、公営住宅、公団住宅）の見直しと、市場主義へ地ならしする規制緩和にあった。全国自

治協は、住宅審住宅部会の「中間報告」がもとめたパブリック・コメント
として95年3月に意見書を提出した。

中間報告は冒頭「公的主体による直接供給、公的支援中心の政策から視野
を広げ、新しい政策体系へと再編する必要がある」と切りだす。土地・住宅
は「商品」、その便益は「私的に消費されるもの」、取得は各人の自助努力と
支出能力しだい、対価は市場の原則によって決まるとの立場をつらぬく。し
たがって住宅政策の第一の目的は「住宅市場の整備」にあるという。「自力
では住宅市場に参加が困難な人びと」「真に公的援助を必要とする世帯」に
は公的供給をはかるが、あくまで「住宅市場の補強・補完」と位置づけ、施
策対象層の限定と「市場への復帰を促す家賃体系」の検討をもとめた。

住宅政策を公共責任から市場まかせに転換するうえで、まずなすべきは規
制緩和である。国も施策上の目安としてきた一定の居住水準、住居費負担
限度率を、ライフスタイルや居住ニーズの多様化、政策目標の多元化を理
由に一掃する方向である。つぎに借家権を規制緩和の対象にあげ、「定期借
家」構想を打ちだす。定期借家制度がはじまったのは1999年12月であるが、
すでにこの報告のなかで、従来の借家制度では、継続家賃の値上げが抑制さ
れる、建て替えが阻まれる、いったん貸したら返ってこないから良質な借家
供給が進まない、と定期借家契約の創設をとなえ、そのすぐあと閣議決定を
した。

本答申の最大のねらいは、公共住宅制度の見直し（→廃止）にあった。制
度ができて40年以上たち、人口・世帯の動向、高齢化の進展、ライフスタ
イルの多様化のほか、バブル後の地価動向や規制緩和の進行などの基礎的条
件が変わった。民間事業者による供給能力が向上して、90年代にはいると
民間供給のシェアは95％を占めるにいたった。ストック、フローとも民間
供給の役割は大きくなり、民間市場への傾斜はますます強まるとの見方が背
景にある。

公営住宅の新規供給はほとんどなくなり、大都市では応募倍率は高まって
いる（92年度3大都市圏、新規住宅18.5倍、空き家7.4倍）。この現状にたいし
答申は「需要に応じた供給は困難」とし、低家賃ゆえの「長期居住」の弊

害と民間借家との著しい不均衡をあげて「供給の公平性」を強調、「市場復帰」を促す新たな家賃システムをとなえる。また建て替えによる「低廉な家賃で高い居住水準」の公営住宅入居を、民間借家にすむ中堅層の住宅事情との「逆転現象」ととらえるなど、答申には所得による差別意識、低所得者蔑視が露骨にあらわれている。

住都公団については、民間にできる分譲住宅供給等はやめ、民間では対応が困難な業務を重点化すべきであるとし、公団が基盤整備をおこなったあと「住宅用地、躯体を民間事業者に分譲する」ゼネコン奉仕型への転換をもとめた。答申はまた公団家賃について「市場家賃とのバランスをはかる必要」を強調した。

住宅金融公庫には、金融の自由化にともない民間住宅ローンが成長し多様化している状況をふまえ、民間ローンと協調しうる融資への改善をもとめた。持ち家需要者への公共的な直接融資から、住宅ローン市場をひろげる民間金融支援の方向への転換である。

2. ただちに動き出した住宅政策の「新しい方向」——公営住宅法の改悪

住宅審答申がうちだした住宅政策の「新しい方向」は、1995 年 1 月 17 日におこった阪神淡路大震災による被災者の住宅困窮にたいする対応、6 月の「住専」（住宅金融専門会社）破たんの政治問題化、96 年 2 月の公営住宅法一部改正案の閣議決定に端的にあらわれた。

大震災で住宅をうしない生活再建の困難な人たちに国は「住宅取得は自助努力で」「個人資産への補償は憲法違反」の原則をかかげ、公営住宅の建設は進まなかった。長年にわたる住宅政策の貧困、無策が被害を大きくし、多くの人命を失わせ、犠牲はとくに高齢者、低所得者にふりかかった。この実情と反省に照らしても、公共の責任による住宅供給は促進されるべきであった。

「住専」論議をつうじて、土地・住宅価格をつり上げ、街並みをこわし、国土を荒らした正体とその張本人、「民間活力」政治の結末、都市住民の住

宅困窮の原因が明らかとなった。地価バブルをあおり巨利を得た大銀行など
の不始末を、税金をつかって処理し、さらに低金利政策をとってかつてない
利益を上げさせても追加負担をさせず、三重にもツケを国民にまわす政治が、
住宅政策の「新しい方向」と重なる。

　公営住宅法の改悪は、わが国の公共住宅制度を根底からほりくずす新しい
方向への第一歩であった。

　入居要件の所得上限を所得分位 33％から 25％に切り下げて門戸を狭め、
入居希望者を締め出すことで「応募倍率を下げ」、「供給の的確性」をはかる。
家賃設定は基準を建設原価から市場家賃にかえ、応能に「応益」をくわえた
方式で算定する。家賃値上げをして民間借家入居者との「公平性」を保つと
いうのである。

　そのうえ、公営住宅にたいする国庫補助率を引き下げて地方の負担を増大
させ、民間住宅の買い取り・借り上げ方式をとりいれて直接供給を抑える。
公営住宅の供給がますます進まなくなることは目に見えている。こうした法
「改正」が 96 年 4 月衆院で、5 月参院で委員会審議もほとんどされず賛成多
数であっけなく可決成立した。公営住宅法は公共住宅制度の根幹であり、攻
撃は公団住宅にも広がるとして、全国自治協は反対署名、地方議会請願、国
会要請、国会傍聴などの活動を展開した。

3.「公団つぶし」政官財が一体、マスコミも加わって

　公団住宅「民営化」は、これまで政府は表向き主導せず、行革審や住宅審
の答申などをつうじ地ならしにつとめ、筋書きをつくってきた。建設省・公
団は一定の抵抗をみせながらもその方向にそって「改革」を進めてきたと
いえる。住都公団廃止にむけて政府が具体的に動き出したのは、村山内閣に
かわり 1996 年 1 月に橋本龍太郎内閣が発足してからである。

　発足するとすぐ、2 月に住専処理に 6,850 億円の税金を投入する法案をだし、
6 月に消費税率 3％を 5％への引き上げを決定、これとセットで「橋本行革
ビジョン」を発表し、特殊法人の早期民営化・廃止を打ちだした。10 月 20

日の総選挙では多くの政党が「住都公団民営化・廃止」の公約をかかげ、マスコミもこれに合わせ、高家賃団地の大量空き家、分譲売れ残り問題を大きくとりあげて、いっせいに住都公団たたき、「公団なくせ」の大キャンペーンをはった。

そのさなか10月15日に財界団体の社会経済生産性本部（亀井正夫会長、加藤寛委員長）は「特殊法人を2000年までに株式会社に転換、2010年までに国が株式放出、つまり完全民営化」を提唱した。加藤グループは、郵政3事業と9特殊法人を民営化すれば23.7兆円の株式売却収入が得られ、住都公団からは約4兆円の収入を見込めると試算を発表して民営化をあおった。建設省も住都公団の資産と負債を時価におきかえた評価益は4兆30億円との内部資料を流した。

そのころ国民の関心は、厚生省スキャンダル、税金むだ遣いと政治腐敗温床の公共事業、大蔵官僚の腐敗と証券不正、大和銀行事件、住専処理などにみる大蔵官僚の無責任行政、等々に集中していた。ところが「公団たたき」キャンペーンがはじまると橋本行革の矛先は一転、問答無用のうちに住都公団にむけられた。

特殊法人改革といえば目玉は公団住宅。橋本行革には、国民の多くが反対する翌年4月からの消費税5％引き上げの前に「身を切る」証しが必要だった。公団住宅はその生け贄にうってつけ。公団住宅を売却して財政赤字の穴埋めに、と政府・与党内で公然と語られていた。

住都公団の民営化をあおる動きは、過去十数年にわたりくりかえし浮上していた。しかし国会の場で政府が公団業務「改革」にむけての方針を言明したのは、97年1月22日がはじめてである。亀井静香建設大臣は衆院本会議で「分譲住宅からは完全に、賃貸住宅のごく一部を残して撤退し、今後は都市再開発に重点をおく」と表明した。その直前に牧野徹公団総裁は改革案検討の中間報告を大臣にしていたし、96年9月に結党したばかりの民主党菅直人代表が急きょ住都公団への補給金削減と賃貸住宅建設からの撤退などをもとめて質問をした、その質問に答えるかたちで大臣発言となった。つづいて2月7日には自民党も特殊法人改革の第1弾として住都公団廃止案をう

ちあげた。同日の読売夕刊は「消費税の引き上げと特殊法人の整理合理化は交換条件」と報じた。

---

4. 住都公団廃止の閣議決定と賃貸住宅政策へのいっせい攻撃

橋本内閣は 1997 年 6 月 6 日に「特殊法人等の整理合理化について」閣議決定をおこない、11 法人の廃止・民営化をきめた。住都公団については、つぎのとおり。

> 平成 11（1999）年の通常国会において法律改正をおこない、廃止する。
> 都市開発・再開発業務（政策的に特に必要とされる賃貸住宅業務をふくむ）については、新たに設立する法人に移管する。現在の賃貸住宅の管理業務も新法人に引き継ぐことを予定する。
> 分譲住宅業務からは、適切な経過措置を講じたうえ、撤退する。

橋本行革にたいする公団トップの対応は、94 年の村山行革のときと明らかにちがっていた。公団総裁は 95 年 6 月に豊蔵一から牧野徹にかわった（牧野は 2001 年 1 月に総裁退任、小泉純一郎内閣の首相補佐官に任命され、都市再生本部を担当した）。橋本行革を先取りし積極的にこれに加担し推進した点で大きな変化をみせた。3 年前には「住宅政策における公団の役割」を第一にかかげた文書をつくって政界工作をくりひろげ、「民営化」に抵抗をみせていた。しかし今回は、政府方針の国会表明の直前に公団総裁が「改革」の筋書きを示したことからも分かるように、すすんで住都公団廃止の道をえらんだ。

公団はその筋書きを、公団基本問題懇談会の名で 97 年 4 月 30 日に「転換期を迎えた住宅・都市整備公団のあり方について」(提言) として発表した。そのねらいは明白である。①業務の重点を住宅供給から都市再開発に移す。②既存賃貸住宅は「当分の間」新法人がひきつぎ、新法人移行にあたっては市場家賃化、建て替えの法定化と推進、団地管理の外部化をかかげ、将来の完全民営化を示唆する。③大資本に奉仕、利権構造温存の道をしめす。住宅

市場からは退場して、基盤整備で民間事業を支える。虫食い土地など不良資産を公的資金で買い上げ銀行やゼネコンを救済する。官僚的経営体質と公団をめぐる利権構造にメスを入れさせず、天下り先を確保しての延命をはかる。④国民居住への公共責任からの撤退を方向づける。

橋本「火だるま行革」は、住宅政策のうえでは住都公団の廃止にとどまらず、ひろく公共賃貸住宅政策および借家制度のあり方に変化をせまった。97年6月3日の「財政構造改革の推進について」につづき、6日に住都公団の廃止等が閣議決定されると、これをうけて住宅宅地審議会住宅部会は13日に急きょ基本問題小委員会をひらき「新たな賃貸住宅政策のあり方」の検討をおこない、法務省民事局は同日「借家制度等に関する論点」を公表した。

住宅審は95年6月に答申「21世紀に向けた住宅政策の基本的体系について」を出し、それにもとづいて96年度にはじまる第7期住宅建設5ヵ年計画が策定された。ところが97年に住都公団の廃止が決まり、住宅審は公営・公団住宅を中心に策定済みの5ヵ年計画の変更をよぎなくされた。同基本問題小委員会は98年1月に「今後の賃貸住宅政策の方向について（中間とりまとめ）」を報告した。「近年、行財政改革、規制緩和など住宅政策をとりまく状況は大きく変化している」との書き出しは、公的賃貸住宅の直接供給からの撤退をはかる「行財政改革」と、定期借家制導入や建築確認・検査の民間開放などの「規制緩和」を要求する政財界の圧力をものがたっている。

この「中間とりまとめ」のねらいは2つ。第1は、政策の基本を自助努力と賃貸住宅市場の整備・活性化におき、定期借家制の活用で住み替えの円滑化、既存公営・公団ストックの建て替え推進等をはかる。第2は、住宅政策を経済政策、景気対策として位置づけ、それをいっそう明確にする。「賃貸住宅は、内需の柱である住宅建設の約4割を占めており、少子化にともない長期的に持ち家住宅への投資が減少していくなかで、持続的内需主導型の経済成長を実現するうえで大きな役割を果たしていくものと考えられる」と賃貸住宅政策を性格づける。

住宅審住宅部会による新たな賃貸住宅政策の提言に呼応し、法務省民事局が同日に公表した「借家制度等に関する論点」は、もちろん正当事由制度の

緩和・廃止、定期借家制度創設を主旨とするものであった。

　全国自治協は、法務省の「論点」にたいしては97年9月30日、住宅審「中間とりまとめ」については98年3月6日に、わたしが執筆して意見書を提出した。住宅審事務局を担当する建設省住宅局住宅政策課は意見書の受理を当初かたくなに拒否した。意見書提出につづき、全国の団地自治会に手紙・はがき運動をよびかけ、約5万通もの居住者一人ひとりによる自筆の要請を建設大臣と住宅審会長にとどけた。住宅審への直接要請は自治協にとっても画期的な運動だったし、住宅審にとってはかつてないことであり、大きな驚きであったようだ。

5. 都市基盤整備公団の設立

　住都公団は橋本行革のやり玉にあげられて廃止にむかった。その根拠になったのが財政構造改革法であった。しかし1997年12月、北海道拓殖銀行、山一證券とあいつぐ破綻のなかで成立したこの改革法も、ただちに行きづまり、98年には事実上の凍結、橋本内閣は7月、退陣に追いこまれた。小渕恵三内閣にかわり財政構造改革路線を転換し、景気刺激策に軸足を移した。

　98年4月に発表した経済対策閣僚会議の「総合経済対策」は、土地・債権の流動化と土地の有効利用を大きくかかげ、住都公団に新たな任務をおしつけてきた。この方針が新公団の目的、性格をよりいっそう鮮明にした。

　「住都公団を活用した低未利用地の有効利用促進のため、公団内に土地有効利用事業推進本部（仮称）の設置、土地取得のための臨時の出資金・財政投融資の適切な活用等を通じて、新たな仕組みを整備し、3,000億円程度の事業を実施する」

　公団はただちに同推進本部を設置し、土地取得に奔走した。「週刊ダイヤモンド」2001年4.28/5.5合併号によると、公団の同事業には1998年から2001年にかけて政府資金と財政投融資あわせて3,550億円が投入され、同本部の総勢485人中、不良資産をかかえる業界のゼネコン、銀行、デベロッパーから125人もの出向社員が送りこまれ、これらの資金を使って土地買

い上げの業務を担当していたという。銀行やゼネコン、大企業の不良債権処理を請け負う駈込み寺として、新公団は「大きな期待をもって迎えられた」（牧野公団総裁）

99年4月30日時点で、4,277件、1,500 haの土地情報を仮受付けしており、契約件数は60地区75件、約21.7 ha（用地費約1,131億円）、193地区53 ha（用地費3,500億円）が交渉中だった。他方で公団所有の開発適地を民間に売却する計画をもっていた。これらがのちに借入金の急増による巨額の利払い、地価下落による不良資産化が公団の財務構造を悪化させ、そのツケは家賃のくりかえし値上げと建て替えの名による敷地の民間売却となって公団住宅を削減、居住者の居住の安定をおびやかす原因となった。

住宅・都市整備公団を廃止して都市基盤整備公団を設立する法案は1999年6月9日、政府原案どおり成立した。審議は衆院建設委員会で4〜5月に3日間、参院国土・環境委員会では5〜6月に4日にわたり行われた。両委員会とも参考人質疑が実現し、全国自治協代表がこれに出席した。国民多数が反対している重要法案が十分な論議もなく次つぎ通されていく状況下で新公団法案についてこのような審議が実現したのは、自治協運動の反映ともいえる。委員会審議には連日早朝から各団地自治会役員が70〜80人傍聴につめかけた。

特徴的だったのは、両院各4人の参考人が共通して、①公共による賃貸住宅供給は必要であり、②民間市場では福祉の役割は担えない、と明言したことである。また委員会室いっぱいの傍聴者が見守るなかで、各党委員の質疑、政府・公団の答弁をつうじ、居住者の要望に沿う内容の発言がいくつか議事録に残された。傍聴していて、ならばなぜ法案修正を求めないのか、と思わせる内容の発言さえ聞かれ、にもかかわらず内閣提出の原案どおり通過していく国会状況を思い知らされた。

都市基盤整備公団法の特徴は、名称からついに「住宅」の表看板をおろして、業務の重点を都市基盤整備に移し、前身の日本住宅公団、住都公団の両公団法とも第1条（目的）にかかげてきた「福祉の増進に寄与」をけずり、「国

民経済の健全な発展に寄与」に変えた点にあらわれている。業務の範囲（第28条）は、前公団までの主要業務が住宅（賃貸、分譲）の建設および宅地の造成にあったのにたいし、新公団は市街地の再開発、基盤整備に重点をおき、分譲住宅からは撤退し、賃貸住宅も再開発の一環として都心共同住宅の供給に限定することにしている。

　全国73万戸、約200万人が住む既存賃貸住宅の管理は新公団がひきつぐこととし、家賃（第33条）は原価にもとづく方式から、近傍同種の民間住宅の家賃（市場家賃）に合わせる方式にかえて設定し、建て替え（第43～49条）を初めて法定化し、事業の促進をはかることとした。

---

6. 市場家賃化の問題点 — 家賃の新ルールと第6次家賃値上げ

　都市基盤整備公団法33条は家賃の決定について、市場家賃を「近傍同種の住宅の家賃」（近傍同種家賃）といいかえ、つぎの4項を規定した。

　① 募集家賃は近傍同種家賃と均衡を失しない。
　② 継続家賃は近傍同種家賃を上回らない。
　③ 近傍同種家賃の算定方法は建設省令で定める。
　④ 規定の家賃支払いが困難な場合、家賃を減免することができる。

　新公団は家賃の設定方式を変え、改定ルールもあらためた。これまでは、当初家賃は原価方式、継続家賃はいわゆる公営限度額方式に準じて算出した額を補正する方式を建て前としてきたのにたいし、近傍同種家賃（＝市場家賃）を基準にきめる方式に変えた。近傍同種家賃の定義、算定方法は、都市公団法施行規則（建設省令）にさだめるという。

　家賃改定ルールも変えた。しかし実際には「市場家賃とのバランス」方式で改定をかさねてきており、市場家賃方式はすでに始まっていたといえる。

　従前ルールでの「補正」も、新ルールでの近傍同種家賃の「鑑定」もその中身はブラックボックスに閉ざされている。公団総裁はかつて国会で「企業

秘密」だといい、非公開を公言した。中身がブラックボックスでは「ルール」の名に値しない。家賃算定の透明度はゼロである。さきに「光明池」事件における近傍類地価格の査定、家賃裁判での不動産鑑定と家賃算定にかんする証言を本書に引いたのは、その実体がいまも家賃改定「ルール」にそのまま続き、改められていないからである。

1999年9月28日に家賃改定の新ルールをきめ、10月1日、都市公団発足のその日に第6次の家賃のいっせい値上げを発表した。空き家募集家賃は11月、継続家賃は2000年4月に値上げを実施する。

その間、自民・公明・自由の連立与党に民主党が加わって「良質な賃貸住宅の供給の促進に関する特別措置法」を議員提案し、99年12月に成立。やましさがあったのかこの法律名で「定期借家」制度を創設し、借地借家法を改悪した。

原価主義から市場主義へ家賃方式をかえて何が変わったのか、それにもとづく新たな改定ルールと値上げ実施について、つぎにみておく。

1）施策対象と大臣承認

都市公団になって変わる第1点は、施策対象層にかんする建て前を取り払ったことと、家賃改定にたいし大臣承認の必要をなくしたことである。

住都公団は、法の第1条から「住宅に困窮する勤労者のために」の文言をけずったとはいえ、「中堅所得者」を施策対象層とみなし、家賃設定にあたっては全国勤労者世帯の所得5分位第3分位中位層の実収入にたいする家賃負担率を目安に一定の抑制策をとってきた。その後「中堅所得層収入の概ね20％」をかかげて家賃上昇を抑制する反面、そのことを理由に居住者の収入実態は事実上無視して家賃値上げをすすめてきた。新公団法1条（目的）には公共住宅としての整備・管理の方向は示されず、したがって施策対象にかんする規定はない。

市場家賃化を法定することで家賃改定に大臣承認を不要にした意味も大きい。公団家賃は公共料金に数えられ、その変更は国民生活に影響をあたえるとして大臣の承認事項とされてきた。それゆえ家賃改定をまえに、当事者た

る自治協等の強い要請があれば国会審議がおこなわれ、参考人発言の機会も得られた。国会審議では、当面する家賃改定問題に限定せず、公共住宅政策にかかわる諸問題を広くこの機会に国会に提起し、審議することができた。住宅政策を国民の側から国会で議論できた唯一の場をつくったといっても過言ではない。市場家賃化は大臣承認を不要にして、住宅政策の国会審議の場を失わせ、公団は公共の監視をのがれて自由に家賃を変更できることになった。

2）原価家賃から近傍同種家賃へ

　家賃設定の原価主義が、公共的役割をになう公団住宅家賃の算定方式として出発したことは確かだが、この方式自体のもつ矛盾が地価や建設費の高騰によって拡大し、地価バブルにくわえ政府の公共住宅政策からの撤退によって破たんは明白となった。原価主義破たんのあとには、政府の視野に市場家賃への転換しかなかった。

　都市公団は市場家賃化を原則とし、募集家賃は近傍同種家賃とつねに同一水準にたもつため、毎年改定する。継続家賃は3年ごとに見直し、現行支払い家賃と近傍同種家賃との差額の概ね3分の1を引き上げる。過大な値上がりにたいしては、「激変緩和措置」として引き上げ限度額を設ける。市場家賃はバブル崩壊後、下落ないし横ばい傾向がつづき、かりに市場家賃とに開きがあったとしても、家賃値上げをくりかえしその差はゼロ、上回ることさえありうる。

　低所得高齢者世帯等への措置については、地方自治体ごとの住宅扶助限度額をこえる部分の減額措置をとりやめ、近傍同種家賃と公営並み家賃の中間値まで引き上げる。ただし改定前家賃を下限とし、減額はありえない。

　公団家賃の原則市場家賃化にあわせ、法33条4項に「家賃を減免することができる」との条項をもうけたが、その実施は大きな焦点となろう。

3）市場家賃との開き

　公団は「市場家賃との乖離」是正を値上げ理由にするが、実際に開きがあ

180 第3部 中曽根「民活」──地価バブルのなかの公団住宅

るのか。管理開始年代別に全国平均を公団調査でみると、98年4月現在では、昭和40年代団地の募集家賃44,700円（継続家賃42,100円）は市場家賃平均の89.2％、50年代団地の募集家賃66,400円（66,000円）はすでに98.4％まで接近し、60年代以降の団地の空き家募集・継続家賃はともに109,500円で市場家賃と同一額を示している。

4）募集家賃値上げ

　1999年11月の募集（空き家）家賃改定はこの差を埋めるもので、平均引き上げ率は12.7％（6,500円）。管理開始年代別にみると、昭和40年代が16.0％（7,200円）、50年代3.0％（2,000円）、60年代以降1.1％（1,200円）であった。市場家賃との差の解消であるから、一部に引き下げ、または傾斜家賃の打ち切りもあった。その引き上げ最高額は、東京都港区の1DK（1964年管理開始）99,500円を138,400円に38,900円、引き下げは東京都大田区の1LDK（95年）176,900円を130,700円に46,200円とは驚きである。

5）継続家賃値上げ

　2000年4月実施の継続家賃値上げ対象は416,000戸におよび、3,000円までの値上げ290,500戸、3,000〜6,000円値上げは103,500戸で94.7％を占め、それ以上の限度額13,000円までの値上げは22,000戸を数えた。据え置きは195,000戸。他方、69,000戸は近傍同種家賃を上回っており、平均7,300円の引き下げ、うち23,100戸については10,000〜50,000円を引き下げた。ほかに傾斜打ち切りが59,000戸あった。

　この家賃改定によって、家賃5万円未満の37.1万戸と、5〜10万円の28.6万戸で公団住宅全体の88.9％を占め、10〜20万円は8万戸、20万円以上2,000戸という分布となった。

　これまでの公団家賃は、原価方式をもとに経年、規模等を反映させ、それなりに一定の「まとまり」があった。改定基準が近傍の家賃相場にかわり、従前額との開きにバラツキが大きく、値上げ幅はさまざまである。公団家賃としてのまとまりが失われ、結果として高家賃化がすすみやすくなる危険性

が高まった。

6）「近傍同種家賃」査定への疑問

　市場価格は市場で自由に形成されるものであるが、不動産価格については、その特殊性ゆえに、適正な価格形成に資するため、わが国では「不動産の鑑定評価に関する法律」があり、「不動産鑑定評価基準」が詳細に定められている。しかし公団の家賃算定を法律上規制しているのは、都市公団法33条とそれにもとづく建設省令20条および21条であり、近傍同種家賃の算定方法については6項23行のごく簡単なもので、不動産鑑定の法律にも基準にも何ら制約をうけない仕組みになっている。省令は、近傍同種家賃について国家資格をもつ鑑定士による査定を義務づけてはおらず、不当鑑定への罰則や異議申し立て措置等の規定もいっさいなく、結果として無責任、恣意的な査定を許している。

　また指摘しておかねばならないのは、鑑定評価にあたって考慮すべき募集家賃と継続家賃との質的な違いについてである。

　募集家賃は、住宅を新たに選ぶ人たちが自由に契約する家賃であり、継続家賃は、すでに契約をむすび、その地に生活の根をおろし継続して住みつづけている人たちの家賃であるから、同列に並べ募集家賃を上回らなければよいというものではない。借家法は家賃改定理由に「経済事情の変更」をあげている。借家人の収入変化と地域形成への寄与も考慮の重要な対象とすべきではないのか。

　鑑定評価基準は、正常（新規）賃料は、公開の市場において自由な競争をつうじ契約が成立する新たな賃料であり、継続賃料は「賃貸借等の継続にかかわる特定の当事者間において成立する」賃料と規定する。不動産鑑定法は、鑑定結果が関係者の財産権・生活権に重大な影響をおよぼすだけに、この観点から継続賃料については詳細に規定している。これにたいして公団法33条、省令21条に、両賃料の質的な違いを考慮すべきとする規定はなく、公団が委託する業者の鑑定はもちろん、公団の家賃算定にもいっさい見られない。

　公団は全国すべての団地の調査対象住戸の比準賃料査定を財団法人日本不

動産研究所 1 社に丸投げし、鑑定人を墨塗りでかくし提出される「調査報告書」にも大いに疑問、問題がある。2017 年度にいたって鑑定業者の 1 社丸投げは止めたようである。

7. 都市公団 5 年間の事業を検証

1999 年 10 月に「住宅」の表看板をおろし、再開発事業に重点化して設立したばかりの都市基盤整備公団にたいし、半年もしないうちに「改革」の動きが浮上した。2000 年 3 月に経済団体連合会が「特殊法人等に関する第 1 次提言」をおこなうと、11 月には与党 3 党（自公保）が議員立法として「特殊法人等改革基本法案」を衆議院に提出、12 月 1 日に政府は「行政改革大綱」を閣議決定した。2001 年度中に、都市公団をふくめ全特殊法人の廃止、民営化、独立行政法人への移行などの計画を策定し、遅くとも 2005 年度末までに実行のための法整備をおこなう方針をきめた。

発足して 2 年後には新法人準備室を設置した 5 年足らずの都市公団は、その間にどのような事業実績をのこしたのか。以下、『都市基盤整備公団史』にそって、都市公団の事業の特徴をみておく。

都市公団は法 29 条にもとづいて「中長期業務運営方針」をさだめ、「事業展開の基本的な方向」「分野別の業務展開の方向」をしめし、「適切な業務運営」上の目標をかかげている。

住都公団を都市公団にかえた最大の目的は、「住宅・宅地の大量供給」から「都市の基盤整備」への転換、なかでも市街地の整備改善事業への重点化にあった。市街地の整備改善は、市街地再開発、土地区画整理等の事業手法で進められる。基本方針を検討した公団のメモ文書には端的に「①虫食い土地等（経済対策関係）、②臨海部、③密集市街地」をあげていた。都市公団移行の 1 年前に公団土地有効利用事業推進本部を設置して、虫食い土地や臨海部などの遊休地の買い上げをし、整地・基盤整備した用地は民間ディベロッパーに安く卸し、儲け仕事づくりを支援する事業に走りだしていたことは、すでにのべた。

XII 住宅政策大転換のはじまり 183

　第 1 にあげているのは再開発事業である。市街地再開発事業と土地区画整理事業に大別し、前者の代表的プロジェクトとして、公団が直接施行した晴海 1 丁目東 (2001 年度完了)、大泉学園駅前 (02 年度完了)、川崎駅西口 (03年度完了) など、民間ディベロッパーとの協調型の東五反田 2 丁目第 1 (01年完了)、東品川 4 丁目 (03 年度完了)、後者としては、みなとみらい 21 中央地区、さいたま新都心地区、その他をあげている。都市公団の廃止、都市再生機構設立にむけては、東京「大手町連鎖型都市再生プロジェクト」(国有地を活用した連鎖的な建て替えによる国際ビジネス拠点の再生) をはじめ、あまがさき緑遊新都心地区、蘇我臨海地区、豊洲 2 丁目地区等をあげ、「大都市圏における重厚長大産業用地の再編支援」着手を前面にかかげている。

　第 2 の都市整備事業については、宅地政策が転換をせまられる状況のもとで、都市公団設立後、つくばエクスプレス関連の新市街地区、中部国際空港関連の事業等の認可、完了をみたものの、2001 年 12 月の閣議決定で新規ニュータウン事業からの撤退、継続事業の速やかな終了をもとめられ、プロジェクトの見直し、事業の中止にいたっている。

　公団による宅地処分の減少がつづき、1989 年度の 664 ヘクタールをピークに 99 年度には 157 ヘクタールにまで落ち込んだ。住宅整備地区の宅地供給だけをみると 1990 年度の 417 ヘクタールから 99 年度の 134 ヘクタールに激減している。公団はこれを契機に定期借地の供給拡大、民間事業者との連携をはかっている。しかし、いずれにせよ取得して処分できない土地の地価は下落し、金利負担がかさんで損失を出しつづけることになる。

　第 3 には居住環境整備事業として、①市街地の整備、②賃貸住宅事業、③賃貸住宅の建て替えをあげ、住宅管理事業には賃貸住宅の管理と住宅の供給がある。ここで特徴的なのは、前身の『住宅・都市整備公団史』まで第一にかかげてきた「住宅の建設」の章はなく、その小項目、統計数字さえも見当たらないことである。ここの「住宅の供給」の項では、都市公団になって家

賃を市場家賃化したことにつづいて、たとえば「超高層住棟の上層階の住宅は家賃が高額化し、アクティ汐留の第2次募集（2004年1月）においては、公団としては最高額となる家賃額340,400円の住宅を供給した」と誇らしげに記しているのが目につく程度である。

都市公団の住宅事業は、旧公団から引き継いだ賃貸住宅の管理とその建て替え事業に限定し、市街地再開発にともなう新規供給を除いて直接建設・供給からは撤退した。公団は既存賃貸住宅のストック活用を中心に、現地管理業務は外部化、民間委託の範囲を拡大しつつ、外にたいしてはもっぱら民間事業者の支援、土地所有者との共同事業に方向転換していった。

第4に土地有効利用事業は、バブル崩壊後の不良債権処理がねらいだった。不良債権化した虫食い土地の持ち込み、企業リストラによる大規模な工場跡地等の買い取りが目立った。これを整形・集約化、基盤整備をおこなったうえで民間ディベロッパーに譲渡する。政府は総合経済対策として公団に臨時に出資金をだし、財政投融資を貸し付け、1998年度から2004年度までの7年間の土地取得費は5,585億円、うち新規出資金は2,950億円にのぼった。しかし譲渡できた土地は、取得した土地の3分の1程度（金額ベース）にとどまった。土地譲渡は進まず、地価は下がりつづけ、巨額の欠損金が都市機構にくり越されていく。

公団はほかに、鉄道事業、防災公園街区整備事業、都市施設整備事業、公園緑地事業をおこなっている。

鉄道事業についていえば、公団は千葉ニュータウンでおこなった。鉄道沿線にはじまった公団の宅地開発は、鉄道建設をしての宅地開発にまで拡大した。当初は千葉県の単独事業であったのを公団がひきつぎ、1984年3月に小室・千葉ニュータウン中央間4.0kmが開業、2000年7月に印旛日本医大までの12.5kmを完成させ開業した。投資の回収まで長期におよぶニュータウン鉄道の特性にくわえ、千葉ニュータウンの入居が当初の計画を大きく下回り、苦しい経営がつづいた。輸送人員が予想を下回り毎年十数億円の赤字

をだし、02 末現在で約 260 億円の累積欠損金だという。01 年 12 月の特殊
法人等整理合理化計画において公団の鉄道事業の見直しがもとめられ、撤退
に決した。公団鉄道は京成電鉄（株）が新設した千葉ニュータウン鉄道（株）
に譲渡された。

　千葉ニュータウン事業は鉄道事業をふくめ、多摩ニュータウンとともに多
大の欠損をもたらし、今日も公団経営を圧迫している。

第4部

小泉「構造改革」と公団住宅民営化の道

XIII	独立行政法人化して都市再生機構に改組
XIV	住生活基本法は小泉構造改革の総仕上げ
XV	「規制改革」の名の公団住宅削減・売却、民営化方針
XVI	規制改革路線をひきつぐ民主党政権、迷走の3年余

国立富士見台団地の風景

第4部　小泉「構造改革」と公団住宅民営化の道〔XⅢ−XⅥ〕

　公団改組の変遷、公団住宅の危機、居住者の居住不安の火の手はいつも、1981年の第2臨調にはじまる行革審や住宅審、規制改革会議等の答申、提言から上がった。その内容は財界の要求そのものであった。国民が政治の構造的な腐敗汚職に反発し、期待をよせた「政治改革」の矛先は、逆に国民生活に向けられ、「行政改革」の名で公共部門が縮小されていった。

　前章までは、中曽根政権が「行革」「民活」を旗印に、公団住宅にたいしては家賃の定期的値上げ、市場家賃化を方向づけ、地価バブルに便乗して建て替えに追い立ててきた経緯をのべ、そのもとでの団地住民の生活と闘いに言及した。中曽根路線は行きづまりをみせ、政局は混迷して、ついに1993年に自民党一党支配は終わりを告げ、非自民党内閣が出現した。しかし連立基盤の政権も活路を行政改革にもとめ、自民党が久しぶりに首相をとりもどした橋本政権は「火だるま行革」をうちだし、公団住宅をやり玉にあげた。橋本内閣は98年参院選で大敗し退陣をよぎなくされたが、住都公団廃止によって公団住宅の民営化と定期借家制導入に道を開いた。

　21世紀の幕開け、2001年の自民党総裁選挙に立候補し、「自民党をぶっ壊す」を叫んで人気をあつめた小泉純一郎が総裁につき、4月26日に小泉内閣（自民・公明・保守3党連立）が発足した。小泉首相が真っ先にかかげたのは「聖域なき構造改革」であり、ぶっ壊そうとしたのは、国民生活をまだそれなりに守ってきた公共部門、さまざまな規制、政策体系であった。住宅政策も例外ではなく、これまで執拗に準備されてきた住宅政策体系の大転換が本格化しはじめた。新自由主義「改革」への全面展開である。

　戦後の住宅政策における最大の転換点は、住宅建設計画法の廃止、住生活基本法の制定であり、公団住宅にとっての画期は、それに先だつ公団制度から独立行政法人（独法）への移行である。小泉内閣は、早くもその年の12月に都市基盤整備公団廃止の方針をきめ、03年6月には独立行政法人都市

再生機構法を成立させた（機構設立は 04 年 7 月 1 日）。公団住宅「改革」への段取りをつけると、大転換への動きはいっきに強まり、公共住宅政策の 3本柱すべての除去にとりかかり、05 年 2 月には住宅関連 3 法案を閣議決定した。3 本柱を骨抜きにしたあと、住宅政策全体の枠組みを支えてきた住宅建設計画法を廃止し、その更地のうえに組み立てたのが、06 年 6 月 1 日成立の住生活基本法である。住宅政策の基本理念と国民居住にたいする国の責任のあり方をすっかり転換し、住宅政策における小泉構造改革は、いちおうの仕上げをみた。

　ここで「公団住宅」の呼び名について断っておきたい。公団住宅はもともと正式名称ではなく、公団制度廃止のあとでは、都市再生機構の英文名称アーバン・ルネッサンス・エイジェンシーの頭文字をとって「UR 賃貸住宅」とか「UR 住宅」とよばれている。本書では、歴史的にも広く親しまれ普通名詞に近い呼び名として、また公共住宅として守っていきたいという思いもこめて、ひきつづき公団住宅と呼ぶことにする。

　公団住宅にたいする小泉路線は、その後、06 年 9 月に発足した安倍晋三内閣にひきつがれ、公団住宅は「規制改革推進のための 3 か年計画」の名において売却・削減、民営化の道を強いられることになる。この「計画」の大筋は、09 年 9 月に政権交代した民主党内閣になって、むしろ積極的に推進されたが頓挫し、いま第 2 次後の安倍・自公内閣のもとで新たな局面をみせている。

　ここでは、とくに都市公団を都市機構に改組する時点での財務状況とバランスシートの組み替え操作に注目した。改組を機に、都市再開発、土地事業によって財務構造を悪化させてきた宿痾を、公団で唯一安定的に純利益をあげている賃貸住宅部門に移し替え、賃貸住宅事業のさらなる増益をはかって財務「健全化」に充てようとした魂胆がみえる。改組を機にというより、高家賃化のためのバランスシート組み替えが、改組の重要な目的の一つではなかったのか。あわせてこの時点での財務状況を眺めてみることで、政府が公団住宅経営を借金漬けにし、家賃収入から 5 割以上もの利息を取り立てている実態を明らかにしておく（賃貸住宅勘定 2003 年度決算：家賃収入 5,399 億円、

支払利息 2,956 億円）。

　歴代の公団、現在の都市機構の財務構造をゆがめ、不健全にしている原因に、公団・機構の無策、失策はもちろん数多くあろうが、その主要な根源は、「改革」を叫びつづけてきた内閣、政府にある。機構財務の異常な構造にたいする団地住民の指摘にたいしては、向き合おうとしない。この問題にメスをいれ、真の改革をとげることで、公団住宅に将来展望が開ける可能性も確信できる。

XIII 独立行政法人化して都市再生機構に改組

1. 都市基盤整備公団廃止の閣議決定

経団連の「特殊法人等の改革に関する第1次提言」（2000年3月）をうけて森喜朗内閣は同年12月1日に「行政改革大綱」を閣議決定し、行政改革の第一の柱に特殊法人改革をあげた。全特殊法人を抜本的に見直し、05年までを目途に廃止、民営化、または独立行政法人への移行を実施する、そのための計画について翌01年4月3日に内閣官房行政改革推進事務局が「特殊法人等の事業見直しの論点整理」をおこなった。そのすぐあと森内閣は国民の総批判をうけて退陣し、4月26日に小泉純一郎内閣が発足した。

小泉首相は5月の所信表明演説で「聖域なき構造改革」の「決断と実行」をさけび、国民に「痛みに耐える」ことをもとめた。はじめに着手したのは特殊法人改革である。特殊法人の「ゼロベースからの見直し」を命じ、「廃止」「民営化」を急がせ、6月に小泉首相を本部長とする特殊法人等改革推進本部を設置した。事務局は157特殊法人・認可法人の事業見直し案と所管省庁の意見を併記した「特殊法人等の個別事業見直しの考え方」をしめした。都市公団の住宅事業については「新規の賃貸住宅の建設はおこなわない。既存住宅は、可能なものから順次売却する」とあった。

この事務局案に先行して、石原伸晃行革担当大臣は01年6月の国会で、特殊法人見直し基準の「事業の意義」「採算性」「民業への圧迫」にてらし、「住宅は充足している」「国民の税金が使われている」「公団家賃は民間家賃よりも低く民業を圧迫している」と答弁し、公団住宅の「はじめに廃止・民営化ありき」の方針を明らかにした。内閣支持率が高かった状況のもとで、一部

マスコミもこれに乗って公団住宅「廃止」論を書きたてた。

　全国自治協はかつてない大きな危機に直面して、公団住宅を公共住宅として存続させる大運動に取り組んだことはいうまでもない。行革推進事務局案にたいしては、都市公団、住宅金融公庫、道路4公団をかかえる国土交通省（旧建設省、2001年1月6日の中央省庁再編による）が「意見」を提出、自民党の一部からも「抵抗」がではじめた。

　同年8月になると、株価続落、完全失業率5％突破、企業倒産はバブル崩壊後最悪を記録した。そんななかで政府は高齢者医療や健康保険の制度改悪をすすめ、大企業減税とひきかえに庶民増税の検討が報じられ、メディア規制と有事法制の法案提出等がつづき、小泉政治の暴走に国民の不安が高まりつつあった。

　こうした状況下で小泉首相は、「大物公団」の廃止・民営化をぶち上げることで「小泉改革」をアピールしたかったのだろう。8月28日には扇千景国交大臣にたいし都市基盤整備公団、住宅金融公庫、道路4公団の廃止・民営化案を早急にまとめるよう指示した。国交省はこの指示をうけて翌9月21日に「民営化」の看板をかかげ6法人改革案を提出した。

2. 国土交通省の都市公団「民営化」案と独立行政法人化決定

　国土交通省が提出した都市公団民営化案は、民営化を2段階にわける。ステップ1で（2、3年を目途に）、根幹的業務をのぞく住宅の管理業務を全面的にになう株式会社を設立・移管して「先行民営化（速やかに）」をすすめる一方、関連のニュービジネスと協働して高齢者や子育て支援サービス等の業務を拡大する。ステップ2では（10年後に）、公団本社の経営改善努力を結集し、条件整備がととのい次第すみやかに政府全額出資の特殊会社に移行するとしながら、この組織は「都市再生の実施部隊」として「不可欠な存在」と強調する。行政の継続性を打ちこわす小泉構造改革に批判し抵抗する国交省の姿勢には、国交省官僚の利権構造の温存、さらには権益業務と組織の拡大、「焼け太り」さえ図るしたたかな底意が読みとれた。この改革案はすぐ

に撤回されるが、公団住宅廃止・民営化にむけてその後もくりかえし国交省が提起する実施プランの原型をここに見ることができる。

10月30日に自民党住宅土地調査会は、①大都市地域における賃貸住宅の現状にたいする認識の欠如、②200万居住者の生活を無視した公団賃貸住宅の売却、③都市再生の推進を阻害する都市公団の廃止・解体、④根拠の不明確な公団含み損等の計算、を理由に正面から事務局案に反論した。

行革推進事務局案にたいする懸念と抵抗がひろがるなかで、内閣は突如11月27日、まず道路4公団、住宅公庫、都市公団、石油公団の「先行7法人の改革の方向性」をしめし、12月18日には「特殊法人等整理合理化計画」をまとめ、19日の臨時閣議で決定した。

「特殊法人等整理合理化計画」は、都市公団の賃貸住宅事業についてつぎの2つの改革方針をさだめ、既存賃貸住宅は新法人に引きつぎ、新組織は独立行政法人とすることをきめた。

○自ら土地を取得して行う賃貸住宅の新規建設は行わない。
○賃貸住宅の管理については、可能な限り民間委託の範囲を拡大し、効率化を図る。また、居住の安定に配慮しつつ、入居者の同意を得た上で、可能なものは棟単位で賃貸住宅の売却に努める。
●集中改革期間中（2005年度まで）に廃止することとし、都市再生に民間を誘導するため、事業施行権限を有する新たな独立行政法人を設置する。上記のとおり措置をした上で独立行政法人に引き継ぐ。

閣議決定にもとづき国交省当局は法案作成を急ぎ、都市公団廃止を1年早め2004年7月独法化の意向を固めた。

3. 公団住宅売却・民営化に反対する公団自治協のたたかい

閣議決定までの経過を、小泉首相が主導する改革推進事務局の提案と、これに「抵抗」をみせた官僚と政治家たちの動きに分けてたどってみる。その

194 第4部 小泉「構造改革」と公団住宅民営化の道

根底・背景には、全国の各団地自治会の結束したねばり強い活動をはじめ、国民共同の運動や世論があった。その反映が、国政舞台での「対立」や「妥協」となって現われ、政府「計画」が決められてくることを実感した。団地居住者の運動のもり上がりや世論の広がりこそが「矛盾」を露わにさせ、政治に動きをつくりだした。

公団住宅についていえば、行革事務局は当初、ほぼ無条件に「新規建設は行わない」「既存住宅は順次売却する」方針をだしていたのにたいし、閣議決定では、「自ら土地を取得して」の建設は行わない、「居住の安定に配慮しつつ、入居者の同意を得た上で」売却に「努める」と、限定句を挿入せざるをえなかった。

とはいえ、政府が基本方針として公団賃貸住宅の新規建設の中止をきめ、国民の居住不安をかえりみず貴重な国民資産である公団住宅の民間事業者への売却をうちだしたことは決定的に重大である。

全国自治協は2001年6月30日、7月1日の両日、第28回定期総会をひらいた後、緊急に各自治会によびかけ、まず7月に小泉首相あて「公団賃貸住宅を公共住宅として存続させることを要請する」団地自治会の会長署名（243団地）を提出。9月11日には国会内で自治会代表者要請集会（参加87自治会150人）をひらいた。集会では朝日、NHK、TBSなどマスコミの取材をうけた。ニューヨークで同時多発テロのあった日である。その前後、地方自治協ごとに地元選出議員への要請をくりかえした。全国自治協代表は、内閣の行革推進事務局、国交省の都市公団監理官室、自民党ほか各党の政策担当者と懇談し積極的に意見をのべてきた。

また各団地自治会は、9月、12月、翌年3月の地方議会にたいし「公共住宅としての存続」をもとめる意見書採択の陳情・請願にとりくみ、全国38議会から意見書、東京、埼玉、千葉、愛知、大阪、兵庫の9市長からは要望書が小泉首相ほか関係大臣、公団総裁に提出された。東京多摩では12市の市長から自治協機関紙にメッセージがよせられた。

その間、各団地では「公団住宅の存続」「売却・民営化反対」と染めぬい

たのぼり旗をはためかせ、宣伝学習活動をつよめた。住民の一人ひとりが小泉首相と国会議員に万を数える要請のはがき・手紙を書いておくった。全国の団地で住まいの不安と怒りが高まるなかで全国統一行動を展開し、10月26日と12月7日の2次にわたって全国居住者総決起集会を東京・日本教育会館大ホールでひらき（参加154自治会837人、143自治会868人）、それぞれ約35万人の署名を提出し、行革推進事務局特殊法人等改革推進室、国交省住宅局、都市機構本社に要請をおこなった。集会には自民、民主、公明、共産、社民各党の国会議員が出席し、協力のあいさつに立った。

　小泉内閣が「特殊法人等整理合理化計画」を閣議決定した12月19日には、全国自治協はこれにたいする見解を発表した。またその前日の12月18日に全国自治協、日本住宅会議など住宅問題・住宅運動関係の10団体は、「国民の住まいを守る全国連絡会」（略称「住まい連」）を結成し、翌02年2月24日には緊急集会を東京・日本教育会館大ホールでひらき、931人が参加、会場から神田神保町の大通りを錦華公園までデモ行進をした。

　閣議決定にもとづき国交省は公団廃止・独法化法案づくりを急ぎ、公団は新法人設立準備にはいる一方、03年4月の第7次家賃値上げ実施にむけて動きだしていた。全国自治協は2002年6月22〜23日の第29回定期総会で当面する活動方針を確認しあった。

　7月16日には全国団地自治会代表者集会をひらき、222団地13.7万世帯、32万人の署名を国交省に提出し、要請をおこなった。地方議会への意見書採択の陳情・請願、首長要望書の提出要請もつづけ、02年度にはいって新たに10市長、4市長会から小泉首相に要望書が送られた。政府の公団住宅廃止方針、公団の家賃値上げが居住者の生活不安をさらに深めるなか、9月におこなった全世帯対象の第6回全国団地生活アンケート調査結果（11月1日に発表）は、その後の活動の重要な場面で大きな役割をはたした。さらにまた12月5日の全国公団住宅居住者総決起集会にむけては全戸署名にとりくんだ。集会には各党代表も出席、会場いっぱいに148団地874人が参加した。代表団が220団地からよせられた約30万人の署名をそれぞれ都市公団総裁

196　第4部　小泉「構造改革」と公団住宅民営化の道

と国交大臣あてに提出し、要請をおこなった。集会後参加者は九段下の公団本社玄関前に移動し、「本社前集会」をひらいた。

4. 公団住宅「改革」と公共住宅制度の破壊

　国土交通省は閣議決定にもとづく法案作成を急ぎ、2002年7月には、03年の法案提出、公団廃止を1年早め04年7月の都市再生機構設立の意向を固めた。都市公団は03年4月からの第7次家賃値上げを発表した。

　小泉構造改革が真っ先にねらったのが公団住宅制度と住宅金融公庫の廃止であり、わが国公共住宅政策の解体宣言であった。したがって、閣議決定にもとづく検討、新機構法案の作成をまつまでもなく、ただちに実施に移され、2002年度の住宅予算にあらわれた。04年の都市再生機構、05年の住宅金融支援機構の設立につづき、住宅政策体系の大転換を期する06年の住生活基本法の成立にむかう小泉路線の方向を見定めるうえで、02年当時の住宅予算、都市公団の事業、地方自治体（東京都）の住宅行政の特徴をみておく必要がある。

住宅予算の大幅削減

　2002年度の国の住宅予算（当初）を前年度対比でみる。住宅対策費（住宅金融公庫をのぞく）は国費9,278億円、10%減、事業費は1兆7,901億円、22%減と大きく削減している。うち公営住宅等は国費3,739億円、11%減、事業費8,312億円、12%減。とくに都市公団の予算減は際立ち、国費（出資金）は136億円、27%減、補助金・補給金は02年度からゼロ、事業（居住環境整備）費は5,064億円と25%も削られている。このうちの住宅整備計画の内訳をみると、その特徴がはっきりする。

　住宅整備費4,067億円のうち、公団賃貸住宅に8,500戸分、2,181億円、再開発関連住宅に2,500戸分、1,741億円をあてる。前年度にくらべると、賃貸住宅は4,200戸減、予算は1,808億円減、じつに45.3%の減である。再開発関連は2,500戸と変わらず、しかも予算は805億円増、85.9%もの増額

である。戸当たり額で新たな再開発関連には 2.6 倍もの予算計上である。施設整備は事業費が半減、予算も 68.3％減となり、団地内施設の衰退がいっそう懸念された。

　公団事業予算が 17.6％減のなかで、居住環境整備は 25％減と大きく、都市整備は 7.6％減にとどめたのにたいし、土地有効利用の 35.1％増が目につく。

　ここで国の住宅対策費（国費）の推移をみておくと、橋本内閣が終わる 1998 年度は 1 兆 6,714 億円（歳出予算総額に占める比率は 1.90％）、以降年々実額、比率ともに下落しつづけ、とくに小泉内閣 2 年目の 2002 年度 9,799 億円（1.17％）を境に急落して、最後の 2006 年度には 7,179 億円（0.9％）へと削減されている。ちなみに、住生活基本法が制定されて後の 10 年度は 2,017 億円（0.22％）、15 年度 1,527 億円（0.15％）である。21 世紀の 15 年間に国の住宅対策費は、なんと 10 分の 1 以下への大激減が現実である。公共住宅政策は撤退にもひとしい。

公団事業の変質と「都市再生」への暴走

　都市公団「改革」は、「特殊法人等整理合理化計画」の閣議決定を先どりして進められ、2003 年度予算概算要求にすでに具体的な姿をあらわした。2000 年 3 月に策定したばかりの「中長期業務運営方針」も 01 年に大幅改定するとともに、「ストック再生・活用計画」（2001 ～ 05 年度）を作成した。改定方針は、公団業務の基本に「構造改革の重要課題の一つである都市再生に貢献」を打ちだし、業務内容として、①「市街地の整備改善」、②「賃貸住宅の供給および管理」をあげた。ストック再生・活用計画では 5 年間に 4 万戸着手、3 万戸の建て替えのほか、新たに「トータルリニューアル」をかかげた。棟単位に全世帯の明け渡しをもとめて大規模改修をする検討にはいったが、結果として実現をみることはなかった。

　「都市再生」は小泉構造改革の目玉の一つである。小泉内閣は発足するとすぐ、01 年 5 月に首相を本部長とする都市再生本部を設置し、牧野徹が都市公団総裁をやめ、首相補佐官として担当した。小泉政権のもとで 23 の「21 世紀型都市再生プロジェクト」が指定された。環状道路をはりめぐらし、空

198　第4部　小泉「構造改革」と公団住宅民営化の道

港をひろげ、都市部に超高層ビルをどんどん建設していこうという計画である。このうち第3次決定（01年12月）は、「公共賃貸住宅約300万戸について今後10年間の建替え、改修、用途廃止等の活用計画」を2002年度中に策定するよう求めた。

　従来型のばらまき型公共事業には国民の批判が高まっていた。「効率化・重点化」と称して形をかえた大都市集中の公共事業であり、ねらいは局地的なバブルの再現であった。02年に都市再生特別措置法を成立させ、都市再開発法等を改正した。この法律で「都市再生特別地区」「緊急整備地域」に指定されると、日照権や容積率などほとんどの規制がはずされ、都市開発が民間企業に丸投げされ、住民を追い出しやすくする仕組みがつくられた。都市公団が実施する市街地再開発事業も、一部は「緊急整備地域」の指定をうけ、都市再生の実現にふみだしていた。

　東京では超高層ビルの建設ラッシュとなり、早くもオフィス「バブル」の崩壊がいわれていた。ヒートアイランド現象、学校も公共施設も近くにないマンション建設など住宅環境の破壊は深刻になっていた。住民にとってコミュニティがこわされ、再開発事業から追い出され、あとに「再生」される地域が人間の住み働く生活空間になるのか。

地方自治体の住宅行政の後退

　住宅「問題」は一般的に、利潤を求めて資本が集中する大都市に固有の問題であり、住宅確保を住民各自の「自助努力」に負わせるのは欺瞞もはなはだしく、住民の身近な守り手であるべき地方自治体の役割と責任は大きい。2001年にはいっての東京都の住宅行政の現状をみておく。

　東京都は01年5月の「住宅政策ビッグバーン」答申にもとづく形で「東京都住宅マスタープラン」（第3次）を作成した。時代状況の変化を理由に、市場の活用（住宅供給は民間が基本）、ストック活用（新規建設をやめ、既存住宅の建て替え・活用に重点）、既成制度の見直し（都営住宅制度の抜本改革）を柱にした政策転換を提言し、市場原理万能主義と行政の役割縮小論をとなえた。

　東京の持ち家率は41.5%、借家が全住宅数の55.6%をしめる（全国平均

60.5％、38.1％）。居住面積は狭く、最低居住水準に満たない世帯は、民営借家では19.3％、公的借家で17.4％あり、住居費負担率も高く（民間借家で22.8％）、いずれの点でも全国最悪である（1998年住宅・土地統計調査）。都営住宅への応募倍率に都民の切実な住宅要求があらわれている。空き家募集で10倍以上、新築では30倍以上、50倍、200倍の例もみられる。石原慎太郎都政が新規建設ゼロをきめた2000年以降、この倍率は上がりつづけている。これにたいし東京都は、都営住宅の絶対量の不足はそのままに、「不公平感」をなくす名目で収入基準を引き下げ、入居を期限つきにするなど、重大な制度改悪にのりだした。

都営住宅を民設・民営方式に移行していく。都営住宅とその敷地（1,900 ha）を民間市場に放出する。期限つき入居制度の導入、入居にあたり課税所得以外に資産調査、使用承継制度の見直しなど、都営住宅制度の改悪をはかり、公営住宅法のさらなる改悪をうながした。行政組織の上でも、02年度から都営住宅の管理業務を住宅供給公社に全面的に委託を拡大し、建設・管理に「経営的視点の強化等が可能となる」特別会計を導入するほか、住宅局の再編をすすめた（04年4月に住宅局を廃止、都市整備局に再編した）。

5. 都市再生機構法案と国会審議

独立行政法人都市再生機構は、都市基盤整備公団を廃止し、地域振興整備公団の一部を統合して設立される。法案は2003年2月12日に閣議決定、第156国会に提出された。機構の組織、運営、財務の大枠は独立行政法人通則法（01年1月施行）できめられており、新法は第3条（機構の目的）のほかは、おもに業務の範囲と実施方法等をさだめている。

通則法によると、法人の長と監事は主務大臣が任命し、解任する権限をもつ。制度上の要となるのは、主務大臣が決定する「中期目標」（3～5年目標）であり、これをうけ法人が「中期計画」を作成する。計画は「業務運営の効率化」「財務内容の改善」を図るものでなければならない。総務省のもとにおかれる「評価制度委員会」は、たえず法人の組織・業務を評価し、定期的に

200　第4部　小泉「構造改革」と公団住宅民営化の道

（3～5年ごとに）中期目標にてらして「当該独立行政法人の存廃・民営化について検討する」ことになる。独法化の目的は、公共的な事業を「効率的かつ効果的に行わせ」、やがて廃止ないし完全民営化していくための中間段階、橋渡し役にしており、会計処理は「企業会計原則」による。ただし余剰金の使途は主務大臣の認可を要し、「企業の自由」は制限される。

　都市再生機構法案の提案理由をつぎのように説明している。

　大規模な工場跡地や地上げによる虫食い地等の土地利用は適切に転換できておらず、密集市街地については権利関係が複雑なため民間だけでは整理改善が困難な状況にあり、民間による都市再生の条件整備を図ることが大きな課題となっていると前置きして、機構の目的をかかげる。

1. すでに市街地を形成している区域において都市再生に民間事業者を誘導するための条件整備として、権利関係の調整等のコーディネート業務や関連公共施設の整備をおこなう。
2. 賃貸住宅の供給は民間事業者にゆだね、機構は敷地を整備し提供する。
3. 都市公団から承継する賃貸住宅を管理し、必要な建て替え等をおこなう。
4. 新たな市街地整備を目的とする宅地開発、政策的に機構が実施する必要のない業務は新規に着手しない。

　全国自治協は法案審議をまえに国会各党に要望事項をしめし、協力要請と懇談をかさね、各地方自治協でも地元選出議員に要請をつづけた。各党もこれを重視し、自民党には「公団住宅居住者を守る議員連盟」、民主党では「公的賃貸住宅の将来を考える市民・議員懇談会」が結成され、かつてない状況が生まれた。これら議員連盟はいまも続いている。

　都市機構法案は2003年4月18日に衆院国土交通委員会で審議にはいり、6月13日の参院本会議で可決成立した。委員会審議は衆院で5月7、9、14日、参院も6月10、11、12日の各3日間ひらかれ、うち各1日は参考人質疑が

おこなわれた。両院各委員会とも賛成多数で可決した後、全会一致で政府と機構にたいする付帯決議を採択した。

数多くの特殊法人が審議らしい審議もないまま、ほとんど一括で独法化されてきたのにたいし、都市機構法案については両院とも各3日間、委員会審議と自治協代表をふくむ参考人質疑がおこなわれたことは、当時の国会状況のなかでは大きな成果といえよう。審議にあたっては各委員とも自治協の要請をうけとめ、有効な大臣・政府答弁を引き出すことができた。委員会室に各自治会から延べ700人以上の傍聴者がつめかけ、大臣をはじめ各委員の注目をあつめた。「こんなに多くの方が傍聴される委員会は数少ない。それだけ心配されているんです」との発言がその場の雰囲気をつたえている。

法案審議は冒頭から「新法人になっても住みつづけられる権利が守られるかどうか」との質問に、扇千景国交大臣は「ぜひご安心いただきたい。現に入居している居住者の安定に最大限に配慮することだけはきちんと担保させていただく」と答えた。既存公団住宅の役割と居住の安定確保にかんするかぎり審議はこの基調ですんだ。

参考人質疑には、衆院は岩沙弘道（三井不動産株式会社社長）、山口不二夫（青山学院大学教授）、多和田栄治（全国自治協代表幹事）、参院には伊藤滋（早稲田大学教授）、原田敬美（東京都港区区長）、片岡規子（全国自治協幹事）が立った。

参考人の冒頭発言で岩沙は、新法人にたいし民間ディベロッパー事業に先だつ都市基盤整備と、公団既存住宅の建て替えによって生まれる余剰敷地の提供に期待を表明した。経営分析が専門の山口は、借入れ過多依存のなかで不適切な資産を増やしつづけ、不良資産化している都市整備部門の不健全な経営と、賃貸住宅部門で稼いだ毎年3,000億円弱の利益が支払い利息ですべて消えてしまう構造についてのべた。多和田は全国自治協の調査をもとに、居住者の生活と家賃負担の実態を紹介しながら、収入に見合った家賃制度への改善をもとめ、新法人が管理の民間委託拡大や住棟売却ではなく、住宅と住環境の保全、コミュニティの形成に寄与するよう訴えた。

6. 全会一致の都市機構法付帯決議

　全国各団地での自治会活動のもり上がりを背景にした国会・政府へのねばり強い働きかけ、法案審議におけるに自治協代表の参考人発言と傍聴行動、これらが一体となって機構法案の問題点を浮きぼりにし、審議内容と付帯決議の各項目に居住者要求を反映させたといえる。2003 年 5 月 14 日の衆院国土交通委員会付帯決議の要旨は——

①　「住宅が国民生活を支える基本的な基盤である」ことを確認したうえで、つぎの事項を政府・機構にもとめる。
②　政府は、公的賃貸住宅の計画的整備、高齢者向け賃貸住宅の供給の促進のための制度の拡充等により、国民の住宅セーフティネットの構築に努めること。
③　機構は、居住者の居住の安定を図ることを政策目標として明確に定め、居住者との信頼関係を尊重し、十分な意思の疎通と連携のもとに適切な住宅管理に努めること。
④　機構は、居住者にとって過大な負担とならないよう家賃制度や家賃改定ルールに対する十分な配慮に努めること。とくに低所得の高齢者等にたいする家賃の減免や建て替えにともなう急激な家賃の上昇の抑制については十分に配慮すること。
⑤　機構は、建て替えにあたっては居住者の居住の安定を図るとともに、良好なまちづくりとコミュニティの維持に努めること。
⑥　機構は、賃貸住宅事業とその他の事業との区分経理を明確にし、財務内容等の情報公開を積極的に進めること。
⑦　国土交通省の独立行政法人評価委員会には、機構の賃貸住宅の居住者の意見が参酌されるよう配慮すること。

　このほか、地方自治体および民間事業者との関係、機構の関連会社等との

契約、機構組織および運営のあり方にかんする事項をふくめ 11 項目からなっており、参院での 6 月 12 日の委員会決議も内容はほぼ同じである。

11 項目にもわたる長文の付帯決議は、内閣提出の法案には本来抜本的に修正すべき問題点がいかに多いかをしめすとともに、法案には賛成できない居住者の意見、自治協の運動が抑えがたく高まっていたことの証しでもあった。政府・機構にたいする「努力」要請とはいえ国会決議としての重さは、自治協運動のあらゆる部面でその後の貴重な拠りどころ、武器となった。

7.　公団期の財務構造と経営状況—公団から機構へ

都市基盤整備公団が住宅・都市整備公団にかわって設立されたのが 1999 年 10 月 1 日。しかし、翌 2000 年 12 月 1 日には特殊法人改革（「行政改革大綱」）を閣議決定し、2 年後の新公団廃止をきめた。03 年 6 月に独立行政法人都市再生機構法が成立し、機構が発足したのは 04 年 7 月 1 日であった。このあわただしさは、小泉「構造改革」のヒステリックな異常さのあらわれであるが、独立行政法人化して都市公団の何を変えようとしたのか。公団の主要業務についてはすでにみた。ここでは機構設立までの財務構造と、賃貸住宅事業の経営状況をふりかえっておく。この財務構造にも組織再編を急いだ理由があったように思う。

都市機構の発足にあたって国土交通省の資産評価委員会は、都市公団とこれに統合する地域振興整備公団の地方都市開発整備部門からうけつぐ資産を設立時点（04 年 7 月 1 日現在）で時価評価をした。賃貸用不動産（建物およびその敷地）は収益価格を標準とし、積算価格を比較考量して決定したという。これにもとづいてその前後のバランスシートを作成し公表している。

機構は、昭和 30 ～ 40 年代の賃貸住宅資産を中心に含み益があった反面、地価下落の影響をうけ、ニュータウン事業、既成市街地整備等の保有地に含み損が発生したため、全体として債務超過とはなっていないが、約 7,300 億円の繰越欠損金が生じたと説明している。

機構の開始バランスシートから分かるとおり、ニュータウン整備、既成市

街地整備等の保有地資産に3兆円超の評価損が発生したとして、ほぼ半減させ、それをそのまま賃貸住宅部門にくっつけて資産額を35％もふくらませた。公団の賃貸住宅部門の利益は、以下にみるように、これまでも都市再開発、ニュータウン事業の赤字穴埋めの財源として役割をになってきたが、都市機構への移行によって賃貸住宅の資産額をふくらませ収益源として重点化していく方向をよりいっそう強めた。

都市公団解散時における財務実績（都市基盤整備勘定）は、2004年度の貸借対照表と財産目録（04年6月30日現在）、03年度損益計算書（03年4月1日～04年3月31日）からみることとする。

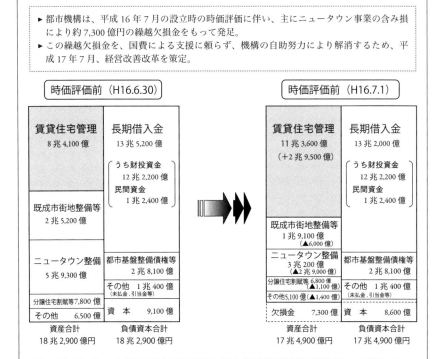

図XIII-1　都市再生機構の開始バランスシートと時価評価

資　産

　都市公団解散時の資産合計は 17 兆 8,948 億円であり、固定資産である事業資産 17 兆 2,936 億円が 96.6％をしめる。うち賃貸住宅資産は 8 兆 2,522 億円（事業資産の 47.7％）、市街地整備改善資産 2 兆 6,135 億円（15.1％）、市街地整備改善建設仮勘定 5 兆 2,780 億円（30.5％）が主なものである。「市街

2004 事業年度財務諸表―都市公団の解散にともなう決算
都市基盤整備勘定財産目録　（2004 年 6 月 30 日現在）
貸借対照表　（2004 年 6 月 30 日）

（単位：億円）

資産の部		負債及び資本の部	
流動資産	2,342	流動負債	7,933
固定資産	174,450	固定負債	160,813
事業資産	172,936	長期借入金	132,999
		政府資金	120,772
市街地整備	26,135	財政融資	115,926
改善資産		民間資金	12,227
賃貸住宅資産＊	82,522	都市基盤整備債券	26,386
市街地整備	52,780	特別法上の引当金等	953
改善建設仮勘定		（負債合計）	169,699
賃貸住宅	4,073	資本金	8,439
建設仮勘定		政府出資金	8,419
		利益余剰金	810
繰延資産	2,155	（資本合計）	9,249
資産合計	178,948	負債・資本合計	178,948

正味財産（＝資産合計－負債合計）9,249 億円

＊賃貸住宅資産：住宅 75 万 9,525 戸、5 兆 2,538 億円／土地 4,812ha、2 兆 9,710 億円／施設 256 億円

206　第4部　小泉「構造改革」と公団住宅民営化の道

2003事業年度　損益計算書（2003年4月1日〜04年3月31日）

都市基盤整備勘定　　　　　　　　　　　　　　　　　　　　　　　（単位：億円）

	総額	市街地整備改善勘定	賃貸住宅勘定
経常費用	13,295	5,685	5,974
市街地整備改善管理諸費	4,739	4,739	
賃貸住宅管理諸費	2,856		2,856
一般管理費	148	27	116
支払利息	3,901	724	2,956
当期利益金	474	27	471
合計	14,962	6,485	6,861
経常収益	13,036	5,333	6,468
市街地整備改善管理及譲渡収入	5,033	5,033	
賃貸住宅管理収入	5,994		5,994
特別利益（補助金等収入ほか）	1,926	1,152	393
合計	14,962	6,485	6,861

＊都市基盤整備勘定は、ほかに公園勘定と分譲住宅特別勘定をふくむ。

地整備改善」とは、賃貸住宅管理以外の業務で、さきに列記した都市公団の主要業務である再開発、都市整備、居住環境整備等の事業をさし、その資産の多くは整備敷地等として販売され、これら事業の建設・仕掛り中の資産が建設仮勘定に数えられる。

　推移をみるため、2004年度の財産目録を1995年度のそれと対比すると、総資産は15兆2,626億円の1.17倍、うち賃貸住宅資産は5兆6,442億円の1.5倍、市街地資産（宅地および特定再開発資産の計）は7,114億円の3.7倍、市街地建設仮勘定は4兆4,840億円の1.2倍へと増大した。分譲住宅資産は事業の撤退により1兆9,147億円の0.2倍、3,844億円に縮小した。

　市街地整備改善建設仮勘定は、都市機構法案審議にさいし03年4月18日の衆院国土交通委員会において山口不二夫参考人が指摘した公団の膨大な不良土地、その地価下落の問題がかかわっている。財産目録も、都市機能更

新事業（みなとみらい 21 中央地区ほか 13 地区）、都市整備事業（南多摩地区ほか 136 地区、住宅 131 地区・工業 6 地区）、居住環境整備事業（仕掛り中の住宅 1,705 戸、施設 7.4 ha、用地 142.7 ha）と摘要に記すのみで、内訳金額は明らかにしていない。建設仮勘定の中身は、まさに「ブラックボックスで、そこにどんどん送り込んで、終わったときに一体どうなるんだろう」と、のちに元理事長小川忠男が語っている（社内報「まち・ルネッサンス」2012 年 6 月号）。

　総務庁行政監察局の 99 年 12 月報告によると、公団の保有用地が建設仮勘定の状態から完成資産になるまでの回転期間は年々長期化し、96 年に住宅用地は 16.3 年、分譲用地は 18 年になっている。また 90 年までは地価上昇による保有利益が用地の支払い金利である保有経費を上回っていたが、95 年を境に逆に地価下落により軒並み保有経費が上回り、売上げが激減した。とくに宅地譲渡は原価割れの状態であった。

　総資産の 46％をしめる賃貸住宅資産の内訳は、住宅が 75 万 9,525 戸、価額 5 兆 2,538 億円、賃貸住宅等の土地は 4,812 ha、2 兆 9,710 億円、ほかに賃貸施設等 256 億円がある。

負債および資本

　固定負債は 16 兆 813 億円、うち長期借入金 13 兆 2,999 億円、都市基盤整備債券 2 兆 6,386 億円がおもで、資本金は 8,439 億円である。負債・資本合計 17 兆 8,948 億円に占める固定負債の比率は 89.9％と借入金依存度のきわめて高い財務構造である。

　長期借入金の 90％超は政府資金、そのほとんどは財政投融資資金 11 兆 5,926 億円である。旧大蔵省は、郵貯などを原資とする莫大な資金運用部資金を、公団や公庫を使ってなんとか運用しなければならなかった。公団が「財投機関」と言われるゆえんである。民間からの借入金は 1 兆 2,227 億円である。

　なお、長期借入金の推移をたどると、98 年度以降の増加がめだち、95 年度対比で総額で 1.38 倍（政府資金 1.28、民間資金 0.65、資本金 3.86）と急増している。

　資本金は 8,439 億円であり、自己資本比率、総資本にたいする資本金の比

208 第4部 小泉「構造改革」と公団住宅民営化の道

率は 4.72％ と極端に低い。それでも、さかのぼると 1995 ～ 97 年度の 1.4％
台から 98 年度に 2.85％、99 年度 3.72％、2000 年度 3.83％、01 年度 4.09％、
02 年度 4.39％ と増額され、05 年度には 5％ 台となった。ちなみに三井不動
産のばあいは、02 年 3 月現在 20.12％ である。

　この政府出資金の増額は、すでに述べた 98 年 4 月の「総合経済対策」の
目玉として住都公団に土地有効利用事業本部を創設させ、大都市部の虫食い
土地等の買い上げに狂奔させた時期にあたり、1 年後に住都公団は都市公団
にかわった。

部門収益と賃貸住宅の営業利益

　2003 年度損益計算書によると、経常収益は 1 兆 3,036 億円、うち市街地
整備改善勘定が 5,333 億円で 40.9％、賃貸住宅勘定 6,468 億円は 49.6％、ほ
か公園勘定と分譲住宅特別勘定で 9.5％ をしめる。売上げにたいする経費に
あたる経常費用は 1 兆 3,295 億円、うち市街地勘定が 5,685 億円で 42.8％、
賃貸住宅勘定 5,974 億円は 44.9％、他が 12.3％ である。

　営業利益は、1995 年度から 2001 年度までの推移をみると、各年度とも概
ね 3,000 億円を超え、賃貸住宅管理部門からそのほとんどがもたらされ、公

2003 年度部門別損益計算

（単位：億円）

	市街地整備改善管理	賃貸住宅管理
管理・譲渡収入①	5,033	5,994
管理諸費②	4,739	2,856
売上総利益③＝①－②	294	3,138
一般管理費④	27	116
営業利益⑤＝③－④	267	3,022
支払い利息⑥	724	2,956
経常利益⑦＝⑤－⑥	－ 457	66
特別利益（補助金等）⑧	1,152	393
特別損失（建設原価圧縮費等）⑨	773	416
当期利益＝⑦＋⑧－⑨	－ 78	43

団収益の柱をなしてきた。これを03年度損益計算書によって市街地整備部門と対比してみる。

　さきに公団の資産の増大、負債・資本の増額をみたが、これにたいし売上げ、損益の推移はどうか。

　借入れをさらにすすめ資本金もふやして資産を大幅に増加させたが、売上げは落ち、収益悪化の道をたどったのが実態である。95年度対比で2003年度の総売上げ（経常収益）をみると、1兆7,614億円から1兆3,036億円へ26.0％の落ち込みである。経常費用も1兆7,685億円から1兆3,295億円へ、ほぼ同率の減少であるから、営業利益が維持されているとしても、総資産にたいする利益率の下降は顕著である。

　部門別にみると、賃貸住宅関係はあとにして、宅地・都市整備関連の「宅地管理・市街地整備改善および譲渡収入」は、95〜01年度に3,012億円の0.73、2,203億円まで減少している。市街地資産は3倍になったが売上げは3割の減少である。売上げ減にともなって同管理諸費も減少したが、管理諸費をまかなえず営業利益は、この7年のうち5年間赤字だった。つづく02〜03年度は売上げこそ4,067億円、5,333億円と伸びたが管理諸費が上まわり、両年度ともやはり赤字を出した。

　売上げに役立たない、それどころか経営の足を引っぱる市街地資産がいかに多いかが分かる。

　くわえて巨額の借入金の利払いである。上記の数値がしめすように、市街地開発部門は営業利益さえ確保が困難なのに利払いにおわれ、大幅な経常利益の赤字を連年だしている。賃貸住宅部門では、家賃等の収入から管理諸費を引いた営業利益の、この年度は97.8％、平均的にも概ね90％が借入金の利払いにあてられている。問題は、すでに指摘したとおり、借入金への過多依存の構造と、不良資産化がすすむ大量の保有土地にあることは明白である。

210　第4部　小泉「構造改革」と公団住宅民営化の道

（単位：億円）

資産の推移	95 年度	01 年度	04 年 6 月	04 年 7 月
資産合計	152,626	177,092	178,948	174,827
賃貸住宅資産	56,442	75,137	82,522	113,600
分譲住宅資産	19,147	5,393	3,843	6,800
宅地・市街地	7,114	23,299	26,136	19,100
住宅建設仮勘定	16,402	10,869	10,869	
宅地建設仮勘定	44,840	55,423	52,780	30,200
負債・資本の推移	95 年度	01 年度	04 年 6 月	04 年 7 月
負債合計	150,458	169,844	169,699	169,844
長期借入金	96,208	123,330	132,999	126,709
資本金	2,188	7,154	8,439	8,575
部門別売上げの推移	95 年度	99 年度	01 年度	03 年度
経常収益	17,614	12,608	13,633	13,036
経常費用	17,685	12,964	13,842	13,295
賃貸住宅管理収入	5,172	6,013	5,716	6,468
賃貸住宅管理諸費	2,608	2,764	2,795	5,974
差額	2,564	3,249	2,921	494
宅地管理・市街地整備収入	3,012	1,780	2,203	5,333
宅地管理・市街地整備諸費	3,106	1,908	2,228	5,685
差額	−94	−128	−25	−352
一般管理費	192	185	178	148
営業利益	3,172	3,346	3,138	557
支払利息	3,464	3,501	3,424	3,901
経常利益	−73	−356	−209	−259
当期利益	−12	−29	225	474

山口不二夫「都市再生機構の経営分析」（2005 年 4 月）より作成

8. 賃貸住宅の経営状況

賃貸住宅とその土地の資産

賃貸住宅資産は住宅、施設、住宅等土地から成る。賃貸住宅および土地資産の規模と価額（資産価額は減価償却累計額を除く）の 1991 年度、2000 年度、2004 年 6 月 30 日現在との対比は、つぎのとおり。

（単位：億円）

	91 年度	00 年度	04 年 6 月 30 日	00/91 比率	04/91 比率
賃貸住宅資産の計	46,556	71,737	82,522	1.54	1.77
資産価額	30,546	46,723	52,538	1.53	1.72
戸数（戸）	697,909	742,034	759,525	1.06	1.09
賃貸施設資産価額	429	148	256	0.34	0.60
賃貸土地資産価額	15,581	24,863	29,710	1.60	1.91
面積（ha）	4,820	4,802	4,812	1.00	0.99

ここでよく分からないのは、賃貸住宅戸数の微増にもかかわらず、資産価額が大幅に増加したことと、賃貸土地は面積の微減に反しほぼ倍増した理由である。

住宅にかんしては、戸数と新規住宅の床面積の微増のほか、建て替えや住宅リニューアルなどによる住宅資産簿価の引き上げはありうる。そのほか、従前は建設原価を 70 年償却で回収する方式で家賃を算定したのが、築後 40 年くらいで建て替え、未償却分を新たな住宅の原価に組み入れ資産価額は上がるともいえるが、比率に表われる程とは思えない。公団の建て替えは、敷地を何十倍にも上がった時価をもとに再評価し、家賃を 3 倍にも 4 倍にも引き上げたうえ、高層化して余剰地をつくりだし民間に売却するのがねらいだから、住宅用地の資産価額がはね上がることは考えられる。しかし、それにしても建て替えの建設戸数は全戸数の 9.0％にもおよばず、住宅・土地資産の全面的な倍増ともいえる価額急増の説明には到底ならない。

212 第4部 小泉「構造改革」と公団住宅民営化の道

あと推量すれば、機構へ移行の開始バランスシート上、債務超過にさせないために、賃貸住宅部門以外は資産価額を大幅に引き下げざるをえない状況のもとで、安定的に純利益をあげている賃貸住宅とその用地の資産価額を引き上げるほかなかった、作為ではないか。

賃貸住宅経営の収入と費用

賃貸住宅の管理収入は家賃、共益費、施設・倉庫賃貸料などの収入であり、経常費用としては賃貸住宅管理諸費（管理業務費と資産減価償却費）、一般管理費、財務費（支払い利息）がある。先にならって、各年度の損益計算書から1991年度から2004年6月30日現在までの数値をならべてみる。

（単位：億円）

	91年度	96年度	01年度	04年6月30日	01/91比率	04/91比率
賃貸部門収入計	4,402	5,368	5,716	5,994	1.30	1.36
住宅家賃収入	3,738	4,452	5,132	5,399	1.37	1.44
住宅管理諸費	1,990	2,570	2,794	2,856	1.40	1.44
部門一般管理費	149	147	144	116	0.97	0.78
営業利益	2,263	2,651	2,778	3,022	1.23	1.34
経常利益	401	295	279	66		
部門支払い利息	1,862	2,356	2,499	2,956	1.34	1.59

バブル崩壊後のこの時期、賃貸住宅の新規建設はほぼ終息していた。公団は家賃の増収を継続家賃のくりかえし値上げと、建て替え、住宅リニューアル等による増収にたよった。91年に第4次、95年に第5次、2000年に第6次、03年には第7次改定と家賃値上げ攻勢をかけてきた。さきの行政監察局報告も「96年度の民間住宅は2年前にくらべ、譲渡価格は75％、家賃は93％に低下しているのに、住都公団の分譲住宅は108％、家賃は107％上昇し、民間の価格動向に逆行」と指摘していた。公団収益の柱である家賃収入のこの「安定的な確保」、引き上げが、居住者の生活に具体的にいかなる犠牲を強いているか、公団住宅の性格を歪めてきたかは、ここであらためて述べる

までもない。

都市公団経営の評価と課題

都市公団の財務構造と賃貸住宅経営の特徴と問題点をみてきた。その総合的な評価については、1996 ～ 2002 年の公団経営を分析した山口不二夫論文「都市基盤整備公団の経営分析と土地保有機構、ナショナルトラストセンターへの可能性——三井不動産（株）との比較を通じて」（青山国際政経論集 59 号、2003 年 1 月）から、総括的な要旨を引用しておく。山口は 03 年 5 月の都市機構法審議のさい、わたしとともに衆院国土交通委員会で参考人発言をした。

　①本業で見た公団の経営は、高い営業利益を出しており、決して不効率ではない。効率である。②とくに効率的で、経営成績に貢献しているのは賃貸部門である。問題点としては、③自己資本比率が極端に低く、④高い営業利益水準を食いつぶす過多の借入による資金調達であり、金利負担が極めて大きい。また調達金利も高利である。96 年から 02 年の分析対象の期間はバブル崩壊後の厳しい不況下の時期で、この時期、三井不動産では資産を整理し資産の健全化を図ることで経営を立て直し、高い経営成績を達成していることとは対照的に、⑤公団は資産を増加させている。それも経営状態の非常によくない都市開発部門で急速に土地の購入が行われている。⑥そのうえ借入過多依存のなかでの借入金による資産の購入である。現状では、ますます金利負担が重くなり、これがまた経営を圧迫することになる。

　借入過多依存型の経営体質の改善と不健全である都市開発部門の見直しが必要である。このような改善なしには、健全で効率的な賃貸部門までもが悪影響を受けてしまう可能性がある。

9. 都市再生機構の中期目標と中期計画

都市機構の性格と方向は、発足にさいし公団終期のバランスシートを乱暴

に作りかえたその中身にもはっきり見ることができる。そうしなければ都市機構は発足できない、そのために都市機構に改組したとさえ思えた。

①地価バブル崩壊後にも借入金を年々増やし、つぎ込んで都市開発部門の資産を膨らませ、地価下落により保有地は不良資産化している。②借入金の利子負担は営業利益を上回り、同部門の経常利益は連年赤字を出し、公団経営を圧迫している。③公団の営業利益の概ね9割を生みだしてきたのは賃貸住宅部門であり、家賃収入が部門収入の9割を占める。④乱脈経営のツケは賃貸住宅部門の家賃収入に回され、家賃くりかえし値上げへの圧力となった。

⑤公団は、かつては広大な塩漬け土地を買い込み、バブル崩壊後は銀行・大企業がかかえる不良債権処理にあたってきた。そして今、リスクが多く利益の期待できない基盤整備をになって民間ディベロッパーに奉仕する都市再開発を事業の最重点にしている。⑥機構設立後の2005年6月には公営住宅法等一部改正によって、家賃収入が主体をなす賃貸住宅事業利益を赤字部門に繰り入れることを法定化した。

⑦公団経営の失敗や財務の不健全さへの反省、まして抜本的改善への方向性はまったく見られない。「時価評価」を理由に部門別の資産評価額をすり替え、「繰越欠損金」を計上して機構の開始バランスシートを作りかえ、政府・機構幹部の積年の無責任経営のツケと失敗を帳消しにした。⑧そのうえで、「都市再生」事業の名のもとに国家的プロジェクトに格上げし、大企業に奉仕をする都市開発に機構事業を重点化していく足場をならし、賃貸住宅経営の営利事業化に拍車をかける体制をととのえた、と言わざるをえない。

独立行政法人の役割、組織・運営の大枠については、すでに述べた。機構業務は、政府がきめる「中期目標」とこれにもとづいて機構がつくる「中期計画」に列記されている。第1期の中期目標・計画の期間は04年7月1日～09年3月31日である。

業務の重点は、民間ディベロッパーに新たな事業機会を創出するための市街地整備と民業支援におく。既存賃貸住宅の管理は「ストック再生・活用」を中心とする。業務運営については、その効率化と財務内容の改善を目標に

かかげ、2008 年度末の目標期間までに一般管理費 20%以上、事業費 25%以上を削減する、「譲渡収入、家賃収入の確保、資産売却の促進等により収入を確保する一方で、徹底したコスト削減等により支出を削減する」としている。

　この政府の「目標」にそって機構がつくる「中期計画」、さらには「ストック総合活用計画」は、既存住宅にかんして「棟単位で売却に努める」を前提に、「事業効率の高い」団地の建て替えと、「市場価値を高める」増改築の推進が柱だという。経常的な住宅の維持保全こそ居住者共通の第一の要求であるが、順位は最後の項目である。なお建て替えをつうじて目標期間中に住宅戸数を 7,000 戸減らし、整備敷地 100 ha を生みだし売却するとしている。

　機構は「建て替え」も「ストック活用」も、その目的が住宅戸数の削減と整備敷地の売却にあることをいっそう明確にした。建て替えによって造りだした敷地の売却実績は、十数年をへて 2004 年度末までの公団期に約 61 ha である。機構になって 5 年間で 100ha を売却するという。その加速ぶりの具体例として、05 年 3 月 24 日に機構全支社合同でおこなった民間事業者向け用地売却説明会と、4 月 27 日に衆院国土交通委員会でとりあげられた東京・ひばりが丘団地の建て替え計画変更の問題をあげておく。

　ひばりが丘団地では自治会と旧公団が 10 年余にわたって話し合いをかさね、自治体をふくめ団地全体のまちづくり構想に同意したうえで建て替え事業を発足させた。2,714 戸を建て替え 3,600 戸に増やそうという計画であった。第 1 期工事は 1999 年 3 月、1,346 戸に着手した。機構への移行をはさんで第 2 期、1,368 戸に着手予定の 2005 年 3 月までなんの連絡がないまま、機構は突如、三者の合意を一方的に破棄して大幅変更した第 2 期計画をしめして着工説明会を強行しようとした。建て替えは戻り入居者相当分にとどめ、総戸数は、3,600 戸構想を 1,700 戸に縮小する、広大な「余剰地」は、あきらかに民間売却を視野にいれて「他に活用する」といいだした。

　「中期計画」は建て替え事業を中期目標期間中に概ね 150 地区で実施し、70 地区完了するとともに、建て替えによって生みだす整備敷地 100ha の売却をかかげている。それにさきがけ機構は、売却対象全国 50 地区、約 46ha について民間事業者向け説明会をひらくなど、建て替え計画の大幅変更とと

216　第4部　小泉「構造改革」と公団住宅民営化の道

もに、敷地売却に本格的にのりだした。

　「余剰地」売却がねらいの建て替えとともに、住宅管理コストの削減も中期計画の重点課題である。機構は「コスト構造改革プログラム」をつくり、2007年度において対02年度15％の総合コスト縮減とその方策をさだめた。また現地管理業務（居住者対応、窓口案内等）では民間委託の拡大をはかり、05年11月には、500戸未満の1,000団地の現地管理業務を09年度までに民間に委託すると意向をしめし、06年度には76団地を委託し、年々拡大していった。一般競争入札による工事および管理の業務委託の拡大は、安かろ悪かろの結果をまねき、非効率と混乱、サービス水準の低下となってあらわれた。

XIV　住生活基本法は小泉構造改革の総仕上げ

1. 住宅政策の大転換をめざす道筋づくり

　2003年6月13日に都市再生機構法が成立すると、これを皮切りにわが国の公共住宅制度は「構造改革」の名のもとに、いっきに解消にむかい、住宅政策体系の大転換へとすすんだ。

　口火を切ったのは日本経団連、4日後の6月17日に「〈住みやすさ〉で世界に誇れる国づくり—住宅政策の提言」を発表、24日には国土交通省の社会資本整備審議会住宅宅地分科会が「新たな住宅政策のあり方について」の建議案をまとめた。

　経団連提言は、「住宅投資は経済波及効果が大きい。内需拡大や資産デフレ克服の観点から、経済活性化対策としての住宅政策を絶え間なく推進することが必要」として、住宅政策を「国家戦略」と位置づけ、住宅建設計画法の改廃と「住宅・街づくり基本法」の制定をとなえた。具体的な政策には、住宅取得支援税制の導入、証券化型住宅ローンの普及、新耐震基準以前に建てられた住宅の建て替え・リフォームの促進、中古住宅市場の活性化、老朽化マンション建て替え促進等をあげる。財界団体らしい儲け口拡大の方策にあわせ、定期借家契約への切り替え規制の解除や公営住宅の期限付き入居制等をもとめた。

　大学教授らが名をつらねる国交省審議会の建議案は、経団連提言の主旨をなぞって住宅政策「理念」の転換をとなえ、具体的な指針をならべた。公的住宅の直接供給から市場政策にきりかえ、市場落伍者は「住宅セーフティネット」で救済するとの建て前である。公団・公庫を廃止して、次なるねらいは

218　第4部　小泉「構造改革」と公団住宅民営化の道

住宅建設計画法の廃止である。住宅建設計画法は住宅確保を「国民の生活権と行政の責任」という枠組みでとらえていた。この枠組みをこわし「企業と消費」「契約自由」の関係におきかえる。基本を市場原理にすれば「居住権」の根拠はなくなる。

　建議案にたいし全国自治協は代表幹事多和田栄治の名で03年7月31日に意見書を提出した。「住宅不足は解消した」をはじめとする建議案の前提を批判し、国民の居住実態についての正確な認識をもとめて反対意見をのべた。審議会は国民からよせられた意見を反映させることなく、語句を一部訂正しただけで「建議」として9月11日に発表した。

　この時期、住宅政策の転換、市場化をさけび、財界・政府あげての大合唱がはじまっていた。審議会「建議」のほかに、定期借家契約の普及、正当事由制度の見直しをもとめる政府の総合規制改革会議の03年12月22日付「規制改革の推進に関する第3次答申」、経済同友会の04年6月23日付提言「〈住宅価値〉最大化による内需拡大の実現を」等が出ていた。

　2004年9月29日に国土交通大臣は社会資本整備審議会に「新たな住宅政策に対応した制度的枠組みはいかにあるべきか」を諮問する。10月14日に小泉首相が衆院本会議で公明党太田昭宏議員に答弁するかたちで「住宅基本法の制定については、住宅政策全般の見直しのなかで幅広く検討していく」と表明する。そして翌15日には国交省住宅局が「06年度にむけて住宅建設計画法のあり方を議論したい」とのべる。

　こうした経緯をへて同審議会住宅宅地分科会は12月6日、「制度的枠組みのあり方に関する中間とりまとめ」を発表した。その直前の11月19日には自由民主党の住宅土地調査会が、「住宅政策の抜本改革に向けた緊急提言」をおこない、そのなかで06年通常国会で「住宅基本法」（仮称）の制定をめざすと言明した。するとただちに国交省住宅局は「これらのとりまとめ等を踏まえ、住宅政策全般にわたる主要課題と改革の道筋を明らかにするため」と称し、「中間とりまとめ」と同じ12月6日に「住宅政策改革要綱〜住宅政策の集中改革の道筋」を発表した。

　政府がめざす住宅政策の「構造改革」の眼目は、公共住宅制度3本柱の廃

止であり、住宅建設計画法は住宅政策の転換に障害となった。国交省の「住宅政策改革要綱」は、「公共住宅 3 本柱の改革」を 2005 年度にはたすべき急務とした。住宅関連 3 法案はその露払いであり、住生活基本法の制定へとつづく。

2.「新たな住宅政策に対応した制度的枠組み」と公的賃貸住宅制度

　社会資本整備審議会住宅宅地分科会の「中間とりまとめ」のあと、同分科会に小委員会をもうけ、公的賃貸住宅のあり方にしぼって検討をし、さらに基本制度部会がまとめて、05 年 6 月 29 日に「報告案」を発表した。審議会「答申」として大臣に提出したのは同年 9 月 26 日である。

　公団住宅制度は廃止された。住宅金融公庫も 2007 年に廃止・独立行政法人化がきまった。公営住宅等の整備は、国庫補助を打ち切り、地域住宅交付金制度の創設によって「地方の自主性」にゆだねる。これら 3 本柱を中心に国の住宅建設を主導し体系づけてきた住宅建設計画法と 8 期におよんだ住宅建設 5 ヵ年計画も、その歴史的役割は終えたという。この見地から報告案は、住宅政策の制度的枠組みを見直す必要性を説き、新たな枠組みの構築をめざして、住宅政策の基本理念と基本法制のあり方を列記する。

　これまでの住宅建設計画法は、①居住水準目標の設定、②住居費負担の適正化、③公的住宅供給制度の役割、等々を施策目標にかかげ、政府の責任を明確にしながら目標達成に努める建て前をとっていた。住宅事情貧困の現状は建て前の所為ではなく、建て前を放棄してきたからである。

　報告案にみる政策理念は「市場において自力で住宅を確保することが基本」とさだめ、「市場重視」と「ストック重視」への政策転換をせまる。めざすべき住生活の姿として「良質な住宅ストックの形成」「無理なく選択できる住宅市場の形成」「住宅の資産価値の評価・活用」「住宅困窮者の安定した居住の確保」の 4 つをあげる。住宅建設計画法が定めたような政策指標はない。住宅取得を各自の消費行動、「自由な選択」とみなすことで、すべての国民に最低限度の居住水準と、限度内の居住費負担による居住を政策的に保障す

る立場を国はとらない。施策の基本的視点の第一にかかげるのは「市場重視の政策展開と消費者政策の確立」である。

　「自力」と「市場」がすべての政策原理からは、「居住権」の理念は消える。市場はかならず落伍者をだす。報告案は「住宅困窮者の居住の確保」をいうが、すぐあとでこう付け加える。

　　　従来の住宅基本法をめぐる論議においては、いわゆる憲法25条にもとづく生存権を具体的に保障するため、すべての国民が一定水準の住居に一定の住居費で居住する権利を認め、それを国が保障する責務を負うべきとの議論があったが、居住にかんする権利は、私法上の権利も含め、その内容も多岐にわたるものであり、包括的な権利として基本法制に定めることについての国民的コンセンサスがあるとはいえないと考えられる。

　報告案は、政策転換の必要性、新たな理念と視点を記したうえで、4つの「重点的に講ずべき施策分野」、①「市場重視型の新たな住宅金融システム」、②中古住宅の流通、リフォーム事業の推進、持ち家資産の流動化、マンション管理・建て替えなど「今後発展が見込まれる市場」、③「住宅セーフティネットの機能向上に向けた公的賃貸住宅制度の再構築」、④「市街地における居住環境整備の推進」をあげる。だが、「必要である」「すべきである」と書くばかりで、だれがどう解決するのか、その責任主体と現実的な方策には言及しない。国には「方針と支援」を求めるにとどまり、行政、地権者、住民、企業等の緊密な連携による「地域主導」へと転換をもとめる。

　住宅政策の新たな基本理念を実現するには、これまでの国と地方自治体が主体ではなく、事業者、国民も役割を分担し、市場においては事業者が主要な役割をになうことを強調する。

　「住宅セーフティネットの機能向上に向けた公的賃貸住宅制度の再構築」については、市場政策が「弱者切り捨て」になることを認め、だからこれも重点施策だという。しかし現実には、公営住宅等の縮小、制度の解体を進めてきている。

報告案はこう建議する。公営住宅等は供給拡大は見込めず、住宅セーフティネットの役割は負いきれない。だから、既存公営住宅への入居資格と収入基準をきびしく定めて「供給の適正化」につとめる。入居者には、非入居者との家賃負担や入居機会の公平性の観点からも、民間家賃の実態をふまえて適正化をはかり、定期借家制度（期限付き入居）を幅広く活用すべきである。管理は管理代行制度、指定管理者制度、民間委託などを活用する。

　住宅困窮者の増大を見越しながらも公的賃貸住宅の拡大には向かわず、既存公営住宅等のしめ上げ以外は、民間借家支援と民間住宅の活用を項目にあげるにとどまっている。都市機構賃貸住宅についても「有効活用」をいいながら、具体案にはふれていない。国の責任回避と地方自治体への押しつけだけが際立ち、「住宅セーフティネット」の語句ばかりがくりかえされている。

　報告案の理念と計画体系に立って制定される「住生活基本法」の内容と方向は、原案がしめされるまでもなく、すでに自明といえよう。

---

3. 公共住宅政策を骨抜きにした住宅関連 3 法

　住宅政策の分野でも公共責任から市場原理への転換をめざした小泉「構造改革」は、以上みたように、官民あげての答申、提言等々の大合唱を背景に、まずは公営、公団、公庫の各法をひとまとめにして骨抜きをはかった。それが、2005 年 2 月 8 日に閣議決定した住宅関連 3 法案である。

1) 公的資金による住宅及び宅地の供給体制の整備のための公営住宅法等の一部を改正する法律（公営住宅法等一部改正）

　「公営住宅法等一部改正」と称して、公営住宅法、住宅金融公庫法、都市機構法、地方住宅供給公社法などの法律を一括しての乱暴な改正であった。

　公営住宅法と公社法の一部改正では、公営住宅の家賃収入補助は 2005 年度をもって打ち切ることをきめ、管理を他の地方公共団体または地方住宅供給公社が代行できるようにする一方、公社は自主的に解散してよいことにした。住宅金融公庫法は 2007 年 3 月 31 日廃止までの経過措置として改正した。

222　第4部　小泉「構造改革」と公団住宅民営化の道

都市機構法については、資産の含み損が約3兆円にのぼったニュータウン事業の中止にともない特別勘定を設けて造成宅地等の早期処分をおこない、財投資金の繰り上げ償還をすること、家賃収入が大部をなす都市再生勘定から宅地造成等経過勘定への利益の繰り入れをさだめた。居住者から過重な家賃徴収をして10％をこえる純利益をあげ、これを大企業奉仕の事業が出しつづける赤字の穴埋めにまわす法改正であった。

2）地域における多様な需要に応じた公的賃貸住宅等の整備等に関する特別措置法

（地域住宅特別措置法）

この特別措置法は、多様な需要にこたえる公的賃貸住宅の整備の推進をとなえながら、すべて国および地方自治体の「努力義務」としている点に特徴がある。都道府県、市町村は、「国が定める基本方針に基づき」地域住宅協議会を組織し、地域住宅計画を作成することが「できる」（「しなくてもよい」）。地域住宅計画を「提出した自治体」にたいして国は、予算の範囲内で交付金を交付することが「できる」。国には「基本計画を定める」以外、公的賃貸住宅整備の義務はいっさいない。国庫補助または負担を廃止して交付金制度にかえ、その整備の責任を主として市町村まかせにし、国は責任から撤退する方向をしめしている。この法律で、国庫補助とともに「公営住宅」の名は消え、2005年度住宅予算は、「公営住宅等」の項目は「住まいの安心確保」にかわり、国費、事業費とも年々ひきつづき目立って削減されている。ちなみに「住宅対策」全体では前年度にくらべ、国費6％、事業費18％の減少にたいし、「市街地整備」に限っては、それぞれ33％、18％の増加であった。地域住宅交付金制度の創設、ごく少額の交付金計上とひきかえに国の住宅予算はばっさり切られていくことになる。

3）独立行政法人住宅金融支援機構法案

住宅金融公庫は廃止、個人向けローンは、災害対応等を除きすべて民間金融機関まかせになる。新法人は、債権の証券化等により金融機関の支援にあたる。持ち家をもとうとする人は、民間金融の厳しい選別のもとにおかれ、

先行き不安定なローン返済を強いられることは避けられない。

　さきの2法案は、2005年4月22、26、27日に衆院国土交通委員会で審議された。関東の5公団自治協を中心に連日60名、延べ180人をこえる団地自治会役員が早朝から駆けつけ、傍聴席を埋めた。質疑のあと27日に賛成多数で可決、10項目からなる法案にたいする付帯決議が採択された。法案は5月10日の衆院本会議で可決され、審議は参議院に移った。

　参議院の委員会審議は6月9、14、16日の3日間おこなわれた。14日には参考人の意見聴取があり、浅見泰司（東京大学）、川崎直宏（市浦ハウジング）、多和田栄治（全国自治協代表幹事）がまねかれ、多和田は居住者の立場から公共住宅の重要性を強調する意見をのべた。

　傍聴には6月9日90人、14日110人、16日86人、3日間で延べ286人がつめかけ、田名部委員長の計らいでいちばん広い委員会室で審議をおこない、熱心な傍聴が委員に感銘をあたえた。両法案は賛成多数で可決、10項目の付帯決議が全会一致で採択された。

　両法案は05年6月22日に本会議で可決、成立した。独立行政法人住宅金融支援機構法は7月6日に成立、住宅金融公庫は廃止された。

4. 住生活基本法制定に動きだす

　2005年6月18〜19日の全国自治協第32回定期総会は、都市公団が都市機構にかわって初めての総会であり、先行き不安な課題が山積していた。公共住宅制度を解体にみちびく住宅関連3法案は全国総会を前後して国会審議、成立をみ、住生活基本法の制定がひかえていた。借地借家法の議員立法による改悪の動きも収まっていなかった。機構は発足してすぐ、旧来の家賃改定ルールを見直す考えはなく、06年4月には継続家賃いっせい改定の意向をしめした。また機構「中期目標」をテコに団地の切り売り、管理サービスの切り下げと団地管理の民間委託拡大に走りはじめていた。

　いわゆる住宅基本法の制定をめぐっては、1969年から93年かけて住宅基

224　第 4 部　小泉「構造改革」と公団住宅民営化の道

本法案、住宅保障法案などの名称で十数回にわたり野党から議員立法で国会に提出されたが、いずれも審議未了に終わった経過がある。住宅宅地審議会も 75 年と 80 年に 2 回答申をしている。この時期の政府答弁はやや前向きだったが、87 年以降は「まだ過早」と一貫して消極的な姿勢をとりつづけた。それには「公団住宅の家賃変更問題が議論になったこと等が影響したものと思われる」と住生活基本法案参考資料（06 年 4 月、衆院調査局）は記している。議員提案のほかに、いくどか民間団体から住居の確保を国民の権利として明確にすることを求める「住居法」の提起もあった。

　小泉政権になっての住生活基本法制定への動きは、かつて国民の要求を背景に野党が提起した目的、内容とはまったく逆方向のものであった。経団連が 2003 年 6 月に「住宅・街づくり基本法」の制定をよびかけ、住宅 3 法が成立する直前の 05 年 6 月 21 日にふたたび基本法制定を提言したそのねらいは、財界・政府の緊密な連係プレーのもとで同年 9 月 26 日に社会資本整備審議会の答申「新たな住宅政策に対応した制度的枠組みについて」としてまとめられ、基本法制定にむけて動きだした。

　小泉内閣は 06 年 2 月 6 日に住生活基本法案を閣議決定し、第 164 国会に提出した。この法案は住宅政策における「小泉構造改革」の総仕上げであり、その内容は、業界紙の見出し「住宅・不動産業界の憲法」、業界トップの声「住宅産業界の長年の悲願だった」「業者の価値観に基本的に一致する」が言いあてている。

5. 住生活基本法をめぐる自治協要求と国会の法案審議

　法の目的は、住宅施策について「基本理念」を定め、「国等の責務」を明らかにするとともに、理念実現を図るための基本的施策、「住生活基本計画」その他の基本となる事項を定めることにより、「国民生活の安定向上と社会福祉の増進を図る」との通例の結びにくわえ、「国民経済の健全な発展に寄与すること」としているのが象徴的である（第 1 条）。

　この法では、住宅建設計画法が定義していた「公的資金による住宅」は消

え、公的賃貸住宅の用語もなく、公営住宅をはじめ、公庫融資の住宅、都市機構の賃貸・分譲等を「公営住宅等」に一括している（第2条）。

　法の基本理念として、「良質な住宅の供給等」「良好な居住環境の形成」「住宅を購入する者等の利益の擁護および増進」「住宅の確保に特に配慮を要する者の居住の安定の確保」の4項をあげ、これら各項が「図られることを旨として、行われなければならないものとする」に終始している（第3～6条）。

　基本理念にのっとり施策を策定し、これを実施する責務は、国および地方公共団体にあるとしながらも（第7条）、これと並べて住宅関連事業者（第8条）のほかに、公営住宅等の供給を行なう者、居住者、地域において保健医療または福祉サービス等の提供者など関係者は相互に連携協力するよう努めなければならない、としているのも新たな特徴である（第9条）。

　そのうえで基本的施策（第2章、11～14条）と、施策の推進をはかるための「住生活基本計画」（全国および都道府県計画）にかんする事項をさだめ（第3章、15～20条）、全22条からなっている。

　全国自治協は法案審議をまえに、2006年2月24日は家賃値上げ、団地管理の民間委託、住生活基本法案の3つをテーマに、3月28日には住生活基本法案勉強会と銘うって、団地自治会代表者国会要請集会を国会内でひらいた。両集会にはそれぞれ全国各団地から100人をこえる参加と、自民、民主、公明、共産、社民各党議員の出席をえた。衆参両院の関係議員にたいしては委員会可決の直前まで要請をかさね、付帯決議採択にも働きかけた。

　要請項目としては、①居住をすべての国民にひらかれた権利として明文化すること、②居住水準と住居費負担のナショナルミニマム（最低限度の基準）を明確にすること、③公共住宅の役割を再確認し、縮小ではなく発展をはかること、④居住者を住生活の主体と位置づけ、基礎自治体の役割を保障すること、の4項目をあげた。

　法案は衆議院で06年4月18、21、28の3日、参議院は5月30日、6月1日の両日それぞれ国土交通委員会審議がおこなわれ賛成多数で可決、付帯決議は全会一致で採択された。審議内容には、事前の要請活動と連日100人をこえる熱心な委員会傍聴の影響がみられ、付帯決議の各項目に自治協要

請が一部反映したのは事実である。住生活基本法は6月2日に成立、同月8日に公布・施行された。

　しかしここで確認しておくべきは、法案審議をつうじ政府が一貫して、居住を国民の権利として明記する要求をはねつけ、居住安定の要である居住費の負担限度と国の保障義務にかんする言及を拒んだことである。北側一雄国交大臣は「法律全体は憲法13条または25条の理念にもとづいて構成されていると理解している」「基本法の目的である居住安定は住宅セーフティネットによって確保する」をくりかえすにとどまった。両院の付帯決議作成にも政府側がつよく介入したのか、付帯決議をよりどころに自治協が要求実現にせまる手がかりは文面から注意深く取り除かれており、都市機構法付帯決議のレベルから明らかに大きく後退していた。

6. 住生活基本計画の中身

　小泉内閣にはじまり「基本法」と名のつく法律が乱造されている。個別法として対処せず基本法にしたのは、基本法は施策の基本的な理念と方針を示すにとどまり、国民の具体的な権利義務にかんする規定はなく、したがって国は義務を負わず、責任を問われずに行政の見せかけ、言い逃れもできる利点をねらったのであろう。住生活基本法のばあいも、国民の居住を「権利」として認めず、国および地方自治体の「努力目標」をかかげるのみで、具体的な義務と責任からは免れる仕組みになっている。

　基本法が成立すれば、あとは政府が計画・方針を策定し、国会には事後に報告される。行政府の専制、国会無視を許し、基本法は事実上空洞化する。基本計画には、基本法制定のさいに国会で審議された事項、大臣が答弁した内容、付帯決議の趣旨はいささかも反映されていない。政府がこの先10年間の住生活基本計画（全国計画）を立て、これに即して作らせる「都道府県計画」にもとづき、地方自治体は地域住宅交付金等の財源の枠内で必要な措置を講ずるよう努める建て前である。施策の責任を都道府県に、さらには市区町村に転嫁していく道をひらいた。

国土交通省は 2006 年 6 月 28 日に「住生活基本計画（全国計画）」案を発表、7 月 27 日には社会資本整備審議会住宅宅地分科会が「今後の公的賃貸住宅制度等のあり方に関する建議（案）」を出して政府案を正当化した。全国自治協は両案に 7 月 27 日、8 月 18 日に意見書を提出した。

　「住生活基本計画」(06 年 9 月 19 日閣議決定) は、はじめに「憲法 25 条の趣旨が具体化されるよう、公平かつ的確な住宅セーフティネットの確保を図っていくことが求められている」と主客不明の一文に、居住確保は「市場において一人一人が自ら努力することが基本」とつづける。そして、日本経団連が提言した「基本計画に盛り込むべきアウトカム指標」をそそまま、耐震化率、バリアフリー化率、省エネ化率、住宅性能表示実施率などの指標だけを設定する。

　「住宅セーフティネットの構築」といいながら、計画には住居費負担の限度基準等の定めはなく、したがって公共住宅等の供給目標や事業量もいっさいない。住宅建設 5 ヵ年計画が予算の裏付けとともに策定されたのにたいし、これがまったくないのが住生活基本計画の最たる特徴といえよう。

7.「住宅セーフティネット法」とは

　住生活基本法が制定されたあと、2006 年 9 月に小泉内閣は安倍晋三内閣にかわった。同基本法 6 条は「低額所得者、高齢者等の居住の安定の確保」をうたいながら、その実現のための法整備も具体的施策も講じていなかった。全国自治協は基本法成立直後から、これらの問題について意見書を提出するほか、自民党の公団住宅居住者を守る議員連盟との会合、国交省折衝等を精力的にかさね、年明け 2 月 16 日には冬柴鉄三国交大臣をたずね要請した。

　「住宅確保要配慮者に対する賃貸住宅の供給の促進に関する法律」(住宅セーフティネット法) 案は、第 166 国会に 07 年 6 月 8 日提出され、7 月 6 日に公布された。公共住宅政策の縮小と市場開放をすすめる上で、その弁明として最低限ととのえざるをえなかった。それが要配慮者にとって真に実効ある安全装置となる保証はない。

228　第4部　小泉「構造改革」と公団住宅民営化の道

　住宅セーフティネット法はまず対象を「住宅確保要配慮者」とよび、公営住宅法が「住宅に困窮する低額所得者」と表現する一般概念をカテゴリー化して、「低額所得者、被災者、高齢者、障害者、子どもを育成する家庭その他住宅の確保に特に配慮を要する者」と規定する。法の目的は、公営住宅法が国と地方自治体に「健康で文化的な生活を営むに足りる住宅を低廉な家賃で賃貸する」ことを義務づけているのにたいし、住宅セーフティネット法は「賃貸住宅の供給促進をはかるため必要な施策を講ずるよう努めなければならない」と、居住水準や家賃負担は棚上げして「努力目標」をかかげる。その中核をなすのは「公的賃貸住宅」、公営住宅をはじめ都市機構・公社の賃貸住宅等であり、民間住宅もふくまれる。

　「必要な施策を講ずるため」この法が定めているのは、住生活基本法に準じ、①国土交通大臣が基本方針を決める、②それに則して地方公共団体は公的賃貸住宅の整備および管理にかんする事項等を地域住宅計画に記載するよう努める、③地方公共団体、宅地建物取引業者、賃貸住宅事業者等で「居住支援協議会」を組織することができる、この3項を定めているだけで、そのほか要配慮者の所得や心身の状況の確認とか、「自立」支援等にかんする条項など全12条からなる法律である。ここでも国は施策をあくまで地方公共団体にゆだね立場をとっている。

　住生活基本法をはじめ住宅セーフティネット法もその最大の問題点は、居住確保を国民の権利、国の義務とは認めない立場をつらぬき、かつ法律がもつべき明確性を欠く、明確な規定を避けていることにある。住宅施策が、国民の権利にたいする国の義務の履行ではなく、「住宅確保要配慮者」と格付けされた国民への「配慮」であり、したがって、その施策はあくまで配慮する側の努力目標、いわばお上のお情け次第という位置づけになる。

　住宅政策はもはや社会保障ではなく、救貧対策としての「措置」、供給されるとすれば、「住宅」の理念からほど遠い、本質的には「施設」にすぎず、住まいにおける差別をさらに強め固定化するものである。公営住宅法が本来しめした目的、国および地方自治体の責務から決定的に後退している。

　では具体的にどういう状況になった場合、いかなる措置が受けられるのか。

本法は施策対象者の資格要件を明確にせず、したがって対象者の住居費負担の限度、最低限度の居住水準、居住継続の保障等にかんする定めはいっさいない。住宅セーフティネット法適用の基準も内容も明示されていなければ、それを要求できる法的根拠、手がかりもなく、国民はお上のお情けを待つよりほかない。この法の実効性をしめした実例は聞いたことがない。

230　第4部　小泉「構造改革」と公団住宅民営化の道

XV 「規制改革」の名の公団住宅削減・売却、民営化方針

1. 答申そのままに「規制改革推進3か年計画」を閣議決定

　小泉政権は国民生活の基本的な分野にわたって強引に「構造改革」をおしすすめ、住宅政策では、公団を独立行政法人にかえて都市再生機構に改組したのを皮切りに、2006年6月に住生活基本法を制定して、住宅政策の理念も体系も大転換した。これをうけ「規制改革」の名において具体化にとりかかったのが安倍晋三内閣であった。

　安倍内閣は2007年6月22日、「規制改革推進のための3か年計画」を閣議決定した。この計画は、首相の諮問機関である規制改革会議の第1次答申（07年5月30日）と、その前身の規制改革・民間開放推進会議（議長はともに草刈隆郎経団連副会長）の第3次答申（06年12月25日）をそのまま、速やかに措置すべき政府の方針として打ちだした。

　政府はこれまで行政の各分野について概ね7,000項目の規制改革を実施してきたが、「改革はなお途上、岩盤のごとき困難な課題があり、これらにたいし強力にとりくむべく3か年計画」を定めた、と書きだしている。「競争と効率」の市場原理を拡大し、民間開放をすべき重点対象として、「官業」、教育、住宅・土地、福祉、医療、農業、雇用など国民生活の基本的な各分野をあげた。

　そのうち官業改革は重点を都市再生機構におき、標的は賃貸住宅事業にあった。機構の賃貸住宅について「現在の77万戸の規模が過大である。機構本来の役割を果たすべく」、以下の措置を講ずるとし、「平成20（2008）年度までに結論、結論を得したい措置」を指示した。

a. 公営住宅階層の居住者が大半を占めているものは、機構本来の役割に徹するべく地方公共団体に譲渡するなど、機構の業務から切り離すため、当該団体と協議する。

b. 建て替え事業には機構法 26 条 1 項 2 号の基準［事業選定の基準は建設年代の古さではなく市場性・需給本位、市街地中心、事業単位は団地ではなく住棟］を厳格に運用し、居住者は周辺棟・団地等へ積極的に移転させる。移転にともなう家賃減額は縮小の方向で見直す。

c. 建て替えの際、建物を広域的に集約化し、その結果生じる整備敷地（余剰地）の売却により資産の圧縮に努める。

d. 77 万戸の賃貸住宅について今後の削減目標を明確にする。

e. 既存賃貸住宅への新規入居者との契約には、建て替え予定以外の団地においても、幅広く定期借家契約を導入する。

f. 管理業務は、入札などをおこない、民間委託を拡大して、業務の効率化とコスト削減を図る。

「3 か年計画」はそのほか、ニュータウン事業からの撤退、保有敷地の売却・証券化、繰越し欠損金解消時期の前倒し、関連会社等の整理合理化と株式売却、関連会社以外への外部発注業務の競争化について提起している。

くわえて「住宅・土地」分野では、既存の普通借家契約からの切り替えをふくめ定期借家契約の拡大と、正当事由制度について、建て替えや再開発、立退き料を正当事由の要件とする法改正をあげた。

なお機構の都市再生事業について「3 か年計画」は、財界の強欲丸出しの 3 つの措置をあげた。

g. 権利関係が輻輳し調整が難しい、採算性が低いなど、民間事業者では負担しきれない事業リスクを機構が負担する基準を明確化する。

h. 機構の進行中の事業で、リスクが少なく民間に売却可能なものは売却を進め、民間の事業機会創出のバックアップに努める。

232　第4部　小泉「構造改革」と公団住宅民営化の道

i.　土地の有効高度利用を図ることによって売却価額の高額化をはかる
など、事業総価値の最大化をめざす。

公団住宅削減・売却、民営化方針が本決まりになると、マスコミは「団地20万戸削減計画、都市機構の資料で判明」（しんぶん赤旗、6月30日付）、「公団賃貸住宅145団地15万戸の〈追い出し〉〈更地化・削減〉大計画」（サンデー毎日、7月15日号）の見出し、団地名をあげて報じた。居住者には寝耳に水、ショックは怒りに変わった。

2.　規制改革と民営化は一体のもの

ポスト小泉の構造改革は、安倍、福田、麻生内閣のもとでも経済財政諮問会議と規制改革会議がクルマの両輪となって進められた。

「規制改革推進3か年計画」が発表される直前の2007年6月19日に、経済財政諮問会議（議長は安倍首相、御手洗冨士夫経団連会長ほか）の「経済財政改革の基本方針2007—〈美しい国〉へのシナリオ」、いわゆる「骨太の方針」が閣議決定された。ここでは、都市機構をはじめとするすべての独立行政法人（101法人）の廃止・民営化や民間委託の是非を検討し、07年内に「独立行政法人整理合理化計画」を策定することを決めた。こうして公団住宅削減・売却の方針とともに都市機構民営化の動きが一挙にもちあがった。

これら両決定をうけ、首相を本部長とする行政改革推進本部を設置し、その後、行政減量・効率化有識者会議がとりまとめた「独立行政法人整理合理化計画の策定に係わる基本方針」を8月10日には閣議決定して07年内の策定を急がせた。すべての法人を対象にしたとはいえ標的は都市機構にしぼられた。経済同友会もこれに加勢し、計画策定にむけた10月30日の提案のなかで、都市機構は業務を「多数の権利者調整が必要な場合の基盤整備」に限定せよ、機構のセーフティネット機能、ストック保有は必要性に乏しく、賃貸住宅事業は5〜10年以内に廃止せよととなえた。

こうした経過をへて07年12月24日、「独立行政法人整理合理化計画」

が閣議決定された。都市機構については、「組織形態を検討し、3年後に結論を得る」「賃貸住宅の削減、売却等の方向性を明確にした再編計画を策定し実施に努める」を決定した。

　機構の民営化をめぐっては、マスコミを巻き込んでの民営化をさけぶ渡辺喜美行革担当大臣のパフォーマンス対、公団住宅の民営化を否定する冬柴鉄三国交大臣の「対立」が報道され、閣議決定の直前に福田康夫首相の裁定で「3年後に結論」との決着をみた。渡辺対冬柴の対立、民営化の結論3年先送りの背景に、民営化に反対する自治協運動と、本当に公団住宅をなくしてよいのかという世論の高まり、かつてなく数多くの地方議会・首長からの意見書、要望書提出があった。自民、民主両党に結成された議員連盟の働きかけ、各党あげての自治協支援が大きな力となった。

　規制改革会議はさらに追い討ちをかける。翌25日には第2次答申をだして「資産の早期圧縮と民業圧迫の回避の観点から具体的な削減戸数を明確にせよ」とせまる。12月24日の閣議決定、25日の規制改革会議の第2次答申、翌26日には機構が「UR賃貸住宅ストック再生・再編方針」を発表という連係プレーをみせた。

3. 公団住宅廃止にむけて追い討ちをかける規制改革会議

　財界主導の「規制改革」の大波は、国民生活を維持してきたそれなりの秩序をあからさまに壊していった。国の「規制」は、ほんらい憲法の趣旨から、市場経済のもとにあっても、すべてを自己責任と市場原理にゆだねることなく、国民生活の各分野について最低限基準を国がさだめ、これを保障するために設けられてきた。これにたいし規制改革会議は、2008年末に予定する第3次答申への「中間とりまとめ」(08年7月2日)の冒頭で、同会議が大急ぎで「改革」しようとしている矛先は何かを明確にのべている。

　　規制の諸改革の実現に努めてきた。残念ながら、医療、保育、農業、教育等、強固で硬直的な規制の下にある分野、官自らが事業を行っている分野などにおいては、改革されるべき課題がなお依然として厚

い岩盤のように存在している感がある。改革に残された時間は少なく、一時も立ち止まることは許されない。

「こうした問題意識のもと」、社会保障、農林水産業、生活基盤、国際競争力、社会基盤、教育改革にくわえ、官業スリム化の7分野について規制改革の必要性と取り組みの方針を提起した。官業改革については3つの視点、民業圧迫、資産と国からの財源措置、既往提言の措置状況をみて審議するといい、都市機構を「さらなる改革が必要な、典型的な独立行政法人」と位置づける。具体的には、①「機構の賃貸住宅供給が民業を圧迫しているとの指摘がある」、②「有形固定資産は実に13兆円にのぼり、国からは1,229億円の財源措置が講じられている」、③「閣議決定された定期借家契約の導入が遅々として進んでいない」と指摘する。

以上3点をあげて機構賃貸住宅事業の改革の必要性をしめすとともに、事業廃止にむけての「論拠」をあげる。

1) 機構が長らく中堅ファミリー向け賃貸住宅を供給してきたのは、借地借家法が民間賃貸住宅の供給をさまたげてきたからである。しかし2000年3月に定期借家制度が創設され、ファミリー向け賃貸住宅の過少供給は解消の方向にむかっている。

2) 07年7月に住宅セーフティネット法が施行され、国および地方公共団体が、要配慮者にたいし「公的賃貸住宅の適切な供給の促進にかんし必要な措置を講ずるよう努める」こととなった。機構の賃貸住宅がセーフティネットとして一定の役割を果たすことは期待されるが、採算を度外視してセーフティネットの機能を果たすこととすれば、機構本来の設立趣旨に反することになる。セーフティネットとしての住宅を、機構のような公的主体が直接供給する必要性について抜本的に検証すべきである。

定期借家契約の創設が良質なファミリー向け住宅の供給を促進している実績はまったくみられず、住宅セーフティネット法も、必要な施策の実現を保

証し、国および地方自治体に義務づける法律ではないことに、検証はおろか目さえ向けていない。かえって公団住宅廃止論に客観的な「論拠」がないことを自証している。

わが国の、とくに大都市圏の住宅事情の劣悪さは、行政が自らの責任を放棄して個々人の自力と民間市場まかせにしている、つまり「市場の失敗」から来ていることは明白である。住宅事情の改善には「市場の失敗」の是正こそが求められている。規制改革会議は逆に、公共住宅のさらなる市場開放をあおり、機構の都市再生事業の今後については、「民間では実施が困難な事業について、公的機能を十全に発揮し、〈市場の失敗〉を適切に是正していくことに独自の役割を発揮すべきである」と進言するざまである。

---

4. 都市機構「UR賃貸住宅ストック再生・再編方針」

2007年12月24日に「独立行政法人整理合理化計画」が閣議決定されると、2日後の26日に都市機構は「UR賃貸住宅ストック再生・再編方針」を発表した。組織見直しは3年後に先送りしたとはいえ、機構の団地再編方針は待ったなしに始まった。

表 XV-1　団地再生・再編の基本的類型と削減予定

基本的類型		H18年度末 管理戸数	H25年度末 管理戸数	H30年度末 予定管理戸数
団地再生		161,765 戸	130,467 戸	約 11,1 万戸
	全面建替え	37,022 戸	13,112 戸	約 0.4 万戸
	一部建替え	43,331 戸	39,183 戸	約 3.7 万戸
	集　　約	81,412 戸	78,172 戸	約 7.0 万戸
用途転換		7,584 戸	6,622 戸	約 0.3 万戸
土地所有者等への譲渡、返還等		32,555 戸	27,119 戸	約 1.9 万戸
ストック活用		566,704 戸	584,186 戸	約 58.9 万戸
合計		768,608 戸	748,394 戸	約 72.2 万戸

出典）都市再生機構資料

236　第4部　小泉「構造改革」と公団住宅民営化の道

　2018年度までの10年間に、再編に着手する約10万戸のうち約8万戸を除却し、新たに3万戸建設する計画と、あわせて繰越し欠損金の前倒し解消計画をたてた。そのため機構は全国77万戸、1,806団地を4つの類型に大別し、この10年間の団地別整備方針を定めた。

① 「団地再生」の類型は3つ、建て替え事業着手済みの団地を中心に「全面建て替え」4万戸、同一団地で既存住棟をのこす継続ブロックと、除却・整地して民間売却、一部に機構が新規賃貸住宅を建設する事業ブロックに二分する「一部建て替え（複合型再生）」4万戸、団地規模を縮小し、売却するだけの「集約化」8万戸の3方式がある。

② 「用途転換」1万戸は、団地を丸ごと更地にして民間売却する。

③ 「土地所有者等への譲渡、返還」3万戸は、地主が不動産企業等にかわっていて民間マンション、事務所ビル等への建て替えが予想される。集約化と用途転換、返還の類型は、とくに北海道に多く、宮城、北九州、東海でも目立つ。明らかに経営効率本位に、住宅セーフティネットまでも地方切り捨ての政策がみられる。

④ 「ストック活用」は、戸数では7割以上をしめ、従来どおり計画修繕等を実施することを基本にしながらも、団地ごとの立地・特性に応じて住戸内外の改善をはかるとするが、方針策定の段階でこの類型を、投資の重点化をはかるため、グレードアップ団地、収益改善投資団地、投資抑制団地、現状管理維持団地に4分類している。この類型の団地も、10年先といわず、やがて売却・削減の予備軍となりうる。

　「規制改革」の正体は、やがてすぐ露呈し、公然と批判を浴びることになる。もっぱらその一環として打ちだされた団地再編が、国民の住生活向上に資する、まして団地居住者の居住の安定を図るものでないことは誰の目にも明らかである。計画の妥当性はもとより、実現の見通しも立たず、政府がこれを強引に押しすすめれば、居住者にとっては多大の犠牲が予想される。

　団地再編は、まっ先に多数の居住者に移転を求めることになる。第一に、

居住者が移転に応じるかである。機構がこの方針を「国策」と理由づけよう
と、現行法では借家人に明渡しや移転を求める正当事由はなく、借家権をカ
ネで買うしかない。

　政府がいち早くとった予算措置が、2008 年度の「セーフティネット型出
資金制度」創設であったことをみても、居住者の移転が団地削減・売却の成
否のカギであることがわかる。国土交通省は、異例ともいえる 400 億円も
の出資をして居住者移転に並々ならぬ構えをみせた。ただしこの制度は、民
主党政権にかわり 09 年 11 月の「事業仕分け」において中止された。

5. 正体見えたり「規制改革」、広がる批判

　2007 年にはいって年金記録のごみ捨てが国会をにぎわせ、大企業による
人間の使い捨て（非正規雇用拡大）、医療の切り捨て（07 年高齢者負担増）、高
齢者のうば捨て（08 年後期高齢者医療制度開始）等々が立てつづけに明るみに
出て、07 年 9 月から翌 08 年 9 月の 1 年間に安倍晋三、福田康夫の両首相も
次つぎ政権を投げ出すという始末だった。自民党総裁選に圧勝して引きつい
だ麻生太郎内閣も 1 年足らずの短命におわり、09 年 8 月 30 日の総選挙で政
権を民主党にわたした。

　国民生活に「貧困と社会的格差」を拡大させた根源は小泉構造改革にあり、
小泉後も構造改革を強引に進めてきたのが、経団連の主導する経済財政諮問
会議と規制改革会議である。ここでは公団住宅の命運に焦点をあてて規制改
革会議の答申とそれにつながる悪政の流れをみてきたが、使い捨て雇用や医
療崩壊等々の現実もすべて、同じ答申から発している。経団連が毎年だす「規
制改革要望」をみれば、「経団連の主導」は明らかである。08 年には貧困と
格差の拡大が大きな社会問題となり、その元凶として経済財政諮問会議と規
制改革会議の廃止が国会でも論じられるにいたった。

　麻生首相の施政方針演説にたいする 09 年 1 月 30 日の参院代表質問で自
民党・尾辻議員会長は、「会議のあり方に強い疑念をもっている。経営者の
視点で規制改革が進められ、その結果、派遣の大量打ち切りとなり、多くの

238　第4部　小泉「構造改革」と公団住宅民営化の道

人を失業に追い込んだ」と指摘して、両会議の廃止を迫った。また民主党・
輿石議員会長も、「日本社会に崩壊の危機をもたらしたのは、小泉構造改革
以来の市場原理主義、弱肉強食政治の結果である」とのべ、「規制改革」に
たいし与野党相通じる見解をしめした。政党幹部の発意というより、背景に
は押さえきれない世論の高まりがあった。なお尾辻質問に答え鳩山邦夫総務
大臣は、「かんぽの宿」一括売却問題に関連して、規制改革会議の議長の座
を10年余にわたり占めてきた宮内義彦オリックス会長を名指しで批判した。

　政権の主軸をなす「規制改革」への内部からの公然たる批判は、政権その
ものの存立の揺らぎ、危うさの証であった。

---

6. 規制改革会議の第3次答申—公団住宅の「部分民営化」と定期借家契約の拡大

　機構賃貸住宅の削減・民営化をめぐる政府方針は実に目まぐるしく揺らぎ、
空回りしていた。

　2007年6月の閣議決定「経済財政改革の基本方針2007」、「規制改革推進
のための3か年計画」に始まったものの、9月に安倍首相は政権を投げだした。
福田康夫首相が就任すると、規制改革会議は12月24日に3か年計画の「具
体的施策」をせまって第2次答申をだした。福田内閣は翌08年3月25日、
答申どおりに3か年計画の「改定」をおこなった。

　同会議はさらに7月2日、2次にわたる計画の実施状況を点検して「中間
とりまとめ——年末答申に向けての問題提起」をだしハッパをかけたが、9
月には福田首相も辞任し、政権の迷走がつづく。

　麻生内閣になって同会議は12月22日に「規制改革推進のための第3次
答申——規制の集中改革プログラム」をだした。この第3次答申は、08年9
月アメリカに発した金融危機（リーマン・ショック）の影響を新たにもちだし
てきて、「規制改革推進が今まで以上に重要である」と強調し、蛮勇をふるっ
て改革すべき分野として、くりかえし医療、保育、農業、教育など「硬直的
な規制の下にある分野」と「官自らが事業を行っている分野」をあげる。「官
業」については、「その存在自体が民間における産業の発展を阻害する結果

をもたらしてきた」として、官業の廃止・縮小、民間開放に力をこめた。

　都市機構の賃貸住宅事業にかんして第3次答申が重点をしぼって打ちだしたのは、①可能な部分から急ぐべき「部分民営化」と、②新規入居者すべてへの定期借家契約の適用であった。

　答申は、「民間の事業機会創出」のために、「全部民営化」のリスクは避けて手っとり早く儲かる団地にかぎって部分民営化を急げと号令をかけ、定期借家契約の効用についてはこう説明する。「定期借家契約であれば、期間満了時の家賃改定、退去の要請など柔軟に対応が可能であり、機構の整理合理化にも資する契約形態である。また家賃改定に伴うさまざまなトラブルについても多くの問題は解消し、紛争処理コストも大幅に下がる」と。機構の定期借家契約の導入は遅々として進んでいないと業をにやし、民営化の妨げになる居住者の借家権を早急に措置するよう迫っている。

　財界の強欲丸出しのこの号令には、国民に貧困と格差を広げてきた「規制改革」の破たん、「構造改革」の行きづまりが見えてきた、それへの推進派のあせり、苛立ち、巻き返しのたくらみ、さらには規制改革会議自体の存在の危機感さえみられる。

　規制改革会議の第3次答申をうけて、麻生内閣は09年3月31日に「3か年計画（再改定）」を閣議決定した。答申がしめす「問題意識」と「具体的施策」をもとに政府の決定は、答申の「すべきである」を「する」に変えたほかは一言一句そのままに措置事項を列記している。

　「官業改革」の目的は「独立行政法人等公法人の業務の廃止・縮小、民間開放」であるとし、都市機構については賃貸住宅業務のみを対象に、①組織のあり方の検討と業務の縮小、民間的な経営手法の活用（2010年度措置）、②全賃貸住宅の約2割、新規入居者には全戸に定期借家契約の導入（09年度措置）を指示した。

　「規制改革推進3か年計画（再改定）」がでた2009年3月31日に、04年7月に発足した都市機構の第1期中期目標・計画は終わり、この先5年間の第2期のそれがはじまる。

　第2期中期目標とその計画は、当然ながら上述の規制改革会議の答申事項

240　第4部　小泉「構造改革」と公団住宅民営化の道

とそれらを丸呑みした閣議決定、これにしたがう機構の既定の方針と計画を転記したものでしかない。その最大の目標は、①繰越し欠損金、期間中に2,200億円削減（18年度末に解消）、②都市再生の推進、③住宅ストック量の適正化にある。

　賃貸住宅事業については、「再生・活用の推進によるストック量の適正化」「定期借家契約の幅広い導入」「住宅管理コストの縮減」の3項目にしぼり、期間中の数値目標をかかげる。ストック削減は、期間中に4万戸程度の再編着手、2万戸程度の削減、第3期の2018年度までに約10万戸再編着手、約5万戸の削減計画をあげる。定期借家契約の導入については、第1期が建て替え対象団地での一時的利用に限定していたのにたいし、第2期はこの限定をなくし「賃貸住宅全戸数の約2割」に拡大した。機構の住宅管理では、第1期の「国民共有の貴重な財産であり、居住者の居住の安定を図りつつ、適切維持管理を行う」をけずり、第2期は「競争性のある契約方式への移行等により、賃貸住宅管理コストの低減に努める」目標に変えた。

---

7. 大手不動産・ゼネコン奉仕にすすむ都市再生事業

　2009年4月にはじまる機構の第2期中期目標・計画は、賃貸住宅事業の圧縮にたいし都市再生事業の拡大の方針が際立つ。「公の政策目的に資する」機構の都市再生事業と称し、「国家的プロジェクトへの取り組み」をその第1項にあげる。その実体は、事業の「基本目標」の結びの文言からも察せられる。「(アメリカの) サブプライムローン問題に端を発した世界的な経済危機の下で、株価の低迷や企業の資金繰り悪化、雇用調整が行われるなど我が国経済は深刻な状況にあり、都市再生に対する民間事業者の投資意欲の低下が見られる状況下においては、民間の需要を喚起する取組みを強化するとともに、民間都市開発を補完しながら、より内需主導型の経済構造への転換を図るよう努めるものとする」

　中期計画では、市街地の整備改善等を実施することにより、第1期には「将来3兆8,000億円規模の民間建設投資を誘発する。また、経済効果は7兆6,000

億円規模が見込まれる」と記し、第2期はそれぞれ2兆5,000億円、4兆8,000億円を見込み、機構の主要な目的と役割をうたっている。

その具体化は早くも第2期計画の開始をまえに、09年3月に新聞報道がつたえた。「不動産市場へ7,000億円の公的支援」、再開発用地「UR通じ買収」の見出しで、「政府・与党は28日、不況と金融危機の影響で冷え込む不動産市場の活性化対策を固めた。ビル・マンション建設計画が中断された都市部の再開発用地を、UR都市機構をつうじ買い上げるのが柱。URによる土地の集約や周辺道路整備で開発しやすくしたうえで、民間業者に転売する」（「毎日」09年3月29日）。機構は政府からうける1,500億円と財政投融資からの借り入れを合わせ計3,000億円で土地取得にのりだす。

機構設立時約7,300億円の繰越し欠損金は、バブル崩壊後の地価下落を下支えする国策のもとで旧公団が1990年代に住宅用地と称して山林原野まで買いまくり、その取得土地の含み損と資金コストが増大してできたことは、すでにのべた。09年4月に麻生内閣は未曾有の「経済危機対策」と称して15兆円にのぼる史上最大規模の補正予算をくんでバラマキをし、大手不動産・ゼネコン業界にも巨額の国民の税金が流された。そのトンネル役が、機構が資するという「公の政策目的」「国家的プロジェクト」なのだろう。

大企業は税金で救われたうえで、儲け口にあずかれる。肩代わりをしてしょいこむ機構に起こりうる新たな損失、その重なるツケは、公団住宅の高家賃、住宅管理コストの削減、ついには団地売却となって現われる、と言っても的外れではない。

---

8. 公共住宅に定期借家契約の導入・拡大をねらう

機構は「規制改革推進3か年計画（再改定）」がでた直後の09年4月3日、「UR賃貸住宅における定期借家契約の幅広い導入について」を発表した。

それによると、09年度においてはストック活用類型の団地から全国32団地をえらんで約3万戸を、再生事業を予定している団地戸数にくわえ、全77万戸の約2割を対象に試行実施するといい、定期借家契約による入居者

募集をはじめた。09 年度は試行というから、その後幅広い導入を本格実施するとの構えをみせた。

定期借家契約の導入実績は、建て替え等の用途転換、耐震改修、住戸改善など理由の違いはあるが、2012 年 3 月末現在で導入戸数は 15,648 戸、77 万戸の 2%、目標の 1 割にとどまっている。

団地内の空き店舗はすべて 3 年の定期借家契約による募集だという。3 年の期限つきでは融資も得られず、モトが取れるわけもない。借り手がつかず、団地商店街はシャッターがおり、寂れていくばかりである。団地居住と商店にも差別をもちこみ、コミュニティを破壊していく。

問題は、公共住宅に定期借家契約の導入・拡大を迫ってきている点である。衆院法制局・建設省住宅局監修『実務注釈・定期借家法』(信山社 2000 年刊)は、定期借家契約が住宅弱者の居住をさらに危うくする懸念にたいし、「家主に責任を負わせるべきではなく、公的な救済措置に委ねるべきである」「公営住宅への優先入居などによって対処すべきである」とし、「公営住宅制度は居住が継続することを前提として成り立っていることからして、定期借家契約にはなじまない」とも明記していた。

公共住宅に「なじまない」を明言したのは制度創設の当初だけで、02 年になると主として公明党議員からの国会質問をつうじて公営住宅への導入に道をひらいてきた。そこでも「一般論としてはなじまないが」「公営住宅法の趣旨を逸脱しない範囲で」と質問者も政府答弁も断らざるをえなかった。しかし、やがてすぐ国交省は、住宅関連 3 法の地域住宅特別措置法の成立をまって 05 年 8 月に、「公営住宅の公平かつ的確な供給」を理由に定期借家制度(期限付き入居)の活用を「図るものとする」、07 年 9 月には「図ることが必要である」と告示するにいたった。

借家人に明らかに不利な、民間市場でさえ普及していない定期借家契約を、住宅セーフティネットとして法的にも位置づけ、その救い手になるべき側にある機構の賃貸住宅に、国と地方が幅広く導入する非理、暴挙は許されないばかりか、進捗する見通しは当局にも立つまい。

9.「規制改革推進3か年計画」に自治協の総決起

　規制改革会議が2006年12月25日にはじまり、矢つぎ早に公団住宅削減・売却を急き立てる答申をだすと、そのままつぎつぎ閣議決定されていった。07年5月30日に同会議が「第1次答申―規制の集中改革プログラム」をだすと、6月22日にはそれにこたえ閣議決定したのが「規制改革推進3か年計画」であった。その間の6月16〜17日に全国自治協は第34回定期総会を開いた。各団地の自治会、自治協は2007年早々から臨戦態勢にはいらざるをえなかった。全国自治協のこの年の主な活動をみる――

　　2月16日と5月10日　冬柴国土交通大臣に面会、懇談。

　　3月9日　国会要請集会「異議あり！規制改革会議の答申」、集会後に
　　　公団住宅居住者を守る自民党議員連盟との懇談会、国交省和泉審議
　　　官と機構尾身理事も同席。

　　5月10日　安倍首相あて団地自治会会長署名を首相官邸で下村博文官
　　　房副長官に提出。

　　6月16〜17日　全国自治協第34回定期総会。

　　9月11日　「公団住宅売却・削減阻止－居住の安定を求める全国緊急
　　　集会」（東京・全電通ホール）。

　　9月25日、自民党議連と「行政減量・効率化有識者会議」メンバーと
　　　の会合に同席して発言。

　　10月9日、24日、29日　自治協の要請をうけて民主、公明、共産各党
　　　が国会質問。

　　11月20日　民主党「都市再生機構住宅居住者の住まいの安定を守る民
　　　主党議員連盟」設立総会に出席して要請。

　　12月6日　全国団地居住者総決起集会（152自治会943名参加、日本教育
　　　会館ホール）のあと機構理事長、国交大臣あてにそれぞれ約12万世帯、
　　　24万人をこえる署名の提出行動。

244　第4部　小泉「構造改革」と公団住宅民営化の道

12月26日　全国自治協「3年後見直しの閣議決定とストック再生・再編方針にたいする見解と要求」発表。

　各党に公団住宅居住者支援の議員連盟結成の働きかけと協力要請をする。大臣との面会をはたす。どの自治協集会も満席にして超党派議員多数の出席をうる。こうした成果は、議員地元の各団地自治会、地方自治協の努力の積みかさねがあってこそ実現している。

　公団住宅の民営化をめぐっては、総決起集会後の12月14日に渡辺行革大臣と冬柴国交大臣の「対立」、24日に「結論3年後に先送り」の閣議決定、25日の規制改革会議答申につづく26日の機構「UR賃貸住宅ストック再生・再編方針」発表について先にのべた。

　これにたいし全国自治協は12月26日、ただちに「都市機構3年後見直しの閣議決定と機構賃貸住宅ストック再生・再編方針にたいする全国自治協の見解と要求」を発表、ホームページに掲載するとともに各地方自治協に送付し、各自治協は年末から年始にかけて機構支社にたいし説明をもとめ、対策会議、学習集会をひらいた。年があけて機構本社との話し合いをもち、とくに団地ごとの「団地別整備方針」を08年2月末までに確定したいとの機構の意向にたいしては、当該団地自治会との合意に達するまでは「案」でしかないことを主張した。3月12日には公団住宅「再生・再編」報告・学習会を市谷・自動車会館でひらき、85団地169名の自治会役員が参加した。

10.　国会質疑をつうじ公団住宅削減、「再生・再編」方針に待った

　2008年にはいり国会では1月から4月にかけて自民、民主、公明、共産各党の議員が公団住宅の削減、「再生・再編」に関連して衆院予算、国土交通の各委員会、参院本会議、決算委員会で質疑をおこなった。2月3日に福田首相は衆院予算委員会で「(居住者の高齢化や所得低下がすすみ)そういう方々にどうやって住んでいただくか、また都市防災の問題もあわせて考え、いま独立行政法人の民営化とかがいわれているときですが、そういう大事な使命

も担っており、そういう観点からしばらく検討をしっかりやってほしい」と
のべた。

4月9日の参院決算委員会における仁比聡平議員の質疑、冬柴国交大臣、
尾見機構理事の答弁は、公団住宅処分をめぐる問題点と矛盾を端的に浮き彫
りしている。

1）団地再生・再編計画づくりは自治会・自治体・機構3者の協議で（議員）
　［議員］　機構は自治会や住民に「案」と説明している。案なら今後の話し合
　　いで変更もありうるのでなければ筋が通らない。
　［理事］　いちおう機構の考え方をしめした。今の段階で変える余地があると
　　はいえない。
　［議員］「案」だけれども、これなんだと決めつけるならば、中止・撤回しかない。

2）機構は家賃収入で600億円の利益をあげ、財政依存はない（理事）
　［議員］　機構の財政依存度が閣議決定でも問題にされているが、事業決算の
　　概要はどうか。
　［理事］　全国で約1800団地、77万戸。平成18年度決算で資産は約12兆円、
　　純利益600億円は総資産にたいし0.5％、収支相償っている。

3）居住者追い出し政策は断固阻止する（大臣）
　［議員］　機構が攻撃される筋合いはない。一等地の採算のいい団地だけ民間
　　に売りわたせの暴論がある。公団住宅について大臣の今後の考えは？
　［大臣］　機構の財務はグロスでいま成りたっている。いいところだけ売った
　　ら成りたたない。セーフティネットの役割をはたしている部分がなくなる
　　ようなことは絶対できない。政策の魂のような部分を売りとばすようなこ
　　とは許すべきでない。今後いろんなことを改革するにしても、弱い立場に
　　ある人たちを追い出すような政策には断固これを阻止しなければならない
　　と思っている。

11. 2009年4月家賃値上げ「当面延期」

2007年9月から翌08年9月までの1年間に安倍、福田、麻生へと政権が

246 第4部 小泉「構造改革」と公団住宅民営化の道

揺らぎ、大看板の「規制改革」路線そのものが与党代表から公然と批判をあびる政治状況になかでの公団住宅削減・民営化方針であった。団地住民の自治協側も反対運動に一定の手ごたえを感じていた。しかし緊張を緩めることはできなかった。機構は団地再生・再編方針の実施と定期借家契約拡大にむけて動きだし、くわえて第10次継続家賃改定の09年4月実施をめざし準備をすすめていた。

全国的には市場家賃の下落傾向がみられるなかでも、とくに東京都心部については大幅な家賃値上げも予想され、東京23区自治協は緊急に、09年4月の家賃値上げの中止を要求する署名をあつめ、6月26日に12,130世帯分を機構東日本支社に提出した。署名には3,941世帯が切実な声を記している。築43年になる東京都港区南青山3丁目第2住宅の3Kにすむ高齢女性は、2003年に11,100円、06年9,900円と毎回大幅に値上げされ、住みつづけられないと訴えていた。

機構の継続家賃値上げ表明にたいし、自治協、各自治会は、団地生活アンケート活動にとりくむ一方で、「値上げ見合わせ」をもとめ、地方議会には意見書採択の請願・陳情を、地元選出国会議員へは要請活動を展開した。

各団地では家賃値上げに反対する意見書採択の請願・陳情を9月、12月地方議会におこなった。東京23区4区議会、東京多摩13市議会、千葉茨城3市議会、埼玉7議会、神奈川1県5市議会、関西5市議会、計38議会が意見書、ほかに5市の市長が要望書を提出した。

党派をこえて各党国会議員は、全国および地方自治協の「家賃値上げ中止」の要請にこたえ、金子一義国交大臣に積極的に働きかけ、ついに「家賃値上げ当面延期」を実現した。この要請活動では、集計したばかりの第8回団地アンケート調査結果の活用が大いに力となった。

2007年の「規制改革3か年計画」をめぐる運動の盛りあがりをそのままに、自治協は08年6月以降、家賃値上げ中止要求を中心に団地再生・再編、定期借家問題もあわせて国会要請をかさね、各党議員は国交大臣への働きかけを強めた。

08年6月11日、自民党・公団住宅居住者を守る議員連盟の会合が衆院第

XV 「規制改革」の名の公団住宅削減・売却、民営化方針　247

1議員会館でひらかれ、伊藤公介議連会長、臼井日出男副会長、菅義偉事務局長はじめ衆院議員12人、18人の議員代理が出席、関東地区の団地自治会役員93人が参加した。また都市機構から尾見理事ほか、国交省から和泉住宅局長、川本審議官ほかが勢揃いした。この席で全国自治協は「居住の安定」と「家賃」にしぼった要望内容を説明し、各団地から切実な訴えがだされた。

　11月27日にも自民党議連の総会がひらかれた。機構理事が値上げの概要を説明すると、各議員から異論がだされ、伊藤会長は「いまは値上げすべきではない。国交大臣、総理につたえる」とのべ、臼井副会長の提案で「家賃を値上げしない」決議をした。翌28日、同議連の伊藤会長ら16人の議員が金子国交大臣をたずね、決議文を提出し要請をした。

　家賃値上げの中止と求める要請は、民主党が11月12日、公明党は11月28日に国交大臣にだした。日本共産党は10月2日、機構本社に家賃値上げ中止や団地削減・再編計画の撤回を申し入れた。社民党、国民新党の両党も国会議員が12月4日の総決起集会に出席し、値上げ当面延期を評価し今後の活動への協力を約した。

　こうした経過をへて12月2日、金子国交大臣は記者会見で「きびしい経済状況を考慮したうえで対応するよう再検討を機構に指示した結果、来年4月からの継続家賃値上げは当面延期することとなりました」と語った。同日機構も家賃改定（引き上げ）の当面延期を記者発表した。

XVI 規制改革路線をひきつぐ民主党政権、迷走の3年余

　2009年8月30日の総選挙で民主党が大勝し、政権について3年余、その間つぎつぎ自らの公約をやぶり国民の期待を裏切って12年12月16日の総選挙で敗退した。

　この3年余の民主党政権下における都市再生機構とその賃貸住宅事業にたいする政策対応にかぎって特徴点をみていくことにする。

1. 「事業仕分け」で仕掛けた公団住宅廃止・民営化戦略

　民主党のマニフェストは、国民の期待にこたえるいくつかの公約にあわせ、独立行政法人の「全廃をふくむ抜本的見直し」をかかげていた。9月16日に鳩山由紀夫内閣が発足するとすぐ、18日の閣議で内閣府に行政刷新会議の設置をきめ、自公政権の「構造改革」路線継承をあらわにした。その始まりが行政刷新会議による11月11日からの「事業仕分け」であり、劇場型パフォーマンスを打ち上げた。

　10年4月23日に事業仕分け第2弾がはじまり、2日目の26日、都市機構について、審議するには無理なレベルの仕分け人たちの放言と、これに答える国土交通省の、主として住宅局長のもっぱら受け身の言いわけと妥協的な回答に終始した約3時間のやりとりの末に下した評決は、「高齢者・低所得者むけ住宅の供給は自治体または国に移行、市場家賃部分は民営化に移行する方向で整理」であった。

　翌27日には早々と所管の前原誠司国交大臣は仕分け結果にたいする政策判断を示唆し、「この結果にもとづいて改善策を講じていきたい」「10兆円

ほどの負債がありますので、いくらで売却できるのか、残すべき事業を何に
限定するのかといった整理も必要」と記者会見でのべ、同日衆院国土交通委
員会では、都市機構の廃止、民営化を求めたみんなの党の委員にたいし、「解
体的見直しが、ぼくはいちばん適切だと思っている」と答弁している。事業
仕分け結果については、国交省に設ける「都市機構のあり方に関する検討会」
に検討をゆだね、その報告をまって政治判断すると言明した。

　事業仕分けに先だち 4 月 11 日のテレビ番組で枝野幸男行革刷新担当大臣
は「UR 後は一部民営化、一部廃止」を公言していた。

2. 借家法と公営住宅制度の改悪の動き

　行政刷新会議は「独立行政法人の聖域なき見直し」をきめ、事業仕分けに
あわせ「規制・制度改革」「地域主権改革」を慌ただしく進めた。

　2010 年 3 月末をもって設置期限がくる自公政権期の規制改革会議をひき
ついで、「規制・制度改革に関する分科会」(のちに「規制・制度改革委員会」
と名称変更) を発足させた。委員には規制改革会議の議長、議長代理の草刈
隆郎と八田達夫をはじめ安念潤司、翁百合などがここでも名をつらねている。
第 1 回会合では、規制改革会議が提出した「規制改革の課題」「更なる規制
改革の推進に向けて——今後の改革課題」(いずれも 2009 年 12 月 4 日付) をも
とに「官業の廃止・縮小、民間開放の促進」が検討された。

　規制改革は「新成長戦略」に不可欠として、公営・公団住宅については定
期借家契約の導入、さらには「借地借家法における正当事由制度」改革を緊
要の検討テーマにあげた。「建物の老朽化、耐震性、再開発など」それだけ
で明渡し請求の正当事由とする (＝借家契約を解除できる) ことの経済効果に
言及し、積極的な姿勢をみせた。

　地域主権改革一括法は、09 年 12 月 15 日の閣議決定「地方分権改革推進
計画」にもとづいて関係 42 法律の改正が強行された。「地域のことは地域
に住む住民が責任をもって決める地域主権への転換」を理由に、国民生活の
あらゆる分野にわたって提起された。公営住宅や福祉施設にかんしていえば、

設備・運営基準の国からの「義務づけ」をやめ、つまり国は責任を放棄して地方の条例にゆだねていく。国の政策が貧弱なうえ、国の最低限基準（ナショナル・ミニマム）さえ取り払い、地方自治体まかせになれば、施策はさらに後退し、市場の食いものになっていくことは目に見えている。自治体は公営住宅を建てない、整備水準を下げる、入居の資格要件をせばめて居住者追い出しをはかることがいっそう危惧された。

3. 公団住宅にたいする国土交通省の基本的立場

　事業仕分けがはじまると国土交通省は2010年2月に「独立行政法人都市再生機構のあり方に関する検討会」を設置するとともに、「都市再生機構の現状と課題について」の文書をだし、3月1日には住宅局が「住宅市場の現状と住宅政策の課題を踏まえた都市再生機構の役割について」（未定稿）を作成した。ここには行政刷新会議の仕分け結果に「対立する」国交省の立場が表明されている。この文書に記された立場こそ、ときの内閣があれこれ閣議決定するなかで、やがて国交省官僚が収斂させていく方向性の基軸であり、公団住宅をめぐる今後の政府方針の行方をしめす指標となるとみられる。

　国交省の基本的立場は、別言すれば、行政刷新会議にむけた都市機構の「存続理由」のアピールでもある。

　　1）機構は、今後とも民間大手の再開発事業、自治体のまちづくりを支援する。
　　2）その赤字は、賃貸住宅部門の収益で埋め合わせる。
　　3）賃貸住宅事業は既存ストックを活用して高齢者等の弱者対策にしぼり、戸数を削減し団地を売却していく。
　　4）団地再開発をつうじて民間事業者をよびこみ、また地域福祉の拠点としていく。
　　5）定期借家制度の導入は、事業収益の向上と効率的な住宅供給に資する。

XVI　規制改革路線をひきつぐ民主党政権、迷走の3年余　251

　国交省官僚にとって機構存続の理由に、賃貸住宅団地を「公共住宅」として維持発展させる理念、目標はみあたらない。住宅は市場での自力確保が基本であり、それが困難な者にはセーフティネットを整備するとの建て前から、高齢者など弱者に既存住戸の「一部残存」は容認する。しかし、あえて「まちづくりの一環としての供給は例外的」と付言する。

　低所得の高齢者だけが、団地の一部に残された住棟に暮らす。歳月をまてば残存の要はなくなる。だから、その区域には「まちづくり」の発想は不要とまで念押しをする。国交省文書からは、「セーフティネット」集落の先に姥捨て山をおもわせる陰惨な光景がうかびあがる。

4.　国土交通省「都市機構あり方検討会」報告と閣議決定

　国交省の都市機構あり方検討会は2010年10月1日に報告書を公表し、検討結果として機構組織の見直し案、ABCの3案をしめし、共通認識としてつぎの4点をあげた。

① 　公団住宅本来の役割は終わった。高齢者向け住宅も民間が供給促進すべきである。
② 　最大の急務は債務の圧縮、繰越し欠損金の早期解消である。そのため機構は家賃収益の増大とともに、コストの削減、業務の効率化に努めよ。
③ 　都市再生部門はひきつづき民間事業、都市整備を支援する（事業収支の欠損には賃貸住宅部門の収益を充てる）
④ 　高齢者・低所得者の居住の安定に配慮する。ただし家賃減額措置など既存入居者への過大な既得権的優遇はおこなうべきではない。

　機構組織見直しのABC案は、この基本認識に立ってつくられている。

252　第4部　小泉「構造改革」と公団住宅民営化の道

　　A案：都市機構を完全民営化する案
　　B案：政府100％出資の持ち株会社にする案
　　C案：新しい公的法人（公的機関）にする案
　これらは、いうまでもなく個別の3案ではなく、本来の目標はA案とさだめ、Aにいたる段階としてC案、つぎにB案がセットで提起された。ただし、国交省がいう「完全民営化」とは具体的に何を意味するかは明らかにしていない。
　報告書のねらいを馬渕澄夫国交大臣は、10月5日に端的にのべた。

　　　機構改革の最重要課題は14兆円にものぼる債務の縮減である。そのためにコストを削減し収益を拡大せよ。事業廃止か民営化か、いずれにせよ障碍になる累積赤字をなくし、債務をへらせ。機構総資産の8割をしめる賃貸住宅団地を極力売って現金に換えよ。なぜ独立行政法人を新しい公的法人にかえる必要があるかといえば、いまのままでは収益を最大化する動機に欠けている。

　そのために、まず機構を改革して新法人にかえ、つぎに特殊会社化する、つまりC案、B案の順を想定し、機構見直しの工程表を2010年度内に策定するとコメントした。
　行政刷新会議による事業仕分け結果をうけて機構のあり方を検討した会の報告ではあるが、仕分け結果と検討会報告とには明らかに「対立」がみられ、国交省の「抵抗」をうかがわせる。それは、仕分け現場における仕分け人と国交省官僚とのやりとりからも察せられた。仕分け第1弾のあとすぐ国交省は検討会をたちあげ、国交省の「基本的立場」を確認し、その結果が、仕分け評決の方向には沿わない検討会の報告内容となった。
　事業仕分けの評決には法的拘束力はなく、与党内にも仕分けへの異論が出はじめ、批判の動きがあった。行政刷新会議は巻き返しをおそれてか、11月になって「独立行政法人の業務・事業見直しの基本方針」をまとめ、12月7日に機構賃貸住宅については、検討会報告ではなく、事業仕分け評決ど

おりに民間および自治体または国への移行の「2011年度から実施」を閣議決定した。

実施すべき主な事項として、①都心部の高額家賃物件から民間への入札を実施し、その結果をみて民間への移行を積極的に進める、②団地の用途転換・集約化を急ぎ、余剰地の売却を図る、③自治体への移行について譲渡等にむけた協議に努めることを改めて確認した。しかし、これは「政治」判断による内閣のアピールでしかなく、都市機構も面従腹背、本気にしたとは思えない。

政府、機構にできることは力づくの弱者いじめだけ。居住者の苦しい家計に追い討ちをかける家賃値上げを、10年12月24日に馬渕国交大臣は容認し、機構は11年4月1日に実施した。

5. 民主党内閣を動かした自治協の家賃値上げ反対運動

都市機構は2010年9月、2年間先送りした継続家賃改定を2011年4月1日に実施する計画をしめした。機構が09年度に予定していた第10次改定は、国土交通大臣の要請により「当面延期」していた。そのため09年度の家賃収入ははじめて前年度実績を下回わり、①09～10年度の見送りによる減収見積額約30億円については行政刷新会議の事業仕分けでも指摘された。またその間、②市場家賃と継続家賃との乖離がひろがり、「全76万戸のうち、約13％にあたる約10万戸が近傍同種家賃より低い家賃で入居している。近傍同種家賃の方々との家賃負担の格差是正を早期に図る必要がある」という。くわえて、③株価の上昇、大企業の景気指数を例に「経済状況は改善された」と、家賃値上げの3つの理由をあげる。

大企業の景気は考慮しても、家賃を払う居住者の経済状況には見向きもせず値上げをする機構の方針は論外として、「市場家賃との乖離」から「負担の不公平」をとなえる筋立てもひどい暴論である。

機構のいう「市場家賃」は、すでに述べたように、機構が査定を日本不動産研究所に丸投げして得た結果でしかなく、それをもとにした家賃設定が空き家を増大させている現状が証明するように、客観的な市場性のない価格と

254 第4部 小泉「構造改革」と公団住宅民営化の道

いわなければならない。空き家発生の原因は第一に高家賃であり、全国平均
で機構の空き家率は11％をこえ、2割、3割の空き家もめずらしくない。空
き家による家賃減収は数百億円にのぼるはずである。空き家を解消しうる家
賃水準にもどしてこそ市場家賃といえよう。

　したがって「市場家賃との乖離」も「約30億円の減収」も、実体的な根
拠のない作り話でしかない。約30億円の増収目標が先にあり、そのための
理由づけとして考え出したのが「市場家賃との乖離」であり「負担の不公平」
論である。また「市場家賃との乖離」論はそれだけでなく、引き下げるべき
継続家賃を高止まりのまま据えおく理由、論拠にもしている。2009年度決
算では家賃収入5,622億円から純利益634億円をあげ、10年度は空き家の
増大等による減損損失315億円を計上し、家賃収入は5,567億円に減、それ
でも純利益276億円を上げている。

　家賃のくりかえし値上げによる退去、空き家増大の現状を、「空き家入居
は定期借家契約で」「高額家賃物件は売却、処分を」の閣議決定と重ねあわ
せると、たんに市場家賃との格差是正ではなく、ねらいは居住者追い出しで
はないかと言いたくなる。定期借家契約の入居者がふえ、借家契約の終期を
調整しておけば、機構の思惑どおりに団地処分もできる。

　全国自治協が、とくに与党民主党の旧公団居住安定化推進議員連盟にたい
し家賃値上げ中止の働きかけをねばり強く要請したことはいうまでもない。
2010年統一行動をしめくくる12月8日の全国公団住宅居住者総決起集会に
は全国から160団地1,068人が参加し、269団地約13.2万世帯、25.6万人
の統一署名が集約された。集会では民主、自民、公明、共産、社民の5党か
ら10人の議員が自治協の要求支援を表明し、野党から家賃値上げ中止は「民
主党の決断しだい」をうながした。

　11年1月早々には機構は家賃値上げ通知の準備を終えていたが、発送を
見合わせた。1月14日には菅直人首相の内閣改造により国交大臣は馬渕澄
夫から大畠章宏にかわった。この機をとらえて全国自治協はなんとしても値
上げ実施をくい止めようと、通常国会召集日の翌日の1月25日、「家賃値

上げ反対！団地自治会代表者国会要請集会」を衆院第2議員会館で急きょ開いた。

　集会は大きくもりあがった。92団地自治会の役員約150人が参加、与野党5党の国会議員18人と代理15人も出席、こぞって4月の家賃値上げ見送りをとなえた。機構の家賃改定方針を馬渕前大臣がすでに容認した経過はあるが、この国会集会のパンチは大畠新大臣に一定の影響をあたえたにちがいない。2月10日夜、大畠大臣は全国自治協役員と会見、そこには民主、自民の議連役員も同席した。要請をうけて大臣は「馬渕前大臣の方針を踏襲したい」とのべたうえで、「要望は十分に受けとめるべき」と都市機構に伝えると明言した。全国自治協は2月22日に機構本社に家賃値上げ実施の見合わせを申し入れた。

　都市機構は11年3月2日になって「UR賃貸住宅の継続家賃改定（家賃の格差是正）及び負担軽減措置について」と題し、7万8,000戸を対象に4月からの家賃値上げを発表した。ただし9月までは値上げ分「全額免除」、10月から12年3月までは「2分の1免除」、翌年4月から全額値上げを実施するという。

　全国自治協は同日これに抗議し、見解を表明した。値上げ世帯に通知をしたのは実施日のわずか20日前、3月11日であった。社会通念に反するばかりか、あまりにも強権的である。東日本大震災がおきたのは、その日であった。

　前回改定期の09年から2年間の家賃値上げ延期にくわえ事実上6か月さらに延期させるまでの自治協運動とその成果をどう評価するかはともかく、11年4月値上げにかんする馬渕、大畠両国交大臣の発言における変化は注目に値する。機構賃貸住宅の「市場家賃部分は民間へ移行」等の実施を10年12月7日に閣議決定した馬渕大臣は12月24日、当然のように機構の家賃値上げを容認した。しかし、年があけ1月25日の国会集会をヤマ場にした自治協の波状的な要請行動、各党議員の国会質問をうけて大畠新大臣の自治協役員との会見、機構への再要請となった。機構は大臣要請にこたえ、準備した値上げ通知発送を中断し、「措置」内容の再検討をせまられた。

　値上げ分の一時的免除という「負担軽減措置」が、「2011年4月実施」の

256　第4部　小泉「構造改革」と公団住宅民営化の道

実績づくりのための姑息な手法であるにしても、自治協運動と国会勢力等の支援なしには実現しえず、機構がよぎなくされた事実上の値上げ延期であることは明らかである。

6.　国土交通省「都市機構改革の工程表」

　2010年4月の行政刷新会議による都市機構の事業仕分け評決、それをうけての国交省の機構あり方検討会の10月4日の報告書、この報告書内容を事業仕分け評決の線に巻きかえしをはかる12月7日の閣議決定「独立行政法人の事務・事業の見直しの基本方針」をならべてみると、方針の実施にむけての進捗、具体化というより、行きつ戻りつの迷走ばかりが目立つ。迷走の背景には、消費税増税のまえに「身を切る改革」を演出してみせたい、とくに岡田克也行政刷新担当大臣のあせり、利権を手放したくない国交省官僚たちの思惑、その綱引きが見られる。しかし迷走のなによりの原因は、公団住宅廃止・民営化方針に大義はなく、方針そのものの矛盾、反国民的な本質にあり、くわえて閣僚の一角、与党議員をも巻き込んでの居住者自治会・自治協のねばりづよい運動が立ちはだかっていたからといえる。

　検討会報告書についてコメントした際、馬渕国交大臣は「都市機構の事業・組織の見直しについては、年度内に工程表を策定し、より具体的な道筋を明らかにしたうえ、機構改革を不可逆的に進めていきたい」と語った。工程表策定は、年度末の3月11日に東日本大震災が起こって延びのびになったせいもあろう。11年7月1日に国交省は「独立行政法人都市再生機構の改革に係わる工程表」を発表した。

　迷走はとどまらない。工程表は、国交省の検討会報告書とその後の閣議決定にもとづくとしながらも、機構の改革は「検討会報告書で示された方向に沿って行うものとする」と言いきり、民主党政権の「政治主導」とは名ばかり、官僚丸投げの実体をうかがわせた。

　機構改革の工程表は、賃貸住宅部門「改革」の基本を「機構の役割はすでに終わった。賃貸住宅ストックは縮小していく。公的部門の役割は民間市場

の補完である」におき、既存ストックの活用に民間資本、経営方式を導入し、市場家賃化をすすめるとして、つぎの事項をあげる。

① 「UR賃貸住宅ストック再生・再編方針」は着実に実施していく。あわせてPPP（公共・民間共同）手法を活用して団地の収益力の維持・向上につとめる。
② 都心部の高額家賃物件は、機構財務の改善につながる価格で売却する。
③ 4大都市圏の地方公共団体について、順次、買い取りや借り上げ等の意向を確認し、協議をおこなう。
④ 家賃は近傍同種の住宅の家賃の額と均衡を失しないよう定め、家賃減額措置については国費投入の理由と投入対象を明確化する。
⑤ 定期借家契約は、建て替え予定の団地以外においても新規入居に導入する。

この工程表は、居住者を住みなれたコミュニティから追いだす「団地再生・再編」、収入実態を無視した「収益本位の市場家賃化」、居住の権利をうばう「定期借家契約の導入」をならべる。公共住宅としての公団住宅解消の工程表にほかならない。しかし、そう列記したあとでも、具体的な方策は示さないまま、「居住者の居住の安定を害することがないよう配慮するものとする」と書く。団地居住者自身の主張と運動は政府も認めざるをえない存在であることの証しである。

7. 内閣府「都市機構の在り方に関する調査会」

2011年の後半になり政府・民主党内に消費税増税と社会保障の「一体改革」案づくりが本格化し、そのまえに「身を切る行革」の証しとして独立行政法人と特別会計の改革、国有財産の見直しが急浮上してきた。

行政刷新会議は9月15日、「独立行政法人改革に関する分科会」を新設

し、独法改革のさらなる推進をきめた。そして翌12年1月20日に「独立行政法人の制度及び組織の見直しの基本方針」を閣議決定した。新聞各紙は「付け焼き刃の行革」(朝日)、「身を切る行革アピール」(読売)などの見出しで、現行102法人を65に4割減、17特別会計を11に減少、国家公務員宿舎の売却、国立競技場の命名権活用などの具体案を報じた。のこる65法人のうち都市再生機構と住宅金融支援機構は同年夏まで結論を先送りしたことにかんして、読売は「2法人は独法の目玉だ。見直しができなければ、画竜点睛を欠く」と煽った。

「基本方針」は都市機構にかんしては、「業務の分割・再編、スリム化」「会社化の可能な部分について全額政府出資の特殊会社化」を検討し、12年夏までに結論を得るよう指示した。

この閣議決定にもとづいて内閣府に設置された「都市再生機構の在り方に関する調査会」(会長吉川広和DOWAホールディングス相談役、委員ほか7人)は、2月9日の第1回会合にはじまり、3月16日の第4回で「論点整理」、28日の第6回に「機構の在り方の基本的な方向性」をまとめた。その間、全国自治協や不動産業者等からの意見聴取をしている。検討すべく整理した論点は50項目にもわたっていた。「基本的な方向性」といいながら、粗雑、矛盾、問題だらけなのは、吉川会長も議論のなかで自認している。

都市機構の在り方調査会は、全16回の会合をへて12年8月28日に「報告書」を発表し、政府の行政改革実行本部に提出された。報告書の発表前に日経(8月18日夕刊)は一面トップで報道し、「URの改革案が固まったことで民主党政権が進める独立行政法人改革にメドがつくことになる」と、政権のねらいを書いた。

報告書は、賃貸住宅の再編が機構改革の柱であるとし、その主旨は賃貸住宅の分割、株式会社化につきる。

まず機構組織を、①運営改善分野(新しい行政法人に移行する)と、②企業経営分野(当面は政府100%出資の特殊会社とし、速やかな株式売却も視野にいれて民営化する)に2分割し、これを事業ごとに位置づける。都市再生事業とニュータウン事業は運営改善分野として新法人に移行し、賃貸住宅事業につ

いては運営改善分野と企業経営分野に2分割して再編する。

　住宅資産は行政法人と事業会社に分割するが、両分野とも基本的に市場家賃で運営する。区分は固定化せず、状況に応じて、行政法人の資産を事業会社にたいし業務委託や追加譲渡をおこなう。行政法人に移行する賃貸住宅は、団地ごとの管理方式を導入して損益管理を徹底し、収益上有利な集約事業を優先する。事業会社においては、行政法人の繰越し欠損金を解消したうえは、速やかに株式売却をおこなうことを想定した取り組みをし、収益の最大化をめざし、資産・負債を削減するため、民間と同じ基準での売却を積極的に進める。

　報告書は、概ね以上の改革案をふまえ2013年度中の法案提出をめざし、所要の法改正等を速やかに実施すべきである、と結んでいる。

　報告書は9月14日の全閣僚が出席した行政改革実行本部で了承され政府方針となった。政府は政策立案、法案の準備にとりかかったはずである。しかし政局は急転し、11月16日に国会は解散、12月16日の総選挙で民主党は大敗した。

　第2次安倍内閣は成立するとすぐ、規制改革会議を復活させた。そして1月24日、2013年度予算編成の基本方針を閣議決定するなかで、つぎのことを確認した。

　　　「特別会計改革の基本方針」(2012年1月24日閣議決定)及び「独立行政法人の制度及び組織の見直しの基本方針」(2012年1月20日閣議決定)は、それ以前より決定していた事項を除いて当面凍結し、2013年度予算は、現行の制度・組織等を前提の編成するものとする。特別会計及び独立行政法人の見直しについては、引き続き検討し、改革に取り組む。

---

8. 公団住宅分割・株式会社化方針とたたかった2012年

　2012年1月20日に「独立行政法人の制度及び組織の見直しの基本方針」、都市機構については分割・再編、特殊会社化が閣議決定されると、全国自治

協は 1 月 24 日、国会内で「公団住宅を公共住宅として守れ！緊急国会要請集会」をひらいた。与野党議員 20 人、代理 20 人が出席し、自治協支持と激励のあいさつで集会は大いに盛りあがった。この日を皮切りに、衆議院解散の 11 月まで、全国の自治会、自治協はみごとな団結で民主党内閣の公団住宅解体方針とたたかった。

　閣議決定をうけた都市機構の在り方調査会の最終報告はその年の夏に予定されていたので、12 年前半が自治協運動のヤマ場であった。

　2 月、3 月には各団地自治会で、野田佳彦首相、岡田克也行革大臣、前田武志国交大臣あての「機構賃貸住宅を公共住宅として継続することを求める要請署名」と、地方議会にたいする「公共住宅としての継続と居住の安定を求める意見書」採択の請願・陳情にとりくみ、約 260 団地の会長署名を提出、55 地方議会の意見書、12 首長の要望書が送付された。首相および各大臣、国会議員には居住者一人ひとりから万を数える要請のはがき・手紙がとどけられた。

　国会内では、自治協の動きに呼応して 2 月から 4 月にかけて衆院予算、国土交通の各委員会で質疑がかわされた。とくに 4 月 11 日の衆院国土交通委員会では自民、公明、社民の 3 議員が質問にたち、ミニ集中審議となり、前田国交大臣、中塚一宏行革副大臣から「居住者の居住の安定」「機構賃貸住宅の大きな公的役割」についての積極的な答弁をひきだした。

　全国自治協の第 39 回定期総会は 6 月 16 〜 17 日、公団住宅の「分割、特殊会社化」について内閣府の調査会がまもなく結論をだそうとしていたその最中にひらかれた。総会後ただちに、岡田行革大臣と羽田雄一郎国交大臣あての各団地自治会「会長署名」に再度とりくむとともに、両大臣に面会しての署名提出と、8 月 9 日の「緊急国会要請集会」の開催をきめた。

　民主党内閣の国土交通大臣は 3 年のあいだに前原、馬渕、大畠、前田、羽田とめまぐるしく変わり、要請相手はそのつど別人、その頼りなさがいっそう不安をかきたてた。

　3 月につづく再度の自治会会長署名は、岡田行革大臣にあてに 7 月 26 日、羽田国交大臣には翌 27 日に大臣室にたずねて提出し要請した。この日の午

前中には衆院国土交通委員会がひらかれ、公明・共産の各委員が調査会の最終報告をまえに質疑をおこない、羽田大臣は、居住者の居住の安定が最優先、委員の論旨は理解していると答えている。全国自治協の役員9人が大臣に面談したさいも、質問者をふくめ民主、自民、生活、公明、共産の5党から9人の国会議員が同席し、それぞれ熱く要請した。大臣につづき8月7日には吉田おさむ国交副大臣とも面会した。

わたしが自治協役員として関係各大臣、副大臣に直接会って要請する際しばしば感じたのは、閣議決定がさだめた方向、文書に記された方針と、担当の大臣ないし副大臣が個々にかたる談話の内容との違い、隔たりである。「あなた方の言うことはよく分かる」と対応する。だったらなぜ、当事者たちが懸命に反対しているのに、客観的にみても大義の認められないそんな方針を、党として、または内閣が出してくるのか、と首をかしげたくなる。しかし、引っ込めるとはけっして言わない。ふりかえれば、そんな遣り取りをへて、押されながらも公団住宅を守ってきた。当事者の必死の運動があってこそ、力をゆるめ手を引いたらそうはいくまい、と思うことにしている。

地元選出の国会議員を中心に要請行動をくりかえし、国会内集会をかさね、党派をこえて国会議員のなかに自治協支援のウイングを広げ、担当大臣にも面会をもとめて要請し、政府の決定、方針に待ったをかけてきた。公団住宅の存廃にかかわる今回の事態では、その行動パターンを徹底的につらぬいたと思う。

8月9日、国会は内閣不信任案提出で緊迫した情勢を迎えていた。岡田行革大臣は内閣の危機をのりこえるためにも、調査会の議論を打ちきりゴリ押しで結論をだしそうだと伝えられた。この日、衆院第1議員会館多目的ホールでひらいた「緊急国会要請集会」も熱気をおび、盛り上がりをみせた。全国から86自治会の代表167人が参加した。集会には、かつてなく多い8党から26人の国会議員と代理24人が出席した。このあと民主党議連総会がもたれ、全国自治協も同席した。

機構の在り方調査会は2012年8月28日に報告書を発表。9月14日の閣議後、行政改革実行本部はこれを了承した。

262　第 4 部　小泉「構造改革」と公団住宅民営化の道

　全国自治協は 8 月 31 日、調査会報告書にたいする「反論」を発表し、「抗議と撤回要求」声明をだした。この文書をもとに各地方自治協ではいっせいに学習会をもち、宣伝活動を展開し、地方ごとの総決起集会をひらいて、2012 年全国統一行動のスタートをきった。

　11 月 16 日に国会解散、12 月 4 日告示、12 月 16 日の投票日まで国をあげての選挙戦にはいった。東京都は石原都知事が都政を投げ出したため、あわせて都知事選もたたかわれた。

　その選挙戦のさなかに全国自治協は 12 月 6 日「公団住宅の分割・売却、民営化に反対！公共住宅として守ろう―2012 年全国公団住宅居住者総決起集会」を日本教育会館大ホールで開催、146 団地 873 人が参加した。選挙戦のさなかにもかかわらず民主、自民、公明、共産、社民各党の議員から激励のあいさつ、メッセージがよせられた。全国 249 団地自治会が 2012 年統一署名にとりくみ、集会後に要請団を編成して機構理事長と国交大臣に提出した署名数は、それぞれ約 12 万世帯 22 万人をかぞえた。

　12 月 16 日、総選挙の結果、自民党が勝利し、第 2 次安倍内閣が成立した。

第5部

存亡の岐路に立つ公団住宅

XVII　第2次安倍内閣の公団住宅「改革」の新シナリオ
XVIII　どこへ行く住宅政策―公団住宅居住者の生活と要求

団地内で花見のだんらん

第5部　存亡の岐路に立つ公団住宅〔XVII—XVIII〕

　公団住宅の廃止・民営化の政府方針を決定づけたのは、1999年の都市基盤整備公団の設立であった。

　分譲事業からの撤退をきめ、賃貸住宅についても再開発にともなう建設のみに限定し、市場家賃化と建て替えの法定化を定めた。小泉内閣は、2003年に特殊法人（公団）を独立行政法人に変えて、業務内容だけでなく組織上もこの政府方針を固め、06年には住生活基本法を制定して住宅政策の「構造改革」を仕上げた。小泉「改革」をうけつぎ、07年6月に第1次安倍内閣は「規制改革推進のための3か年計画」を発表して、その具体化に踏みだした。安倍首相はその年の9月に辞任したが、この「計画」は、自公内閣で改定、再改定され、民主党内閣になっても大筋ひきつがれた。これらが頓挫したのは、政策の大義や現実性の有無は別として、「3か年計画」を立てて1年とつづいた内閣がなかったし、民主党内閣は行政改革の目玉にすることしか考えていなかったせいかもしれない。

　2012年12月の第2次安倍内閣発足にあたっては、公団住宅「民営化」方針は手直しをよぎなくされ、「民営化」の文字は政府文書から消えた。前章でここまで書いてきた。

　第2次安倍以前の歴代内閣も、公団住宅すべてを一律に民営化の対象にしたわけではなく、住宅弱者の居住については、なんらかの公的責任をはたす建て前はとっていた。「公営住宅階層」、高齢・低所得等の居住者については、地方自治体なり「新法人」へ移すとしていた。しかし地方自治体にこれを受けいれる備えがあるはずもなく、都市機構にもその動きは見られなかった。民主党内閣のいう「新法人」もことばだけだった。できるならやってみよと内心思いつつも、それぞれの政局向けに公団住宅を弄び、居住者を居住不安に陥れる政治は許せなかった。もちろん居住者は楽観していたわけではない。重大な住まいの危機ととらえ、これをくい止めるため必死で活動して

きたし、一貫して公共住宅として守る運動を展開してきた。

　第2次安倍内閣は2013年12月に、「民営化」の文字こそ消したが、早々に「団地統廃合の加速化計画を立てよ」「家賃引上げにむけて改定ルールを変更せよ」「低所得高齢者への特別措置を縮小せよ」と閣議決定した。居住者の居住安定をはかる施策についてはまったく触れていない。民間経営への外部化、株式会社化等を意味する「民営化」は不可能とあきらめて、「政府自体の民営化」に転じたのだろうか。

　中間所得層対象を建て前に発足した公団住宅の居住者は現在、過半が年金生活者であり、さらに増加していく。その多くは公営住宅対象の低所得層に重なる。政府・機構はこの居住者実態を知りながら、「近傍同種家賃」と称して過重な家賃負担を負わせ、高家賃なるがゆえに空き家は増大している。貴重な社会資産である公団住宅の空き家を放置して活用をせず、それどころか団地を壊し、更地にして売却する方向に走っている。

　「住宅セーフティネット法」があるという。法律名は「住宅確保要配慮者に対する賃貸住宅の供給の促進に関する法律」であるが、政府自ら、そしてマスコミももっぱらこの略称というより、別称を使っている。国民に住の安心感をいだかせる効果はあろう。この法律は、公営住宅をはじめ公団住宅など公的賃貸住宅の供給を促進して国民の居住の安全網を整えると、別称先行で2007年に制定された。10年たって現実はどうか。この法がいかなる実効をもたらしたか。

　賃貸住宅をもとめる層は高齢者から若年層まで広がり、その数は今後とも増えつづけ、かつ家賃支払いが困難になってきている現状は、政府の新たな調査でも明らかになっている。これに反して、公営住宅は、とくに大都市圏では絶対的に不足しており、数十倍もの応募倍率にもかかわらず新規供給は停滞、むしろ減少しつつあり、公団住宅も高家賃化と団地削減の方向にある。政府はこの深刻な住宅事情と将来予測をまえに「新たなセーフティネット強化」を打ちださざるをえず、17年2月に同法の改正案を閣議決定した。

　改正案をみて驚いた。法改正の方向は、国と自治体が負うべき責任をほぼ最終的に投げだし、自らが「公的賃貸住宅の増加は見込めない」と公言した

うえで、今後は民間空き家の活用、民間事業者の協力が中心だという。公的賃貸住宅の役割を規定した第5条は第53条に退けた。「自力では居住を確保できない」とする住宅弱者への国の「配慮」、「新たな住宅セーフティネット」の実体が、民間空き家への入居あっせん事業でしかない。住宅政策の末路を見る思いである。今回のセーフティネット法の改正は、わが国の住宅法制から、国が負うべき最後のセーフティネットさえも取り払ったとも断言できる。

　改正法は2017年4月19日に成立した。この法と法改正にたいする期待は当然あろうし、採択された付帯決議は同法改正の問題点を正しく指摘している。改正案の国会審議における政府答弁と付帯決議をふまえ活用して、国民の居住要求実現にむけて進むことになる。

　住宅セーフティネット法には、施策対象とする「住宅確保要配慮者」の明確な規定はなく、公団自治協はまず政府にその明確な規定をもとめた。公団住宅居住者の相当部分は「要配慮者」にあたると想定されるからであり、公団住宅それ自体が住宅セーフティネットと位置づけられ、この法から目を離すことはできない。同時に、都市機構法25条4項は「規定の家賃支払いが困難な世帯」にたいする家賃の減免を定めており、その実施を政府・機構に要求し、いまや国会でも取り上げられている。

　いうまでもなく、公団住宅居住者の要求は、その居住者だけの運動で実現できるはずもなく、居住確保と安定をもとめる広範な国民的運動が必要であり、その現行法上の基本的な拠りどころは、あくまで公営住宅法である。国と自治体の責任で住宅困窮者に低廉な家賃の住宅を供給させる運動を基礎に、具体的にはひろく「家賃補助」制度を実現させていく共同した住宅運動が求められている。

267

ⅩⅧ 第2次安倍内閣の公団住宅「改革」の新シナリオ

1. 都市機構改革の閣議決定（2013年12月24日）

　2012年12月16日の衆院選で民主党は大敗、政権が交代した。第2次安倍内閣は発足早々の翌13年1月24日、前内閣の「公団住宅分割・特殊会社化」方針を当面凍結し、それ以前に決定していた改革案をひきつづき検討し、改革にとりくむことを決めた。それ以前の改革案には、第1次安倍内閣の「規制改革推進3か年計画」にはじまり、つづく福田、麻生両内閣が「改定」「再改定」した計画がある。

　この方針にもとづいて行政改革推進会議に独立行政法人改革等に関する分科会が設置され、そのもとで第4ワーキンググループが都市機構改革の検討にあたった。10月11日の第4WGの初会合で稲田朋美行革担当大臣は、「今回の検討を、第1次安倍内閣で着手して以来の"改革の集大成"としたい」とのべた。会合は8回ひらかれ、12月18日に報告書をまとめた。2013年12月24日に「独立行政法人改革等に関する基本的な方針」が閣議決定され、都市機構については賃貸住宅事業を標的に、第4WGの報告事項をそのまま指示した。

　　○　東京都心部の高額賃貸住宅（約13,000戸）は2014年度から順次、サブリース契約により民間事業者に運営をゆだね、将来的に売却する。

　　○　定期借家契約の活用等により収益性が低い団地の統廃合の加速をめざし、「賃貸住宅ストック再生・再編方針」にもとづく具体的な実施計画を2014年度中に策定する。

○　募集家賃は 2014 年度から機動的かつ柔軟に引下げ・引上げをおこない、継続家賃は引上げ幅の拡大、改定周期の短縮など 15 年度中に家賃改定ルールの見直しをおこなう。低所得の高齢者等にたいする家賃減額措置は、公費で実施することを検討し、14 年度中に結論を得る。

○　関係会社がおこなう賃貸住宅の修繕業務について、2014 年度からの 3 年間で 13 年度比 10%のコストの削減を図る。

2．第 3 期中期目標・計画（2014 ～ 18 年度）と 2016 年度決算

都市機構は設立 10 年をへ、5 年ごとに中期目標、中期計画を見直し、2014 年度は第 3 期の初年度にあたる。それに先だち、都市機構の基本的な方針をさだめる閣議決定がだされ、第 3 期中期計画は閣議決定を「具現化するもの」となった。

1．機構の基本目標——財務構造の健全化（繰越欠損金の解消、キャッシュフローの最大化）を実現する。

2．都市再生事業の目標——東京オリンピックのニーズや老朽化マンションの再生など公的立場を活かして民間事業への支援をおこなう。

3．賃貸住宅事業の目標と計画——

○　団地統廃合の実施計画を 2014 年度中に策定する。2018 年度までに 10 万戸再編着手、5 万戸削減する。

○　家賃改定ルールを 2015 年度中に見直し、引上げ幅を拡大、改定周期を短縮する。管理コストを 2014 年度から 3 年間で 10%削減する。

機構は閣議決定を実行する第 3 期中期計画を立てたうえ、さらに 14 年 3 月 31 日付で「経営改善に向けた取組みについて」を発表し、目標のポイントを強調した。

機構の最優先課題は財務体質の強化である。2033 年度末までに有利子負債を 3 兆円以上削減する。借入金償還や支払利息をまかなうために、賃貸住宅事業の営業キャッシュフローマージン 50% を達成する。その柱は家賃収入である。具体には、団地の付加価値向上や家賃収入の確保に努めるとともに、修繕費など管理コストの削減に取り組むほか、賃貸住宅ストック再生・再編の促進により資産の良質化、負債の圧迫につとめる。

「営業キャッシュフローマージンの確保」を最優先課題とする賃貸住宅部門の 2016 年度決算をみると、業務収入 6,576 億円（うち家賃・共益費収入 5,698 億円、整備敷地等譲渡収入 290 億円）にたいし経費総額は 4,234 億円（うち管理業務費 3,064 億円）だから、収入から経費を差し引き、収入で除した営業キャッシュフローマージン率は 35.6% である。目標 50% の達成が、家賃値上げと修繕費カット、団地売却に拍車をかけることは目に見えている。

支払い利息のプレッシャーは依然重くて 1,352 億円、賃貸住宅部門の借入先はすべて政府資金だが利率は 1.21%、民間事業であるリニア新幹線への金利 0.6% の 2 倍以上も高く、家賃収入の 24.6% を食っている。ほかに見逃せないのは、空き家の増加等による減損損失を 609 億円計上しながら、当期純利益を 520 億円をあげ、その全額を宅地造成等経過勘定の赤字の穴埋めに繰り入れている点である。

3. 機構賃貸住宅「改革」のシナリオ―団地統廃合と継続家賃総値上げ

今回の閣議決定が従来と大きく異なる特徴は 2 つある。1 つは「民営化」の文言が消えたこと、もう 1 つは、都市機構を 5 年ごとに組織および業務を見直し、廃止までの橋渡しを使命とする「中期目標管理型の法人」としながらも、この先 20 年、2033 年度までの経営戦略をかかげ、「持続的な機能実施」を強調しはじめたことである。

政府年来の機構賃貸住宅「民営化」方針も高額家賃物件の売却方針も、現実にはその見通しも立たず、破たんを認めざるをなくなったのだろう。「民

営化」とは、公共が担うべき事業を外部の民間企業に移すこと。当面外部化はできず、機構そのものの営利企業化を強めることで完全民営化を先延ばしする、せざるを得なかった。いわば「政府の民営化」に踏みだしたといえる。

都市機構の存在にかんしては独立行政法人の使命を変え、業務内容は変更しても組織自体の廃止は視野から外した。国土交通省住宅局長も機構理事も口をそろえて、民主党政権から自公政権にもどり今回の閣議決定のおかげで「もう民営化も機構廃止の心配もなくなった。あとは経営体として生き残るだけ」と語っていた。都市機構が「経営体として生き残る」こと、閣議決定の実施が、公団住宅居住者にとっては何を意味し、何をもたらすか。

1）賃貸住宅ストック再生・再編への実施計画

閣議決定が団地再生・再編の「具体的な実施計画」を 2014 年度内に策定するよう指示したのにたいし、機構は今後の検討方針だけを述べた文書を「実施計画」と題して発表し、個別団地ごとの「方向づけ」は 2018 年度までに先送りした。

ストック再生・再編方針は 2007 年 12 月の発表以来、18 年度までの 12 年間に約 10 万戸着手、5 万戸削減を計画、実績は 13 年度時点で、7 年間に 5 万戸着手、2 万戸削減したという。その間 1.8 万戸を新規建設しているから、実際に削減したのは 3.8 万戸である。

賃貸住宅の総管理戸数では、06 年度末の 76.9 万戸が 13 年度末で 74.8 万戸、18 年度末には 72.2 万戸に減少する。つまり以後 5 年間に新規 0.5 万戸増、3.1 万戸を削減する計画である。15 年後の 2033 年度末には 65 万戸程度を目標とする。

2018 年度末までに団地ごとの具体的な再編計画を確定するにあたっては、従来の団地別整備方針を見直し、つぎの新たな 2 つの視点から評価、方向づけるという。①団地ごとの収益性に着目した評価と投資の実施、②同一生活圏とみなすエリア単位での団地再編とその加速化。この視点から現在約 75 万戸の団地をつぎの 2 つに大別する。

① 「戦略的に投資を検討して収入増を図る団地」47万戸（うち「収益性が高く、集中投資を検討する団地」17万戸）
② 「エリア単位の団地再編や団地単位の集約等により規模縮小を検討する団地」28万戸（このなかに「近接地建て替え」の新たな項目をふくめている）

　機構が示した投資型、縮小型の団地2分法は、団地経営の考え方の2本柱でもあり、すべての団地について収入増と資産縮小の二兎を追うことになる。これにたいし居住者は、正当事由制度に守られた借家権、居住の権利への自覚を高め、自治会は「当事者」として、また「団地の主人公」として自治体をふくめ機構の3者でねばり強く協議し対応する構えと力量が求められている。

2）「団地の統廃合」の名で国公有地跡地処理をねらう

　閣議決定が都市機構に「団地の統廃合」の加速化をせまった新たな局面として、国公有地跡地処分のねらいも見逃せない。

　近年各都市に庁舎移転・合庁、公務員宿舎廃止、学校の統廃合などで空閑地となった国公有地が数多く見られる。「骨太の方針2014」（経済財政運営と改革の基本方針）は「国公有財産の最適利用」を指示しており、財務当局を先頭に地方自治体等にたいし跡地処理のための「地域・まちづくり」（エリアマネジメント）、定住促進・市街地活性化を名目に「コンパクトシティ計画」を推進している。この一連の動きが機構に「近接地」取得を可能にさせる法改正となって現われ、国公有地の跡地処理が、機構の団地統廃合の新たなねらいとして浮上してきている。

　そのための法改正が2015年6月19日成立の「独立行政法人に係る改革を推進するための国土交通省関係法律の整備に関する法律」であり、都市機構法11条13項を一部改正し、17条の2を新設した。

① 　これまでも団地建て替えのさい機構に「隣接地」の取得は認めてい

た。法改正をして新たに「近接地」（飛び地）の取得をも可能にした。

② 建物を除却したあとの整備敷地の譲渡、賃貸は公募が原則であり、「応募者がいなかった場合にかぎり」機構に業務、投資を認めてきた。法改正をして新たに「第17条の2」を設け、機構が規定する事業に「共同して投資をしようとする民間事業者からの要請」があれば、公募手続きは不要とし、機構が投資できることにする。機構は、これまで参画できなかった初期段階から民間と共同出資して開発型SPC（特定目的会社）を立ちあげ、共同事業をおこなえる枠組みをつくった。

ここで国土交通省が想定する「近接地」とは、主に国公有地をさす。団地の統廃合をすすめるのは、遊休地化した国公有地に建て替えさせるのが目的なのだろう。機構が既存建物を活用する方針を立てている団地についても国公有地への建て替えを促し、既存団地を壊し、跡地に公共的施設の誘致、民間売却を予定している。

機構による「近接地」取得のねらいが、国公有地の跡地処理にシフトし、「コンパクトシティ化」という名の新手の市街地再開発を成長戦略に仕上げようとする思惑にあるとも読みとれる。

公団・機構は、かつては田中角栄金脈につながる広大な山林・原野を買い込み、バブル崩壊後は銀行・大企業の不良債権化した土地を買い取り、こんどは空閑地となった国公有地を引き受ける。借金をしての取得だから、機構財務の借入金依存構造、不健全化は進むばかり。増大する利払いと償還のツケは家賃値上げとなって居住者に回され、住みなれた団地から無理やり追い出され、育ててきたコミュニティはつぶされることになる。

しかし「移転については居住者の同意が前提となる」と国交省の説明文書も注記せざるをえず、国策とはいえ、上記のような移転要請に借家法上の正当事由がないことはいうまでもない。

3）家賃改定ルールの変更を強行

閣議決定は都市機構にたいし、募集家賃は2014年から空き家状況により

上げ下げを柔軟におこない、継続家賃は値上げ幅の拡大、改定周期の短縮などにむけ改定ルールを 2015 年度中に見直すよう指示した。あわせて、低所得の高齢者等にたいする家賃値上げ抑制措置の公費実施、つまり機構負担の縮小・廃止の検討を求めた。

機構法 25 条は、募集家賃は近傍同種家賃（市場家賃）と「均衡を失しない」、継続家賃はそれを「上回らない」と定めているが、今回のルール変更で、この規定に反し新旧（募集・継続）逆転も起こりうる。25 条 4 項は、規定の家賃支払いが困難な者にたいする「家賃の減免」を定めているが、機構はまったく遵守していない。

機構は、募集家賃を市場家賃と同水準に設定することを「硬直的」ときめつけ、継続家賃については「下がりやすく、上げにくい仕組み」だといい、「将来のインフレリスクに対応する」ためにも改定ルールを見直すと説明している。機構が継続家賃を「上げにくい」のは仕組みのせいではなく、市場家賃が 1990 年代から下がりつづけているのに反し、その間くりかえし値上げによってすでに市場家賃の水準に達しているからである。2017 年 4 月現在、継続家賃の全国平均は募集家賃（＝市場家賃）100 にたいし 97.7、その差は額面で 2.3%でしかなく、畳・ふすま等の劣化放置を考えあわせると新規の募集家賃より割高ともいえ、近年の空き家の増加はその何よりの証拠である。「市場家賃との乖離」はいまや値上げのための「作り話」でしかない。

機構の家賃値上げのまえには市場家賃の壁が立ちはだかり、改定周期を 3 年ごとから 2 年ごとに速め、市場家賃との「乖離」を縮めるといっても、実効ある収入増は見込めないどころか、値上げをすれば退去者が増え、空き家はさらに増加する。それほどまでに機構の高家賃化は限界にきている。

そこで飛びついたのがアベノミクスである。安倍内閣はデフレ脱却、毎年 2%の物価上昇を目標にかかげている。インフレになれば家賃値上げができ、土地建物の資産価値が上がり、負債返済の負担は軽くなるから、機構はインフレ大歓迎の立場にある。それがさも現実になるかのような前提で家賃値上げ計画とその改定ルールの再検討をはじめた。

市場家賃は下落傾向がつづき、近年横ばいとしても、とても毎年 2%上昇

274　第5部　存亡の岐路に立つ公団住宅

など兆しも見られないのに、年5％上昇したら、かりに年2.5％でも現行ルールのままでは市場家賃との乖離はこんなに拡大する、だから乖離が広がらない改定ルールづくりを急ぐべきだと、シミュレーションを図解して機構は国会へ説明に回っている。市場家賃10万円が年5％上昇すれば、5年間で約12.8万円に、年2.5％なら10年間に約12.8万円になる。現行ルールのままだと5年目には月2〜0.9万円もの乖離が生じると、「作り話」についで、こんどは「だまし絵」をもちだしてきた。

　機構が現行ルールは「インフレリスクに脆弱」、「急激な家賃水準の上昇局面に対応できるルール」という、その正体はこれである。アベノミクスが言いたてるインフレ進行の「（非）現実性」をいささかも検証することなく、これに直ちに悪乗りしてさらなる家賃値上げをたくらむ。低所得者の高齢者が居住者の大半をしめ、高家賃ゆえに空き家が増大、空き家が2〜3割の団地も珍しくない現状で、閣議決定を錦の御旗に家賃のさらなる値上げをはかるルールに変更する。

　第2次安倍内閣になっての特徴は、内閣が独立行政法人である都市機構の具体的な方針、施策にまで直接介入し、期限を切ってその「改革」実施を迫ってきたことである。機構はもっぱら「閣議決定」を理由に問答無用とばかりにこれを強行してきた。全国自治協は、国会要請行動、地元議会・首長への協力要請（政府・機構へ意見書、要望書提出）、各団地自治会、居住者個人から機構への意見集中をおこなった。2015年12月にはいり国会各党からも国交大臣あてに要請がおこなわれた。こうして12月24日に機構は見直し後の「継続家賃改定ルール」を発表、2016年4月1日から順次実施することとした。

　改定ルール変更の主な点は、①算定基準とする家賃変動率を、総務省統計局の家賃指数（消費者物価指数）から、機構委託の不動産鑑定業者が査定する近傍同種家賃の変動率に変える。②改定を、3年ごとのいっせい改定から、最短2年ごと各戸の契約更新日改定に変える、等であった。③低所得高齢者世帯等への特別措置改廃案は取り下げ、現行どおりとした。

　家賃改定ルールの変更が、居住者の居住の安定をいっそう危うくすることは明白である。居住者をばらばらにして借家人の権利を弱め、機構の家賃値

上げを公共の監視から逃れて暗闇に閉ざし、自治会の反対運動を抑えこみ、値上げをしやすくするのがねらいである。

　居住者の居住はもとより、公共住宅として役割と命運も大きな岐路に立たされている。

276　第5部　存亡の岐路に立つ公団住宅

XⅧ　どこへ行く住宅政策—公団住宅居住者の生活と要求

1.　「新たな」住宅セーフティネット—末路をみせる住宅政策

　小泉政権は、公営住宅を基幹とする公団住宅、住宅金融公庫の3本柱体制を壊すことから住宅政策の「構造改革」をはじめた。政策理念の基本を「公的主体による直接供給」から「市場における自力確保」におきかえ、自力で確保できない住宅困窮者にたいしては、公共賃貸住宅制度を見直して「住宅セーフティネット機能の向上」をはかるという構図に転換してきた。

　公営住宅法は憲法25条にもとづき住宅の公的直接供給を国および地方自治体にたいし義務づけている。第1条でその対象と施策を「住宅に困窮する低額所得者にたいし低廉な家賃で賃貸する」と明確にしたうえで、第3条で地方自治体は「公営住宅の供給を行わなければならない」、第4条で国は地方にたいし「援助を与えなければならない」と規定している。

　公共賃貸住宅制度の見直しとは、第一に公営住宅法を骨抜きにすることであった。いくども法改悪をかさねた末に、公営住宅を公団住宅等とならべて「住宅セーフティネット」の一つと位置づけ直し、その供給を国の義務から「配慮」の対象に変えた。いまや公営住宅法を「住宅確保要配慮者に対する賃貸住宅の供給の促進に関する法律」にすりかえ、政府はこの法律をもっぱら「住宅セーフティネット法」の名で呼んでいる。そのねらいと問題点についてはすでに述べた。

　住宅セーフティネット法が制定されて10年になる。この法の正体は、10年後の現実がいっそう明確に明かしている。社会資本整備審議会住宅宅地分

科会は住宅セーフティネットをめぐる現状と課題、施策の方向性を検討し、2017年2月に「新たな住宅セーフティネット」制度のあり方について報告書をだした。この報告にもとづいて同法の一部改正案が2月3日閣議決定された。

　報告書、改正案の主旨は、公共賃貸住宅への要求をはじめ住宅セーフティネット機能強化の必要性が高まっている現状を認めながらも、公営住宅の「供給は進んでいない」「増加は見込めない」から、今後は、増加しつつある「民間の空き家・空き室の活用を促進していく」方向に転換しようというのである。「新たな」とは、住宅セーフティネットをも「公から民まかせへ」転じることを意味している。公共賃貸住宅の役割を規定した第5条は法改正で第53条に退き、民間空き家等の活用にかんする新たな条項が法の大部を占めるにいたった。

　新たな施策には、住宅確保要配慮者の入居を拒まない民間空き家の登録制度の創設、居住支援法人（NPO）による入居相談、家賃債務保証の円滑化、生活保護受給者の住宅扶助費の代理納付推進等をあげている。登録住宅の改修・家賃低廉化への支援は、国・地方が予算上配慮するとして法律上は規定していない。改正案のどこにも、住宅セーフティネット機能の確かな強化を予想させる条項はなく、最低限度の居住さえ事実上保障しようとしない政府の姿勢がいっそう明白になるばかりである。住宅扶助の代理納付を推進する一方で、報告書が「貧困ビジネスにつながることのないよう留意すること」と記しているのが注目された。

　「新たな住宅セーフティネット」をめぐる政府の検討と法改正にいたる国会審議をつうじて確認された次の点は、公共住宅政策を取りもどし、拡充させる運動にとって重大な課題である。

　①公営住宅法は、国民にたいする住宅政策の根幹である。②借家をもとめ、家賃支払いが困難となる世帯は増えつづける。③大都市圏では公営住宅への応募倍率は高い（東京都22.8倍）が、今後とも大幅な増加は見込めない。④住宅セーフティネット機能の強化は緊要である。

　これまで述べてきたように、公団住宅にたいし、政府・機構は高家賃政策

278　第5部　存亡の岐路に立つ公団住宅

を強めるとともに、団地の削減・売却を進めている。居住者の 70％以上が住みなれた団地永住を望みながらも、年金生活者が過半を占め、家賃負担は耐えがたくなっている。高家賃ゆえに空き家は目立っており、空き家率は全国で 10％を超え、20 〜 30％の団地も珍しくない。

　公営住宅、公団賃貸住宅はそれぞれ発足にあたっての制度上の違いはあっても、入居階層の収入実態は当初から共通する部分がかなりあったはずである。制度が発足して 60 年余をへて入居者の実態はますます一元化にむかっている。収入階層別に 3 本柱の住宅制度を立てながら、居住者実態の変化にこたえる政策をとってこなかった。公団住宅のばあい、都市機構は居住者の実態を十分に知りながら一律に市場家賃制にかえ、そればかりか機構法 25 条 4 項が規定する「家賃の減免」条項は履行せず、低所得者から高家賃を取り立てているのが現状である。また両住宅とも一元的に住宅セーフティネットとして大いに活用すべきところ、公営住宅の新規供給はストップ、公団住宅は削減、民間売却の方針を固め、「民間空き家の活用」に打開の道を求めるという。民間事業活性化が狙いとしてもお粗末である。

　住宅セーフティネット法改正をめぐる政府の説明と国会審議、公団住宅の現状をふまえ、公団自治協はつぎの要求をかかげて活動をしている。①国民共有の資産である公団住宅を公営住宅として活用し、家賃を引き下げて空き家をなくせ。②公団住宅の削減・売却には反対である。③機構法 25 条 4 項の「家賃の減免」条項の実施とともに、公営住宅収入層には公営住宅家賃を適用せよ。④広く公営住宅法の趣旨に沿い、住宅扶助・家賃補助制度を設けよ。

2.　公団住宅居住者の生活と住まいの推移

第 1 〜 10 回アンケート調査（1987 − 2014 年）の集計結果から

　公団住宅居住者が団地自治会による最大の期待は、家賃値上げ反対と住宅修繕の促進、住環境の整備であり、その実現のためには、まず居住者の生活実態と要望を具体的に把握しておかねばならない。各団地自治会が全世帯を対象に定期的にとりくんだアンケート調査の結果は自治協活動を進めるう

えで貴重な資料、運動の武器となり、この活動自体が居住者の自覚を高め結束を固める役割をはたしてきた。

公団が継続家賃のいっせい値上げを最初に強行したのは 1978 年、第 2 次は 83 年、第 3 次も 5 年後の 88 年であったが、この回から「家賃改定ルール」なるものを定め、以降は値上げ周期を 5 年から 3 年に早めた。値上げ額は上限、第 1 次一律 7,000 円、第 2，3 次は室数により 8,000 〜 1 万円とする高さであり、家賃値上げ反対運動はもりあがった。全国自治協はこうした状況のなかで 1987 年に第 1 回「団地の生活と住まいアンケート調査」を実施し、第 10 回調査を 2014 年におこなった。

さきに第 3 回調査（1993 年）の集計結果をくわしく紹介した。ここでは公団住宅居住者の生活実態の変化と現状をざっとみるために、第 1 回から第 10 回調査までの主要項目について全国集計の結果（百分比）とその特徴点をのべる。団地ごと、地域別に、また同じ地域でも団地の建設年代別にこまかく見ていくと、項目によっては集計数値に違い、開きもあるが、言及しない。

調査実施団地数は初回から、約 230 団地、23 万世帯に調査票を配布して 11 万世帯から回収、回収率は 50％を前後している。

世帯主の性別と年齢

世帯主の性別は、1987 年の男性 90％、女性 10％にはじまって、2014 年には 63％対 34％、10 年後には女性世帯主が多数派に転じ、一人暮らしの高齢女性の増加が予想される。世帯主の年齢では、20 〜 30 歳代が 40％を占め、65 歳以上は 7％にすぎなかったのにたいし、2014 年には 50 歳未満あわせても 15％にも及ばず、65 歳以上が 64％をしめ、年金世代を 60 歳以上とすれば 74％に達する。

家族数と人口構成

家族数を最初にたずねた 1993 年には、4 人、2 人、3 人の順でそれぞれ 23 〜 28％を占めたが、2014 年では 2 人家族が 39％、1 人住まいはこの間に 10％から 37％に増え、4 人家族は 28％から 5％に激減している。人口構

280　第5部　存亡の岐路に立つ公団住宅

成では 1987 〜 2011 年間に、20 歳未満が 34%から 8%に減少、65 歳以上が 5%から 50%へ、70 歳以上 38%と驚異的な高齢化の進行である。

世帯収入

　世帯収入は、第 6 回調査までは総務庁貯蓄動向調査、第 7 〜 8 回は総務省統計局「家計調査・貯蓄負債編（勤労者世帯）」、第 9 〜 10 回は同「家計調査・家計収入編（総世帯）」によって所得 5 分位にわけた。なお、第 8 回と第 10 回とでは所得分位の収入額が大きく変わり、百分比では比較できないから、両調査の収入額を併記する。第 9 回と第 10 回とでは収入額に大差はないから、第 10 回の収入額のみを記す。居住者の収入低下がすすみ、実態をよりリアルに把握するため第 1 分位階層をさらに 4 区分して設問し回答をえた。

　公団は市場家賃化するまでは建て前として第 3 分位層中位の月収の、当初は 16 〜 17%、のちに概ね 20%程度を目安に家賃設定をしていた。自治協がアンケート調査をはじめた 1980 年代にはすでに第 1 分位層が 30%台、第 2 分位層をあわせて過半数を占め、90 年代末には第 1 分位層だけで過半数に達していたことが分かる。第 2 〜 5 の各分位層とも年々減少していくのにたいし、第 1 分位層は速いテンポで増加し、第 1 〜 2 分位層の合計はいまや 70%をこえている。

　公団・機構は 5 年に 1 回、無作為抽出による居住者定期調査をおこなっているが、とくに世帯収入の集計結果についてはきびしく非公開にしている。ただし世帯全収入についての回答は不明が 50%近い。プライバシー保護がいわれているなかで自治協調査の「不明」約 7%は、いかに居住者にとって家賃値上げ反対が切実なねがいであるかを語っている。

現在の家賃額

　2014 年調査の全国平均は 3 〜 4 万円台、5 〜 6 万円台、7 〜 9 万円台がそれぞれ 35%、35%、17%をしめし、5 〜 9 万円台が過半数を占める。建て替え団地については、7 万円未満 40%、7 〜 13 万円未満 44%、13 万円以上 14%をしめす。

公団住宅居住者の所得分位と推移

	2014年／第10回調査		2011年／第9回	2008年／第8回	
第Ⅴ分位	735万円以上	3.0%	3.7%	945万円以上	2.1%
第Ⅵ分位	505〜735万円未満	7.0%	7.1%	733〜945万円未満	3.7%
第Ⅲ分位	367〜505万円未満	13.2%	13.6%	581〜733万円未満	6.7%
第Ⅱ分位	251〜367万円未満	20.1%	20.5%	443〜581万円未満	10.1%
第Ⅰ分位	251万円未満	51.2%	49.1%	443万円未満	70.4%
	200〜251万円未満	16.4%	17.4%	311〜443万円未満	16.4%
	150〜200万円未満	15.2%	12.9%	257〜311万円未満	13.9%
	100〜150万円未満	12.7%	11.8%	190〜257万円未満	19.9%
	100万円未満	6.9%	7.0%	190万円未満	20.2%
	不明	5.5%	不明　6.0%		不明　6.9%

　家賃額は、建設年次とともに団地の所在地域によってこの数値の偏りは大きい。

　ここには参考までに、圏域別・管理開始年代別の平均家賃（2017年4月1日時点）の一覧表を掲載しておく（次頁）。

世帯収入のおもな内容

　給与所得中心の世帯が全世帯の半数を切ったのは1999年調査以降であった。2002年には38％、05年31％、08年28％、11年23％、14年19％と逓減、これに反し年金世帯は、1999年の「年金が中心」の20％から2014年の「年金だけ」の43％へと増大した。年金と給与、アルバイトと答えた世帯は23％だから、66％は年金受給世帯であり、増加の一途をたどる。

家賃の負担感

　家賃負担感の「たいへん重い」「やや重い」世帯と「普通」世帯は、90年代をとおして40％台で折半していたが、2000年代には「普通」は20％台に半減し、「やや重い」37％、「たいへん重い」36％、7割以上が「重い」と答

表 XVIII-1　平均家賃（圏域別×管理開始年代別）（H29.4.1 時点）

区分	エリア	家賃種類	昭和30年代 平均家賃	指数	昭和40年代 平均家賃	指数	昭和50年代 平均家賃	指数	昭和60年代 平均家賃	指数	平成7年～ 平均家賃	指数	合計 平均家賃	指数
首都圏	23区内	平均募集家賃	69,600	100.0	83,000	100.0	101,000	100.0	135,800	100.0	158,200	100.0	113,300	100.0
		平均継続家賃	63,300	90.9	76,400	92.0	96,100	95.1	134,700	99.2	156,000	98.6	108,900	96.1
		平均支払家賃	61,100	87.8	73,900	89.0	94,400	93.5	132,400	97.5	149,800	94.7	105,600	93.2
	その他首都圏	平均募集家賃	48,700	100.0	54,500	100.0	67,900	100.0	99,200	100.0	115,400	100.0	73,800	100.0
		平均継続家賃	46,400	95.3	52,100	95.6	67,000	98.7	99,200	100.0	114,400	99.1	72,200	97.8
		平均支払家賃	45,500	93.4	50,500	92.7	65,500	96.5	97,200	98.0	107,000	92.7	69,400	94.0
中部圏		平均募集家賃	39,500	100.0	42,500	100.0	59,400	100.0	78,700	100.0	96,800	100.0	57,300	100.0
		平均継続家賃	36,700	92.9	40,700	95.8	58,500	98.5	78,900	100.3	95,200	98.3	55,900	97.6
		平均支払家賃	35,300	89.4	40,000	94.1	57,500	96.8	77,200	98.1	91,800	94.8	54,700	95.5
近畿圏		平均募集家賃	45,600	100.0	48,100	100.0	61,300	100.0	79,300	100.0	93,400	100.0	62,700	100.0
		平均継続家賃	44,000	96.5	46,700	97.1	60,600	98.9	79,000	99.6	92,900	99.5	61,700	98.4
		平均支払家賃	42,800	93.9	45,500	94.6	59,500	97.1	77,300	97.5	85,900	92.0	59,500	94.9
九州圏		平均募集家賃	33,100	100.0	40,100	100.0	53,600	100.0	69,500	100.0	78,200	100.0	53,700	100.0
		平均継続家賃	31,400	94.9	38,000	94.8	52,800	98.5	69,300	99.7	77,100	98.6	52,400	97.6
		平均支払家賃	30,700	92.7	37,200	92.8	51,700	96.5	68,400	98.4	74,700	95.5	51,200	95.3
その他		平均募集家賃	33,500	100.0	38,800	100.0	51,200	100.0	52,000	100.0	72,500	100.0	44,700	100.0
		平均継続家賃	32,400	96.7	37,300	96.1	50,300	98.2	51,900	99.8	71,300	98.3	43,500	97.3
		平均支払家賃	32,100	95.8	37,000	95.4	49,800	97.3	51,200	98.5	70,200	96.8	43,000	96.2
合計		平均募集家賃	48,400	100.0	53,900	100.0	66,800	100.0	95,900	100.0	114,800	100.0	72,800	100.0
		平均継続家賃	46,000	95.0	51,400	95.4	65,500	98.1	95,700	99.8	113,700	99.0	71,100	97.7
		平均支払家賃	44,900	92.8	49,900	92.6	64,200	96.1	93,800	97.8	107,100	93.3	68,600	94.2

凡例）上段：平均募集家賃（戸／月）
　　　中段：平均継続家賃（戸／月）平均募集家賃を 100 とした時の割合
　　　下段：平均支払家賃（戸／月）平均募集家賃を 100 とした時の割合
出典）都市再生機構資料

えている。

今後の住まい

「公団住宅に長く住み続けたい」は90年代まで80％をこえ圧倒的多数であったが、96年調査からやや減退傾向があらわれ、それでも2014年現在も72％、「公営住宅に住み替えたい」10％を合わせると、8割以上が公共住宅を望んでいる。減退の原因は、「公団住宅に住んでいて不安に思うこと」に回答の多かった、家賃値上げや高家賃のこと65％、民営化50％、団地再生で移転強要38％などの不安が、永住希望減退や空き家増加などの原因でもあろう。

住宅の修繕と居住性向上についての要望

2014年調査では、従前の調査結果と同じ、たたみ床、ふすまの取り替えが第1の要望項目であることに変わりなく、高齢化や震災を反映して「浴室の段差解消」や「家具転倒防止金具の取り付け」に要望が高い。また「壁紙・クロスの張り替え」「台所等の床のきしみ・防音対策」などの要望からは、住宅設備の劣化の証だけでなく、家賃は上げるのに、何十年住んでいても畳、ふすま一つ取り替えず、市場家賃といいながら民間の大家並みの修繕もしないのかという不満の声が聞こえてくる。

消費税について

1989年に消費税が導入され、家賃にも課税されたが、自治協運動で非課税にさせた経緯があり、93年には3％から5％への税率引き上げが論議されていた。その年の第3回調査以来、消費税についてはつねに設問してきた（複数回答）。2014年調査では、家賃課税反対66％、税率引き上げ反対63％、食品など非課税57％、消費税廃止14％が示された。

主要参考文献

全国公団住宅自治会協議会：第 1 － 44 回定期総会議案書　1974 － 2017 年
全国自治協：全国統一行動の手引き（各年）1976 － 2017 年
　「全国公団自治協の 20 年」1994 年
　「全国公団自治協の 30 年」2004 年
　「全国公団自治協の 40 年」2014 年
　「多摩自治協 10 年のあゆみ」1992 年
　「多摩自治協 20 年のあゆみ」2000 年
　「多摩自治協 30 年のあゆみ」2010 年
東京地裁・公団住宅家賃裁判　I , II , III　1981 － 1986 年
国立市史　下巻　1990 年
日本住宅公団 10 年史　1965 年
日本住宅公団 20 年史　1975 年
日本住宅公団史　1981 年
住宅・都市整備公団史　2000 年
都市基盤整備公団史　2003 年
日本住宅公団：統計ハンドブック　1972 － 1978 年版
日本住宅公団：職員業務要覧　1979 － 1981 年版
住宅・都市整備公団：職員業務要覧　1982 － 1991 年
公団・機構各事業年度貸借対照表・損益計算書ほか
衆参両院各委員会議事録
住宅宅地審議会答申集　1991 年　日本住宅協会
住宅・建設ハンドブック　1989 － 2007 年版　日本住宅協会

○引用文献については文中に記した。

あとがき——何をなすべきか

　1965 年に公団賃貸住宅に入居し、いまの団地に暮らして 52 年になる。そのほぼ全期間をつうじて団地自治会にかかわり、1980 年からは東京多摩地区および全国の自治会協議会の役員をつづけ現在にいたっている。本職はドイツ語書籍の輸入業だから、仕事のついでにドイツの住宅団地、とくに 19 世紀末から 1930 年代にかけて建設された労働者住宅団地を訪ね歩いてきた。そんななかで沈潜した「居住」についての想念や思考も、本書を書くバックボーンになっていよう。

　国の住宅政策の変遷や公団住宅制度にかんする書物、論文は数多い。しかし、ほとんどが政府や公団の側の資料をもとにしたもので、居住者の生活実態、とくに家賃負担の問題に論及した著作は少ない。まして居住とその権利のためにたたかう住民運動をも視野におさめ位置づけた著作は皆無にひとしい。そんな思い込みと、住宅運動にたずさわってきた自負、思い上がりから執筆に挑戦した。

　国の住宅行政は、国民居住の安定・向上が目的というより、経済政策、景気対策の一環として左右され、公団の事業と運営は現在もふくめ、それに振り回されてきている。くわえて政局への思惑から内閣の直接介入もくりかえされた。住宅政策の変質過程とそのもとでの公団住宅事業のめまぐるしい変遷、居住者へのしわ寄せ、これに立ち向かった居住者のたたかいを、煩瑣を気にしながらも最小限これだけはとの思いで書きとめた。また、自治会が果たしているまちづくりへの寄与、コミュニティ形成の一端を、わが団地を例に紹介した。それにしても、書き終えて、もっとすっきり読んでもらえるよう書けなかったかと、わが非力が悔やまれる。

　わたしの住宅問題へのかかわりは、新開地でのゼロからのコミュニティ形成にたいする好奇心と参加、公団の家賃値上げへの疑問にはじまった。

　いわゆる「住宅問題」が近代資本主義の発展に固有の社会問題であることは、古くからエンゲルス『イギリスにおける労働者階級の状態』(1845 年)

などで知られている。農村から労働者が流入してくる以前に都市の土地はすでに私的所有に属し、投機の対象とさえなって高騰をつづけ、土地に建つ住宅も商品として流通する。価格はいずれも市場の法則で決定され、労働者階級の手にはもはや容易にとどかない。都市における低所得者階層の住宅困窮は必然の結果であった。

なかでも家賃は住宅困窮の第一の要因であるが、経済体制の相違との関係について伊東光晴『現代経済を考える』(1973年刊、岩波新書) を読み、まさに目から鱗の衝撃をうけた。著者は、社会主義国ソビエトの家賃の安さに驚いてその理由をさぐり、逆に家賃の高さと住宅の質の低さ、さらには耐用寿命の短さの根源が、利子と土地代金にあることをあらためて解明してみせた。建設費が1戸240万円、耐用40年として減価償却費は年6万円、月5,000円。貸すとすれば利子ないし利潤などを10%は計上して年24万円、月2万円、家賃は少なくとも2万5,000円にしないと採算がとれない。それに土地代金も必要だから5〜6万円にはなる。ソビエトでは原則として利子がなく土地は国有化され、住宅を建てる場合はタダだから、家賃5,000円で原価をつぐなえる。これは政策ではなく、経済の仕組みからそうなる。建設費がおなじ240万円で100年もつ住宅にすれば、ソビエトでは家賃が半額以下の2,000円ですむが、日本では (土地代金は入れずに) 償却分が下がるだけで月2万2,000円。耐用40年の2万5,000円と大差なければ、40年もつ住宅にして新たに建て替えたほうがよいことになる。

この図式からも、家賃抑制の肝が利子と土地代にあることは明白である。資本主義国であっても家賃を安くするには、利子と地価を抑える方策をとればよい。これはもはや経済の領域ではなく、政治そのものの出番である。それなのに逆にわが国は、住宅確保にもまちづくりにも市場主義の全面開放をすすめている。ヨーロッパ諸国では、1980年代にはいって公共住宅の直接供給は減退したにせよ、住宅の規模や質についてのきびしい規制とあわせて無利子をふくめ低利融資をする、土地の用途、仕様についても地区ごとに詳細に定めて地価の適正維持につとめ、積極的に住宅費負担の軽減策を講じている。その上でなお、家族数にふさわしい一定水準の住居を自力では確保で

きない世帯にたいして自治体は広く家賃補助をしている。家賃補助をうけているのは全世帯の大まかに20%とみていいだろう（日本の住宅扶助受給者は全世帯の2.6%）。わたしはドイツの旧労働者団地を訪ね、住人に家賃を聞くと額面はそう安いわけではなく、支払いの悩みに話を向けると、住宅の狭さや古さへの不満は聞くが、補助があるからと家賃についての不満はめったに聞けなかった。

　ふりかえってわが国の「住宅政策」はどうか。戦時期は1939年の地代家賃統制令と41年の借家法改正に代表される。結局は零細な民間家主に不利益を強いて低家賃にさせ、低賃金政策を維持して戦争を遂行するためであった。政府が出資して41年に住宅営団を設立し、半公営的住宅をわずかに建設したほかは、住宅難の緩和は大企業の社宅、民間貸家業まかせで、政府は無策にひとしかった。

　戦後になって、政府は公庫、公営、公団の3本柱政策を進め、住宅宅地審議会答申には応能家賃制や家賃補助の提言もみられた。しかし、これは80年代には消え、のちに3本柱自体が解体された。居住空間保護のための規制もつぎつぎ緩和・廃止し、民間事業に開放していった。2006年の住生活基本法制定にさいしては、「国民の居住権」を否認したうえで「住宅確保要配慮者」に配慮する施策に転じた。政府が最低でも果たすべきその住宅セーフティネットの構築さえも、いまや「公から民へ」「民間空き家の活用」頼みに堕している。住宅政策の末路ともいうべき現状まで書いた。

　この流れのなかで旧公団・現都市機構は、かつては「原価家賃」を理由に建設費全額と高利の借入金利、高騰した土地代金までも家賃にふくめ、いまは「市場家賃」と称して高家賃を押しつけ、居住者は過重な負担にあえいでいる。既存の団地は地価バブルに便乗し、「建物の社会的陳腐化」「敷地の高度利用」を理由に建て替え、再編事業をおこない、敷地を時価評価して家賃を急騰させ、従前居住者を事実上追い出してもきた。建て替えや戸数削減で生み出した「余剰地」の売却は、いまでは機構の主要な事業目的である。高家賃政策は空き家の増大をまねき、家賃収入の減少による巨額の減損損失を

計上している。従前居住者を追い出して建て替えた団地にいまは空き家が多い。

　旧公団・機構は、「公共的」賃貸住宅事業を看板にしながら、国の景気対策の先兵として、あるいは大手ディベロッパー資本の奉仕者としての役割を担い、その負のツケが財務の悪化をもたらし、ひいては公共住宅としての役割は歪められ、居住者の居住の安定が損なわれてきていることも指摘した。

　公団住宅の変質、居住者の居住不安の深化が、国の住宅政策に由来することは本書で述べたとおりだし、いまや国民居住はその公的安全網さえ取り払われつつあり、居住の貧困と格差がさらに拡大していく道しか見えない。しかしまた、現在に来った経路とその行先がはっきり見える以上、逆に何をすべきかも明白である。

　住宅は、人間だれにとっても生存の必須の基盤であり、集まって街をつくる。公共性の大きい社会的存在でありながら、しかしきわめて個別的、分散的でもある。各戸細分された異なる土地にあり、各個人または各家族にそれぞれ帰属し、あるいは私的資産との思いのせいか、住宅問題が共通の関心事として、共同の解決課題として意識され連帯にいたるのが難しいことを実感している。つまりは「住宅問題」を社会問題として論究する本はなかなか売れないと聞いている。だから、わたしが書こうとする原稿を本にすることは至難の業、そんな奇特な出版社も見つかるまいと思ってきた。

　さいわいにも東信堂の下田勝司さんのご厚意を得、出版にこぎつけたことはたいへん喜ばしい。

　表題に「検証」を冠したように、まずは記録性に重きをおき、60年余をへた公団住宅の歴史のなかに全国の団地居住者、自治会が連帯してたたかってきた住宅運動を刻印しておきたかった。その一端にわが半生のアルバムをしのばせた。

　拙著が「居住」について多様な立場からあらためて考え、居住の権利のための共同行動を進める一石になればと念じている。

　2017年10月22日　　　　　　　　　　　　　　　　　　　　多和田栄治

著　者

多和田栄治（たわだ　えいじ）
　1933 年岐阜県生まれ　56 年早稲田大学第二文学部露文専修卒業　出版社勤務
　ソビエト科学アカデミー「世界哲学史」全 11 巻（共訳）ほか
　美学・藝術論関係のロシア語文献翻訳出版
　筆名・伊吹二郎でも翻訳・論文執筆
　74 年エルベ書店設立
　88 年東京多摩公団住宅自治会協議会会長、全国自治協代表幹事、現在にいたる

検証　公団居住 60 年――〈居住は権利〉公共住宅を守るたたかい

2017 年 11 月 30 日　初　版第 1 刷発行　　　　　　　　　　　　　　　　　〔検印省略〕

＊定価はカバーに表示してあります。

著　者 ⓒ 多和田栄治　発行者 下田勝司　　　　　　　印刷・製本／中央精版印刷株式会社

東京都文京区向丘 1-20-6　郵便振替 00110-6-37828　　　　　　　　　　　　発 行 所
〒 113-0023　TEL 03-3818-5521 (代)　FAX 03-3818-5514　　　　株式会社 **東信堂**
Published by TOSHINDO PUBLISHING CO., LTD.
1-20-6, Mukougaoka, Bunkyo-ku, Tokyo, 113-0023 Japan
E-Mail : tk203444@fsinet.or.jp　http://www.toshindo-pub.com

ISBN978-4-7989-1445-9　　C3036　　ⓒTAWADA Eiji

東信堂

「居住福祉資源」の思想——生活空間原論序説　早川和男　二九〇〇円

検証 公団居住60年——《居住は権利》公共住宅を守るたたかい　多和田栄治　二八〇〇円

〔居住福祉ブックレット〕

居住福祉資源発見の旅‥新しい福祉空間、懐かしい癒しの場　早川和男　七〇〇円

どこへ行く住宅政策‥進む市場化、なくなる居住のセーフティネット　本間義人　七〇〇円

漢字の語源にみる居住福祉の思想　李桓　七〇〇円

日本の居住政策と障害をもつ人　大本圭野　七〇〇円

障害者・高齢者と麦の郷のこころ‥住民、そして地域とともに　伊藤静美・加藤直樹　七〇〇円

地場工務店とともに‥健康住宅普及への途　山田秀人　七〇〇円

子どもの道くさ　水月昭道　七〇〇円

居住福祉法学の構想　吉田邦彦　七〇〇円

奈良町の暮らしと福祉‥市民主体のまちづくり　黒田睦子　七〇〇円

精神科医がめざす近隣力再建　中澤正夫　七〇〇円

進む「子育て」砂漠化、はびこる「付き合い拒否」症候群　片山善博　七〇〇円

住むことは生きること‥鳥取県西部地震と住宅再建支援　ありむら潜　七〇〇円

最下流ホームレス村から日本を見れば　髙島一夫　七〇〇円

世界の借家人運動‥あなたは住まいのセーフティネットを信じられますか？　張秀萍・柳秀權　七〇〇円

「居住福祉学」の理論的構築　早川和男　七〇〇円

居住福祉資源発見の旅II‥地域の福祉力・教育力・防災力　早川和男　七〇〇円

居住福祉の世界‥早川和男対談集　早川和男　七〇〇円

医療・福祉の沢内と地域演劇の湯田‥岩手県西和賀町のまちづくり　金持伸子　七〇〇円

「居住福祉資源」の経済学　高橋典成　七〇〇円

長生きマンション・長生き団地　神野武美　七〇〇円

高齢社会の住まいづくり・まちづくり　千代崎千佳　八〇〇円

シックハウス病への挑戦‥その予防・治療・撲滅のために　山下千佳　七〇〇円

韓国・居住貧困とのたたかい‥居住福祉の実践を歩く　全龍奎　七〇〇円

精神障碍者の居住福祉‥宇和島における実践（二〇〇六〜二〇一一）　財団法人正光会編　七〇〇円

〒113-0023　東京都文京区向丘1-20-6　TEL 03-3818-5521　FAX 03-3818-5514　振替 00110-6-37828　Email tk203444@fsinet.or.jp　URL:http://www.toshindo-pub.com/

※定価：表示価格（本体）＋税

東信堂

開発援助の介入論 ―インドの河川浄化政策に見る国境と文化を越える困難　西谷内博美　四六〇〇円

資源問題の正義 ―コンゴの紛争資源問題と消費者の責任　華井和代　三九〇〇円

海外日本人社会とメディア・ネットワーク ―バリ日本人社会を事例として　松本行昭・今野裕昭・吉原直樹編著　四六〇〇円

移動の時代を生きる ―人・権力・コミュニティ　大西仁・吉原直樹監修　三二〇〇円

国際社会学の射程 ―社会学をめぐるグローバル・ダイアログ　国際社会学ブックレット1　西原真里編訳　一二〇〇円

国際移動と移民政策 ―日韓の事例と多文化主義再考　国際社会学ブックレット2　有田伸・山本かほり本田量久編著　一〇〇〇円

トランスナショナリズムと社会のイノベーション　国際社会学ブックレット3　西原和久　一三〇〇円

越境する国際社会学とコスモポリタン的志向　西原和久　三八〇〇円

現代日本の地域分化 ―センサス等の市町村別集計に見る地域変動のダイナミックス　蓮見音彦　三八〇〇円

現代日本の地域格差 ―二〇一〇年・全国の市町村の経済的・社会的ちらばり　蓮見音彦　二三〇〇円

「むつ小川原開発・核燃料サイクル施設問題」研究資料集　舩橋晴俊・飯島伸子・金山行孝・茅野恒秀編著　一八〇〇〇円

新版 新潟水俣病問題 ―加害と被害の社会学　舩橋晴俊編　三八〇〇円

新潟水俣病をめぐる制度・表象・地域　関礼子　五六〇〇円

新潟水俣病問題の受容と克服　堀田恭子　四八〇〇円

公害被害放置の社会学 ―イタイイタイ病・カドミウム問題の歴史と現在　藤川賢・渡辺伸一・飯島伸子編　三六〇〇円

食品公害と被害者救済 ―カネミ油症事件の被害と政策過程　宇田和子　四六〇〇円

自立支援の実践知 ―阪神・淡路大震災と市民社会　似田貝香門編　三八〇〇円

[改訂版] ボランティア活動の論理 ―ボランタリズムとサブシステンス　西山志保　三六〇〇円

自立と支援の社会学 ―阪神大震災とボランティア　佐藤恵　三二〇〇円

建設業一人親方と不安定就業　柴田徹平　三六〇〇円

居住福祉産業への挑戦　神野武美・鈴木静編　一四〇〇円

ひと・いのち・地域をつなぐ ―社会福祉法人きらくえんの軌跡　市川禮子　一八〇〇円

〒113-0023　東京都文京区向丘1-20-6　TEL 03-3818-5521　FAX03-3818-5514　振替 00110-6-37828
Email tk203444@fsinet.or.jp　URL:http://www.toshindo-pub.com/
※定価：表示価格（本体）＋税

東信堂

理論社会学 ―社会構築のための媒体と論理 ……… 森 元孝 … 二四〇〇円

貨幣の社会学 ―経済社会学への招待 ……… 森 元孝 … 一八〇〇円

ハンナ・アレント ―共通世界と他者 ……… 中島道男 … 二四〇〇円

観察の政治思想 ―アーレントと判断力 ……… 小山花子 … 二五〇〇円

スチュアート・ホール ―イギリス新自由主義への文化論的批判 ……… 牛渡 亮 … 二六〇〇円

日本コミュニティ政策の検証 ―自治体内分権と地域自治へ向けて（コミュニティ政策叢書1） ……… 山崎仁朗編著 … 四六〇〇円

豊田とトヨタ ―産業グローバル化先進地域の現在 ……… 山口博史・丹辺宣彦・岡村徹也編著 … 四六〇〇円

社会階層と集団形成の変容 ―集合行為と「物象化」のメカニズム ……… 丹辺宣彦 … 六五〇〇円

食品公害と被害者救済 ―カネミ油症事件の被害と政策過程 ……… 宇田和子 … 四六〇〇円

吉野川住民投票 ―市民参加のレシピ ……… 武田真一郎 … 一八〇〇円

地域社会研究と社会学者群像 ―社会学としての闘争論の伝統 ……… 橋本和孝 … 五九〇〇円

園田保健社会学の形成と展開 ……… 山手 茂編著 … 三六〇〇円

社会的健康論 ……… 園田恭一 … 二五〇〇円

保健・医療・福祉の研究・教育・実践 ……… 園田恭一・米林喜男編 … 三四〇〇円

研究道 学的探求の道案内 ……… 平岡公一・山田昌弘・黒田浩一郎監修 … 二八〇〇円

福祉政策の理論と実際（改訂版） 福祉社会学研究入門 ……… 平岡公一編／三重野卓編 … 二五〇〇円

認知症家族介護を生きる ―新しい認知症ケア時代の臨床社会学 ……… 井口高志 … 四二〇〇円

社会福祉における介護時間の研究 ―タイムスタディ調査の応用 ……… 渡邊裕子 … 五四〇〇円

介護予防支援と福祉コミュニティ ……… 松村直道 … 二五〇〇円

対人サービスの民営化 ―行政・営利・非営利の境界線 ……… 須田木綿子 … 二三〇〇円

〒113-0023　東京都文京区向丘 1-20-6　TEL 03-3818-5521　FAX03-3818-5514　振替 00110-6-37828
Email tk203444@fsinet.or.jp　URL:http://www.toshindo-pub.com/

※定価：表示価格（本体）＋税

東信堂

書名	著者・訳者	定価
責任という原理 —科学技術文明のための倫理学の試み〔新装版〕	H・ヨナス／加藤尚武監訳	四八〇〇円
主観性の復権 —『責任という原理』へ 心身問題から	H・ヨナス／宇佐美公生・滝口清栄訳	二〇〇〇円
ハンス・ヨナス「回想記」	盛永・木下・馬渕・山本訳	四六〇〇円
医学の歴史	石渡隆司訳	二四〇〇円
生命科学とバイオセキュリティ —デュアルユース・ジレンマとその対応	河原直人編著	四六〇〇円
生命の神聖性説批判	H・クーゼ著／飯田・石川・小野谷・片桐・水野訳	二七〇〇円
安楽死法：ベネルクス3国の比較と資料	盛永審一郎監修	三三〇〇円
死の質—エンド・オブ・ライフケア世界ランキング	丸祐一・小野谷・飯田亘之訳	一二〇〇円
バイオエシックスの展望	今井道夫監訳	三二〇〇円
生命の問い —生命倫理学と死生学の間で	大林雅之編著	二〇〇〇円
生命の淵 —バイオシックスの歴史・哲学・課題	大林雅之	二〇〇〇円
今問い直す脳死と臓器移植〔第2版〕	澤田愛子	四〇〇〇円
動物実験の生命倫理 —個体倫理から分子倫理へ	大上泰弘	二三八一円
医療・看護倫理の要点	水野俊誠	二〇〇〇円
キリスト教から見た生命と死の医療倫理	浜口吉隆	二七〇〇円
テクノシステム時代の人間の責任と良心	H・レンク／山本・盛永訳	三五〇〇円
原子力と倫理 —原子力時代の自己理解	小笠原道雄編	一八〇〇円
科学の公的責任 —科学者と私たちに問われていること	Th・リット／小笠原・野平編訳	一八〇〇円
歴史と責任 —科学者は歴史にどう責任をとるか	Th・リット／小笠原・野平編訳	一八〇〇円
〈ジョルダーノ・ブルーノ著作集〉より		
カンデライオ	加藤守通訳	三〇〇〇円
原因・原理・一者について	加藤守通訳	三二〇〇円
傲れる野獣の追放	加藤守通訳	四八〇〇円
英雄的狂気	加藤守通訳	三六〇〇円
ロバのカバラ —ジョルダーノ・ブルーノにおける文学と哲学	N・オルディネ／加藤守通監訳	三六〇〇円

〒113-0023　東京都文京区向丘1-20-6　TEL 03-3818-5521　FAX03-3818-5514　振替 00110-6-37828
Email tk203444@fsinet.or.jp　URL:http://www.toshindo-pub.com/

※定価：表示価格（本体）＋税

東信堂

オックスフォード キリスト教美術・建築事典	P&L・マレー著 中森義宗監訳	三〇〇〇〇円
イタリア・ルネサンス事典	J・R・ヘイル編 中森義宗・P・デーロ訳他	七八〇〇円
美術史の辞典	中森義宗・清水忠訳他	三六〇〇円
涙と眼の文化史—中世ヨーロッパの標章と恋愛思想	徳井淑子訳	三六〇〇円
青を着る人びと	伊藤亜紀	三五〇〇円
社会表象としての服飾—近代フランスにおける異性装の研究	新實五穂	三六〇〇円
書に想い 時代を讀む	河田悌一	一八〇〇円
日本人画工 牧野義雄—平治ロンドン日記	ますこ ひろしげ	五四〇〇円
美を究め美に遊ぶ—芸術と社会のあわい	江藤光紀 編著	二八〇〇円
バロックの魅力	小穴晶子編	二六〇〇円
新版 ジャクソン・ポロック	藤枝晃雄	二六〇〇円
西洋児童美術教育の思想—ドローイングは豊かな感性と創造性を育むか？	前田茂監訳 要真理子監訳	三六〇〇円
ロジャー・フライの批評理論—知性と感受性の間で	要真理子	四二〇〇円
レオノール・フィニー—境界を侵犯する新しい種	尾形希和子	二八〇〇円

【世界美術双書】

バルビゾン派	井出洋一郎	二〇〇〇円
キリスト教シンボル図典	中森義宗	二三〇〇円
パルテノンとギリシア陶器	関隆志	二三〇〇円
中国の版画—唐代から清代まで	小林宏光	二三〇〇円
象徴主義—モダニズムへの警鐘	中村隆夫	二三〇〇円
中国の仏教美術—後漢代から元代まで	久野美樹	二三〇〇円
セザンヌとその時代	浅野春男	二三〇〇円
日本の南画	武田光一	二三〇〇円
画家とふるさと	小林忠	二三〇〇円
ドイツの国民記念碑—一八一三—一九一三年	大原まゆみ	二三〇〇円
日本・アジア美術探索—一九八〇年	永井信一	二三〇〇円
インド、チョーラ朝の美術	袋井由布子	二三〇〇円
古代ギリシアのブロンズ彫刻	羽田康一	二三〇〇円

〒113-0023　東京都文京区向丘1-20-6　　TEL 03-3818-5521　FAX03-3818-5514　振替 00110-6-37828
Email tk203444@fsinet.or.jp　URL:http://www.toshindo-pub.com/

※定価：表示価格（本体）＋税